JN201236

ガバナンスと評価 15

評価と行政管理の政策学

——外務省と開発協力行政——

三上 真嗣 著

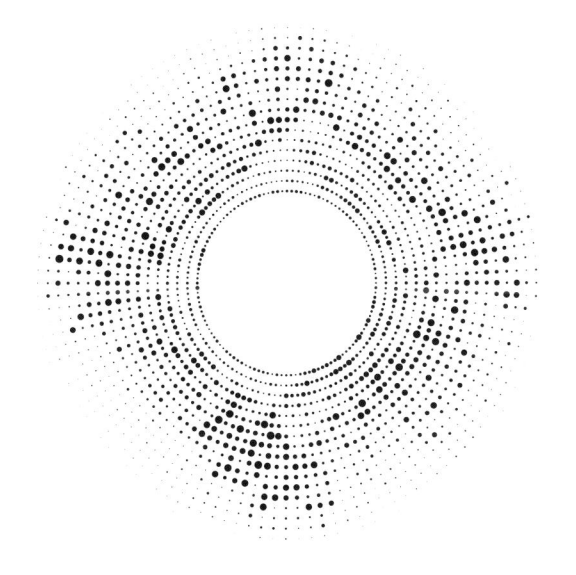

晃洋書房

目　次

略 語 一 覧
組織名の略称一覧

【序　章】
評価の行政管理 ……………………………………………… 1

【第 1 章】
アカウンタビリティ・メカニズムの制御可能性 …………… 7

＋ 1．行政責任論の行政管理論　（7）

＋ 2．対象とアプローチ　（8）

＋ 3．用語と概念の整理　（14）

【第 2 章】
行政責任の混迷 ……………………………………………… 27

＋ 1．アカウンタビリティの概念　（27）

＋ 2．アカウンタビリティの多様化と多元化　（31）

＋ 3．アカウンタビリティの断片化に至るパターン　（34）

【第 3 章】
行政プロセスの視角 ………………………………………… 41

＋ 1．行政過程に関する学説史　（41）

＋ 2．行政過程から政策過程への移り変わり　（47）

＋ 3．文書にみる行政プロセス　（50）

【第 4 章】

評価管理の理論 ……………………………………… 57

　＋１．評価の組織活動に関する理論　（57）

　＋２．評価の組織活動プログラム　（62）

　＋３．評価ポリシーの理論類型　（65）

【第 5 章】

外務省と開発協力行政 …………………………… 75

　＋１．ODA の行政プロセス　（75）

　＋２．外務省の創設史　（82）

　＋３．外務省の行政学研究　（85）

　＋４．外務省の環境変化　（88）
　　　　──政治主導と大臣官房評価業務の増加──

【第 6 章】

外務省における評価制度 ………………………… 101

　＋１．ODA 評価　（101）

　＋２．政　策　評　価　（108）

　＋３．独立行政法人評価　（112）

　＋４．行政事業レビュー　（115）

【第 7 章】

国際行政の評価管理 ……………………………… 125

　＋１．国際行政学と開発行政学における意味　（125）

　＋２．DAC 評価会合の歴史的経緯　（128）

　＋３．国際行政の活動がもたらす評価管理の標準化　（130）

【第 8 章】
実施機関の評価管理 ………………………………………………… **145**

　＋１．開発協力における各スキームの歴史的経緯　（145）

　＋２．JICA・JBIC の組織統合と評価組織の一元化　（150）

　＋３．行政プロセスの残存とアカウンタビリティの断片化　（154）

【第 9 章】
外務省の評価管理 …………………………………………………… **161**

　＋１．外務省における評価組織の変遷　（161）

　＋２．外務省改革の進展と ODA 評価　（164）

　＋３．民主党政権の改革と大臣官房 ODA 評価室　（169）

　＋４．国家安全保障戦略と開発協力大綱の登場　（171）

　＋５．国際情勢の変化と評価管理の進展　（176）

【第10章】
評価管理の技術 ……………………………………………………… **189**

　＋１．漸変主義に基づく管理　（189）

　＋２．国際行政と国内行政の交錯　（192）

　＋３．戦略的な評価管理の必要性　（195）

【終　　章】
評価と行政管理の政策学 …………………………………………… **199**

あ と が き　（203）

謝　　　辞　（207）

初 出 一 覧　（208）

参 考 資 料　（211）

参 考 文 献　（237）

索　　　引　（247）

略語一覧（括弧内は英語表記．他言語の場合は示す．）

E/N：交換公文（Exchange of Notes）
FOIP：自由で開かれたインド太平洋（Free and Open Indo-Pacific）
G/A：贈与契約（Grant Agreement）
GNI：国民総所得（Gross National Income）
L/A：借款契約（Loan Agreement）
M&E：モニタリング・評価（Monitoring and Evaluation）
M/M：協議議事録（Minutes of Meeting）
MDGs：ミレニアム開発目標（Millennium Development Goals）
NEP：国家評価政策（National Evaluation Policy）
NGO：非政府組織（Non-Governmental Organization）
NPM：新公共経営（New Public Management）
ODA：政府開発援助（Official Development Assistance）
OOF：政府開発援助以外の政府資金（Other Official Flows）
OSA：政府安全保障能力強化支援（Official Security Assistance）
PDCA：Plan-Do-Check-Action（場合によって Act）
PDM：プロジェクト・デザイン・マトリックス（Project Design Matrix）
PPBS：Planning Programming Budgeting System
R/D：討議議事録（Record of Discussions）
RBM：結果重視マネジメント（Results Based Management）
SATREPS：地球規模課題対応国際科学技術協力（Science and Technology Research
　　　Partnership for Sustainable Development）
SDGs：持続可能な開発目標（Sustainable Development Goals）
SOP：標準作業手続（Standard Operating Procedure）
ToR：入札指示書（Terms of Reference）

組織名の略称一覧（括弧内は英語表記．他言語の場合は示す．）

AFD：フランス開発庁（フランス語：Agence Française de Développement）

ALNAP：Active Learning Network for Accountability and Performance

AMED：国立研究開発法人日本医療研究開発機構（Japan Agency for Medical Research and Development）

APEA：アジア太平洋評価学会（Asian Pacific Evaluation Association）

ASEAN：東南アジア諸国連合（Association of South-East Asian Nations）

CIDA：カナダ国際開発庁（Canadian International Development Agency）

DANIDA：デンマーク国際開発援助（Danish International Development Assistance）

DFID：英国国際開発省（Department for International Development）

DFAT：オーストラリア外務貿易省（Department of Foreign Affairs and Trade）

EvalNet：（OECD-DAC）開発評価ネットワーク（DAC Network on Development Evaluation）

FCDO：英国外務・英連邦・開発省（Foreign, Commonwealth and Development Office）

GAO：米国会計検査院（U.S. Government Accountability Office）

GIZ：ドイツ国際協力公社（ドイツ語：Deutsche Gesellschaft für Internationale Zusammenarbeit）

IEG：世界銀行独立評価グループ（Independent Evaluation Group）

IOB：オランダ外務省政策活動評価部（オランダ語：directie Internationaal Onderzoek en Beleidsevaluatie, 英語：Policy and Operations Evaluation Department）

JBIC：国際協力銀行（Japan Bank for International Cooperation）
特殊銀行国際協力銀行（1999年10月から2008年9月末まで），株式会社日本政策金融公庫国際部門（2008年10月から2012年3月末まで），株式会社国際協力銀行（2012年4月から）

JEMIS：海外移住事業団（Japan Emigration Service）

JETRO：独立行政法人日本貿易振興機構（Japan External Trade Organization）

JICA：国際協力機構（Japan International Cooperation Agency）
特殊法人国際協力事業団（1974年8月から2003年9月末まで）
独立行政法人国際協力機構（2003年10月から）

JST：国立研究開発法人科学技術振興機構（Japan Science and Technology Agency）

MOPAN：国際機関評価ネットワーク（The Multilateral Organisation Performance Assessment Network）

NONIE：Network of Networks for Impact Evaluation

OECD：経済開発協力機構（Organisation for Economic Co-operation and Development）

OECD-DAC：（OECD）開発援助委員会（Development Assistance Committee）

OECF：海外経済協力基金（Overseas Economic Cooperation Fund）

OTCA：海外技術協力事業団（Overseas Technical Cooperation Agency）

Sida：スウェーデン国際開発協力庁（Swedish International Development Cooperation Agency）

TEC：津波評価連合（Tsunami Evaluation Coalition）

UN：国際連合（United Nations）

UNDP：国連開発計画（UN Development Programme）

UNEG：国連評価グループ（UN Evaluation Group）

USAID：米国国際開発庁（U.S. Agency for International Development）

WFP：国連世界食糧計画（United Nations World Food Programme）

序　章　評価の行政管理

　本書の目的は，政策学の視点から評価（evaluation）を捉えつつ，「評価管理」（evaluation management）という新たな視座を提供する点にある．本書では，その具体的事例として外務省と開発協力行政における評価（ODA 評価）の行政管理を取り上げて検討する．

　政策学の通説的理解によれば，政府が政策を適切に実施するためには，その結果を逐次振り返りながら適切な情報をつくり出し，その情報を政策過程（アジェンダセッティング，政策立案，政策決定，政策実施，政策評価の各過程）にフィードバックしながら政策を修正する必要がある．このような政策過程の理解は，サイバネティクス的[1]なコントロール・メカニズムを念頭に置くものである．ここで最も強調されなければならないのがフィードバック・メカニズムだが，それを媒介するのが評価である．

　政府をコンピュータのような機械としてイメージすると，この評価に関わる数多のプロセス（第 3 章を参照）が政策と行政に関連して作動し，政府全体の複雑なコントロールを支えている様子が見えてくる．その運用が上手くいかず[2]，政府部内のプロセスの「回路」が断線したり，混線したりさまざまなエラーが起きると，全体のバランスが崩れてガバナンスに悪影響を及ぼしてしまう．

　このような政策過程の理念的なモデルを念頭に置きながら，本書は「行政における評価はいかに管理されているか」を問うている．本書が取り上げる事例に即して置き直せば，これは「外務省大臣官房 ODA 評価室は ODA 評価をどのように管理しているか」となる．その心臓部には現代政府に求められる「アカウンタビリティ・メカニズム」が鎮座している（第 1 章を参照）．

　ここで本書が迫る 3 つの概念である「政策」，「管理」，「評価」の関係に触れておきたい．「政策」と「評価」の間に「政策評価」があるように，それぞれの概念同士を組み合わせると図序-1 のように合成概念が生まれる（医療政策と

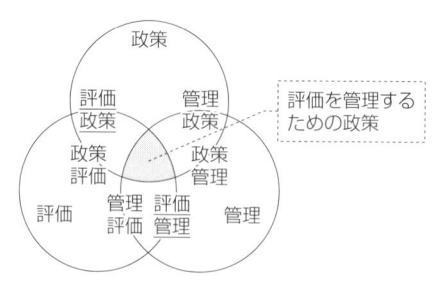

図序-1　本書の概念射程：政策，評価，管理
注：本書の用語法では，評価政策は評価ポリシーに含まれる．
出典：筆者作成．

政策医療が異なるのと同様に，語順の異なる政策評価と評価政策は同じではない）．このうち，図中で下線部を引いた「評価政策」と「評価管理」はこれまで十分に研究が進められてこなかった領域である[3]．本書は，この両者の重なる部分における『「評価」を「管理」するための「政策」』に新しい研究領域を見いだすものである（図中の網掛け部分）．そのために，評価管理とこれを枠づける政策である'evaluation policy' に注目する．なお，'policy' 概念に関する性格とニュアンスの違いを考慮して，本書では英語の 'evaluation policy' を「評価ポリシー」や「評価政策」などと訳し分け，総称として「評価ポリシー」を用いている．その区別は，第4章にて整理する．

　以上の概念関係を念頭に置いて，本書のタイトルに掲げた「評価と行政管理の政策学」には2つの意味を込めている．第1に，「（評価と行政管理）の政策学」である．第2に，「評価と（行政管理の政策学）」である．第1の「（評価と行政管理）の政策学」は，評価管理を規定する政策に光を当てようとしている．本書のアプローチは国内外の大量の実務資料や文書に基づく歴史的な整理と追跡を基礎とするのだが，その最大の関心は評価管理を枠づける政策とそれを成す膨大な文書群にある．これを精査する視座は政策学特有のものである．

　第2の「評価と（行政管理の政策学）」は，やや分かりにくいかもしれないが，政策学アプローチのうち「行政管理の政策学」を念頭に置くことを示している[4]．そもそも政策学の発展に期待を寄せるとき，個別具体的な専門領域間を横串として貫く，コミュニケーションや共通言語としての基礎概念の精査が必要である．そのためには政策の内容に直接目を向けるだけでは不十分であり，あらゆる政策分野に通じる官房・総務的な活動に目を向ける研究が大切である

（当然，行政学の知見が重要となる）．ここに政策学の視座を応用すれば，「官房・総務的な活動を行政管理する政策」を検討するアプローチに辿り着く．本書は，評価管理を規定する政策に焦点を当て，その新たなアプローチの一例を示す．行政学から見れば，これは行政管理を研究するための古くて新しいアプローチでもある．

　評価管理を検討する本書の意義は，政策をめぐる「アカウンタビリティ・メカニズム」の制御可能性に求められるだろう．評価目的の1つにはアカウンタビリティ（accountability）の追及が掲げられる．アカウンタビリティは政府への外在的な責任追及の1つだが，これに対して政府がどのように対応するか／しないか，この塩梅やバランスを評価管理が左右するのである．この意味で本書は，アカウンタビリティのジレンマ問題［西尾 1990：364-366；山谷 2006：11］にも向かうものである（第2章を参照）[5]．

　現代政府が民主主義に立脚しつつ，効果的な政策を実施するためには，評価管理が重要となっている．とくに開発協力などの国際行政・開発行政の現場では評価が標準装備となっており，国際的な規準や考え方，民主主義の在り方を取り入れる際に評価管理の視点が顕在化している，というのが筆者の考えである．1993年に行政管理研究センターから刊行された『ODA の評価システム——理論と国際比較——』，翌年の『ODA の評価システム（Ⅱ）』，そして2007年に城山英明が著した『国際援助行政』において，ODA 評価に関するアカウンタビリティの重要性が既に指摘されてきた．本書は，評価管理の視座からそのメカニズムをさらに詳細に検討する研究となる．

　本書は，図序-2の構造で議論を進める（図序-2を参照）．第1章から第4章は視角に関わる理論的な検討を主としており，第5章から第10章までは事例に関する歴史的な整理と検討である．

　第1章では，本書の問いや視角，アプローチを整理する．アカウンタビリティ・メカニズムに触れた上で，各種用語の定義はここで整理する．

　第2章では，「アカウンタビリティ」というキーワードを整理する．アカウンタビリティ・メカニズムとは何か，その定義と議論を整理した上で，多方面から複数の責任を要求される状況に関する視角を検討する．

　第3章では，研究アプローチの視角として，アカウンタビリティ・メカニズムの実態を支える「行政過程」を検討する．本章では「行政過程」と「行政プロセス」との使い分けについても触れつつ，「行政過程」に注目する視角を整理する．

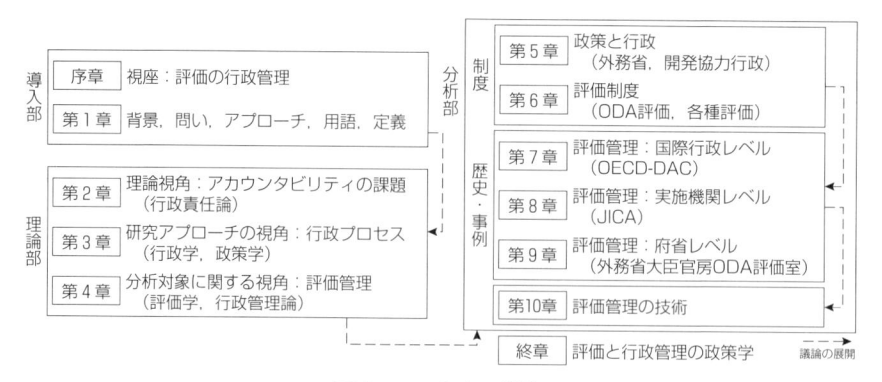

図序 - 2　本書の構造

出典：筆者作成.

　第4章では，分析対象に関する視角として「評価管理」を照射する．「評価管理」とは何か．この問題を紐解くためには評価の複雑な組織活動を詳細に把握する必要がある．本章では実務文書をもとに「評価ポリシー」を類型化する．

　第5章では，外務省と開発協力行政の制度的・歴史的な説明に加え，近年の動向についても整理する．ここでは，本書のテーマである評価管理が必要となる実務的な背景が浮かび上がるだろう．

　第6章では，外務省における各種の評価制度について詳述する．本書が焦点を当てるODA評価を中心に，政策評価，独立行政法人評価，行政事業レビューの基本的事項について説明をする．

　第7章では，ODA評価のはじまりに目を向けて国際的な管理活動を検討する．具体的には，OECDに置かれたOECD-DACに目を向ける．OECD-DACには評価の潮流を方向付ける国際的な会合であるDAC評価会合がある．このDAC評価会合の沿革と変遷を説明して具体的な活動を明らかにしつつ，国際的な活動に評価ポリシーがいかに影響されてきたかを考察する．

　第8章では，実施機関におけるODA評価の管理を検討する．ここでは，開発協力行政の代表的な実施機関であるJICAに目を向ける．JICAではスキームごとに，異なる方針のもとで異なる報告書を作成してきた．このスキームの統廃合と評価ポリシーの管理を追跡し，国内におけるODA評価の歴史を辿りつつアカウンタビリティの課題が生じる構造的な理由を論じる．実施機関における評価管理の苦労が見えてくる．

　第9章では，外務省におけるODA評価の管理を検討する．具体的には，外務省改革の歴史的経緯をふまえながら，評価組織がどのように変遷してきたかを整理しつつ，ODA評価を方向付ける「ODA評価ガイドライン」の変化を追跡する．

　第10章では，外務省がいかなる方針で評価管理を進めているかについて検討する．本章では外務省が漸変的な進め方によって行政活動の変化，政策活動の変化，国際的な動向の影響，過去の変化の累積を反映する形で評価ポリシーの記述を管理している点を概説する．さらに，いくつかの実務項目に注目し，外務省が国内外の要求事情を巧みに調整していた様子を明らかにする．

　最後に，終章では評価管理を包摂するアカウンタビリティ・メカニズムについての展望を述べる．ここでは，先行研究で論じられてきた官僚制におけるアカウンタビリティのジレンマ問題は，評価管理（第4章を参照）の政策を適切に設計，運用することで解決できるのではないか，と主張する．評価管理の議論は実務上より広く応用できるものとなるはずである．

注
1　こうしたサイバネティクス的な政府観は，K. W. Deutsch の *The Nerves of Government* が古典としてよく知られる［Deutsch 1963］．
2）　南島［2020］は，評価の運用を研究する重要性を指摘している．
3）　「評価政策」というキーワードには，評価情報の利用や影響を研究する益田直子が言及している．益田［2016］は，評価文化の成熟にフォーカスし，その一例としてアメリカ評価学会のタスクフォースを紹介して，評価政策と評価文化の相互作用を論じている．本書では，概念整理のうえ山谷清志の表現を採用して，この評価政策を評価ポリシーと表記している（第4章を参照）．
4）　湯浅［2022：63］は，人事評価に関する行政管理をメタ評価するという文脈で「行政管理の政策学」を指摘している．本書は人事評価に関心を寄せておらず文脈がやや異なるものの，政策学の発展には「行政管理の政策」に目を向ける必要があるという点で同じ志を共有している．
5）　古典的なファイナー・フリードリッヒ論争を代表に行政学において長年議論されてきたテーマにも深く関わる．1930年代から1940年代にかけて C. J. Friedrich と H. Finer の間で交わされた論争であり，行政学においては古典的な議論に位置づけられる．Friedrich は内在的責任を強調し，Finer は議会や裁判所といった外在的責任を強調した．これは行政責任論においては，レスポンシビリティとアカウンタビリティの関係に相当する．

第1章 アカウンタビリティ・メカニズムの制御可能性

┼ 1．行政責任論の行政管理論

　本書は，行政学の研究である．行政学者の西尾勝によれば，行政学は制度学・管理学・政策学に構成される［西尾 2001］．本書は，この管理学に政策学を掛け合わせる．タイトル「評価と行政管理の政策学」には，政策学を媒介として行政責任論と行政管理論の密接な関係を示したいという意図がある．

　本書の意義は，この交錯領域からアカウンタビリティ・メカニズム[1]の制御可能性に接近を試みる点にある．すなわち，「アカウンタビリティ・メカニズムは，いかに管理されているか」を検討し，「アカウンタビリティを適切に確保する政府を実現するためには，巧みな行政管理が必要なのではないか」，この仮説を提示する．そのねらいは，序章で示したように，政府におけるジレンマ問題の「塩梅／バランス」をコントロールするための手がかりを得る点にある．アカウンタビリティ・メカニズムには選挙や会計検査，オンブズマンなど多様なものがあるが，ここでは行政における評価（evaluation）に議論対象を限定して，その管理活動を検討する．本書では，この評価の行政管理を「評価管理（evaluation management）」とよぶ（第4章を参照）．

　したがって，問うべきは「行政における評価は，いかに管理されているか」である．ただし，行政における評価も多様であり，一概に取り扱うことは難しい．管理可能性を示すために，本書は政府開発援助（ODA）に関する評価である「ODA 評価」（第6章第1節を参照）を扱う．管理の担い手として焦点を当てるのは，外務省大臣官房 ODA 評価室であり，この意味で外務省研究の側面もある（第5章を参照）．研究上の問いに操作化すれば，「外務省大臣官房 ODA 評価室は，ODA 評価をどのように管理しているか」が本書の問いとなる．

　この問いに答えることは，外務省大臣官房が管理において果たす役割を示し，各評価室に関する実務的な問題解決にも貢献するという社会的な意義が想定される．また，評価を通じた組織コントロールの研究に対して事例を提供するほか，行政学の重要なサブ・ディシプリンである行政責任論に対して，行政管理の可能性を示す点で学術的な意義がある．複数のアカウンタビリティを要求する状況がもたらす課題（第2章を参照）を指摘できるはずであり，この評価規準を守らせようとする状況に対する行政管理が，外務省内でどのように行われているかを示すことで，行政責任論と行政管理論がリンクする可能性がある．

┼ 2．対象とアプローチ

　本書は，主として歴史的な変遷を重視し，メカニズムの変化を追跡するアプローチをとる．たとえば，外務省 ODA 評価における「スキーム別評価（2017年まで）」と「課題・スキーム別評価（2019年）」は厳密には同じではない．前者はプログラムレベル評価に分類されていたが，課題別評価と統合されたことで政策レベル評価に変化した．そうした微細な変化を生じさせるのは，実務における試行錯誤と改善努力の歴史的な積み重ねであると本書では考える．

　具体的に注目するのは，評価を組織的に運用する際の方針文書である．ここには，評価政策や評価指針といった多様な形式がある（第4章第3節を参照）．これらは総称して「評価ポリシー」とよばれる．この方針文書が誰によって，どのように管理されてきたか．それはアカウンタビリティ確保のメカニズムにどのような影響を与えているかを検討することで，日本外務省の大臣官房 ODA 評価室はどのように ODA 評価を管理しているかに迫ることができると考える．

　この議論を行うために，日本の開発協力政策[3]を取り上げる．ただし，前節で説明した視座に基づく本書は，政策の内容に関する専門領域の議論（政策学における 'in' の知識［秋吉・伊藤・北山編 2015］）である開発学や開発経済学など開発協力に関する研究とはある程度距離をおいている[4]．その代わりに，ここでは外務省と実施機関を中心的な登場人物として，開発協力の中心的な手段である ODA の評価活動がどのように管理されてきたかを行政学的に考えることにしたい．外務省に関する先行研究は，第5章で整理する（第5章第3節を参照）．

　行政機関としての外務省や JICA を扱う研究上のメリットは，透明性の高さである．換言すれば，資料に関するアクセシビリティ（accessibility，資料を入手

できること）と追跡追及可能性（traceability，ここでは「公表されている資料を基に過去に遡って経緯を考察すること」）の高さにある．外務省やJICAは，アカウンタビリティの確保に積極的な組織であり，透明性を重視するため，数多くの資料を公表してきた．そのため，この公表資料を上手に辿り，入手し，読み解けば，実務の複雑な実態に迫ることができる．この情報の蓄積は本来，研究者や実務家だけでなく，アカウンタビリティを望む市民や住民，国民にとって大きなメリットである．国内行政で完結しないODAに対する，「なぜ，国内の諸問題ではなく，外国の援助を行わなければならないのか」という市民や住民，国民の疑問を考えるときの手がかりにもなる．

　当然，研究者にとっては，この追跡追及可能性の高さは評価活動の改善努力の経過を観察するうえで重要である．同様の手法を使い，外務省や援助実施機関についても各国の同様の組織にアクセスして比較検討をすすめるなど，今後のさらなる議論展開も可能になるというメリットがある．いうまでもなく，諸外国の資料も日本と同様の理由で公表されているものが多い．

　もっとも，外務省やJICA，ODA評価などは「特殊」な事例に過ぎないのではないかという方法論上の懸念もあるだろう．多様な評価制度（第6章を参照）を十把一絡げに「評価」と扱えば，方法論上は政策評価制度とODA評価の違いを無視できるが，それはこの研究の目指すところではない．そもそも，本書では，行政学や政策学が（理学をはじめとする一部の）自然科学と全く同様の「科学（science）」である，とは考えていない．'Public Administration' や 'Policy Studies' の文字列には 'Science' が含まれていないように，である．再現性ある知見を求めて内的妥当性を追求し，厳格なアプローチを採用する研究も「大切なこと」であるが，残念ながら本書においては関心を寄せていないのである．そうした意味での実証的な研究については別の機会に譲る．

　また，平均因果効果の推論についても同様の理由で関心を寄せない．統計学のテキストでは「味噌汁の味見」という比喩をしばしば用いて濃度の平均的な全体像を知る営為を説明するが，本書はむしろ底に溜まった味噌の複雑な風味や香り，味わいをじっくりと堪能するものである（京味噌と信州味噌では同じ味噌汁は得られないのである）．

　ちなみに，事例の特殊性は否定しないものの，この議論から得られる知見やヒントには，ある程度で一般化可能性があると考えられる．第1に，外務省やJICA が中心となって実施する評価（ODA評価）は国の政策評価制度や行政事[5]

業レビュー[6)]とは異なる制度であるが，先進事例であるがゆえに他の評価制度の形成期・発展期にも長らく影響を与えてきた（ロジックモデルを始めとした実務ツール群にも片鱗をみることができるだろう．ただし，他の評価制度に対する波及は本書では十分にふれられていない．今後の検討課題とする必要がある）．

　第2に，国際的な政策評価研究の潮流を前提とするならば，とくに発展途上国の諸国にとってはODA評価と政策評価は不可分で表裏一体の関係にある．被援助国にとって国内で実施する評価を外部のドナー国（donor，援助を行う国）から見たときに「ODA評価」とよんでいるに過ぎない．インドやベトナム，カンボジアなどの国々にとっては，このODA評価の体制をいかに整備するかが2020年代の大きな関心事となっている（APEAのWebinarシリーズもそうした議論であるのが，証左である[7)]）．こうした国々は，国家評価政策（NEP）の整備を進め，各国政府における政策の作り方を制度化しようと努めている．NEPの比較検討については本書では言及できておらず今後の課題となるが，この意味で本書の研究と開発行政学の研究がリンクする．また，国際的な評価のスタンダードは，本書で議論するように国際行政の場で決定される（第7章を参照）．そのため，ODA評価を媒介に国際行政学ともリンクする．以上は，山谷・三上［2023］で議論した．

　第3に，ODA評価を展開するのは官房・総務組織であるため，他の官房・総務組織でも類似の行政活動をしていると考えることができる．以上の理由から，とくに評価管理を考えるうえでは，他領域にも応用展開される知見となる．

　次に，研究対象の何をとらえ，どの程度で接近するか．本書は，あくまで組織のメカニズムに関心を抱いており，官僚や職員といったアクター個人に焦点を当てるものではない．行政学のアプローチのうち，とくに政治学に近しいものには，個人単位でアクターを追跡する方法論に基づく研究もある．たとえば，外務省研究においては，国際政治学に接近しつつ外交官試験や人事，キャリアパスに注目した既存研究がある［竹本 2010：2011］．これは他府省と異なる外務省の特徴である外交官の存在に注目する点で重要な検討である．

　しかし，本書は異なるアプローチをとる．外務省もまた行政機関の1つであるという事実に目を向ければ，その活動が外交官というアクター単位で行われるものばかりとは限らない．とくに，大臣官房のような総務的活動を検討する場合，国際政治学や国際関係論などで培われてきた外交官の研究をそのまま応用することは困難である．外務省の官僚や職員の間には一定程度共有された組

織文化（外交のプロフェッショナルやエキスパート）はあると考えられるが，誰がどの程度まで外交官かを見定めるのは現実には難しい[8]．むしろ，地域局，機能局，大臣官房，在外公館，他府省，あるいは国際機関を渡り歩くキャリアを前提に考えると，局や課単位の組織ミッションから考えるのが妥当である．もちろんその専門性にも，さまざまなバリエーションがある[9]．特定地域に関する専門家の道を極める者もいれば，異動を繰り返すなかで経済や開発援助，人権，ジェンダー，情報など別の専門性を培うパターンもあるだろう．

　したがって本書では，アクター各々に個人的な考えや志向があったとしても基本的には組織の構成員として，所属する組織のルールや文化に則って活動する，と考える．すなわち，彼らが具体的に何の仕事をどのように進めるかは，あくまで所属する組織の論理に従っているという前提に立つ．この官僚制組織における行政官個々人に関する基本的な想定が外務省においても例外ではないという前提をふまえ，本書は外務省が行政官の組織である点に改めて注目する．カギ括弧付きの「外交」に関連する研究分野・研究領域には[10]，国際政治学や国際政治史，国際関係論，外交史研究，国際政治経済学など数多くあるが，それらが外務省の行政機関としての側面，行政官としての外務省職員の行動，その組織的な生理や病理に主だって関心を寄せることは珍しい．

　本書が目指す行政学的アプローチは，「外交機関としての外務省」を重視して特殊解を導くのではなく，「行政機関としての外務省」に焦点を当てて共通解を模索するものとなる．さらにいえば，行政学で共有された政治行政融合論的な理論展開を肯定しつつも，行政の複雑なプロセスからあえて政治や政策の内容を分離して組織活動に重点をおく方法を採ることになる．こうしたアプローチは，場合によっては古く，やや機械論的な発想であってアクターの意志や人間の「表情」を顧みていないという批判は免れないかもしれないが，ここから他の近接研究分野との区別を試み，政治学と距離を置いた行政学固有の領域を抽出することができると考えてみたい．もっとも，ODA 評価の担当部署は国際的に「女性の現場」でもあるため，キャリア追跡などはプライバシーの問題に抵触して倫理的な問題となる場合がある．これを避けるねらいもある．

　行政固有の領域を抽出するための理論的な補強と具体的なアプローチについては，第 3 章第 3 節で日本行政学の学説史を紐解きながら丁寧に説明する．ここでは，あらかじめ他研究領域（とくに政治学の他隣接領域）との関心や焦点の違いを説明しておきたい．この関心と焦点の違いは，G. T. Allison がキューバ危

機におけるアメリカ対外政策の決定過程を分析する際に提示した3つの古典的なモデルを通じても説明できる. Allison は，1971年に著した *Essence of Decision* で3つの政策決定モデルを提示した. すなわち，合理的なアクターが自らの状況や問題を客観的に認識し，最適解の決定に至ると考える第1モデル（合理的行為者モデル），政府におけるそれぞれの組織が組織内のルーティンに従って形成された政策が決定されるという第2モデル（組織過程モデル），政府の内部で役職に就いているアクターたちの駆け引きの結果，政策が決定されるという第3モデル（政府内政治モデル）である. 組織過程モデルでは，SOP，プログラム[11]，レパートリーといった事前に設定された要因に影響を受けて，組織における意思決定が進むと考えられている [Allison 1971：89].

　本書の視角は，この SOP やプログラムが組織活動を方向付けるという考えに基づいている. すなわち，原課・原局ではなく，あくまで大臣官房や総務系組織（とくに本書においては，ODA 評価を担う ODA 評価室）の SOP やプログラムに注目した議論を展開するのである. 評価やアカウンタビリティの確保を方向付けるのもまた組織におけるプログラムであると考え，ここに焦点を当てる. 当然，政治学においては「外交」に迫る諸学問（たとえば，国際政治学，国際政治史，国際関係論，外交史研究など）とはある程度で距離をおいた議論を展開することになる.

　ただし，外務省に関する政策と行政が直面する国際性ないしグローバルな実態には，ある程度で接近する. 前述のように，とくに行政学のサブディシプリンとしては国際行政学ないしグローバル行政学，そして開発行政学の研究蓄積があるので，この領域の知見を応用することとなる. ただし，開発学や開発経済学，援助論といった専門的で奥深い個別の内容には深入りしないように自己抑制する. この部分に関連して重要であるのは，アカウンタビリティをはじめとした民主主義や統治のあり方を基礎づけるための概念やメカニズムが，国内行政・国際行政の間で接続しているという点である（第5章でも議論する）. つまり，評価管理という官房・総務的な活動の研究を通じて，国際行政学や開発行政学と国内行政・府省研究とを架橋できる，と考えるのである. 行政学にとっては，これまで個別に議論がすすめられてきた府省研究と国際行政との相互関係に迫る意義をもつ可能性もある.

　このような研究領域において着眼点となるのは，地域局や機能局にいる外交官がその役割を担うのではなく，大臣官房にいる行政官がその役割を担ってい

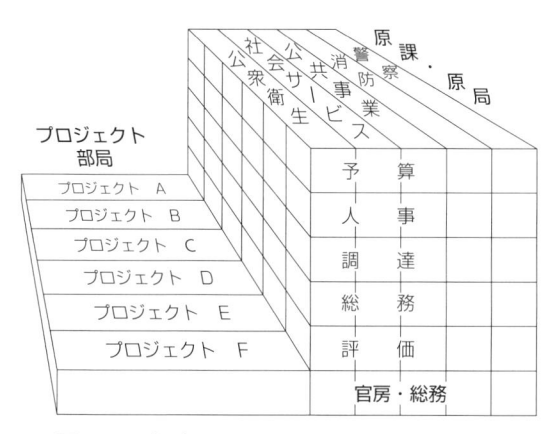

図1-1　行政におけるマトリックス・モデル

出典：Frederickson［1980：邦訳 30］を参考に筆者作成.

るという点である．大臣官房の役割にもふれておく必要があるが，その手がか
りとして，H. G. Frederickson が提示したマトリックス・モデルに言及してみ
たい（図1-1参照）．Frederickson は，行政における基本的な3次元として，
プロジェクト機能，ライン機能（Department. 原著で採用されている用語と日本語訳
が厳密には対応していないが，ここでは基本的な政策単位を示すべく，日本の事情に合わせ
てあえて採用された翻訳を優先した），スタッフ機能の3つがあると考えた［Freder-
ickson 1980：邦訳 130］．このスタッフ機能には，総務課（文書課），人事課，会計
課の伝統的な「官房3課」が該当する．

　原課・原局[12]と官房では果たす機能が異なる．これまでの研究では，官房には
主として次のような機能があると考えられてきた［行政管理研究センター 1987：8
-9］．まず，① 秘書機能，② 政策スタッフ機能（substantive），③ 管理スタッフ
機能（administrative）がある．次に，総務機能（管理機能）としては，④ 人事機
能，⑤ 会計機能，⑥ 情報機能，⑦ 考査機能，⑧ 総合調整機能がある．そのほ
か，地方支分部局の総合的監督や在外機関の維持管理を行う，⑨ 本部機能が
ある．最後に，原課の担当範囲が大きくなった場合には，特別に処理部を設置
して，⑩ 庶務機能を担当させる．このなかでも，①から⑧の機能が重要であ
ると考えられている［行政管理研究センター 1987：32］．これらは，官房的業務そ
のものであり，「官房」や「総務」と名の付く組織が果たすべき役割の代表で
ある．

　もっとも，実際の行政組織は入れ子構造であり，各原課・原局の中にも会計や庶務，評価といった仕事がある点には留意が必要である．しかしそうはいっても，官房・総務系組織がやはり必要となるのは，各部署が異なる専門性の方向に進んでしまい，収拾がつかなくなる場合が少なくないからである．そうした状況に対して官房・総務系組織は，経済や国際法，人権，軍事，平和と安全保障，環境，気候変動，少数民族問題など異なる専門性群の間で相互を連携させるために「横串」（異なる組織を一定のテーマや関心で接合すること）を通す役割を果たしている．本書で扱う評価もまた，その重要な手段の１つである（このほかには予算，会計，人事などもあり，とくに予算過程は評価とも密接である）．官房・総務系組織がどのように評価を運用しているか，この官房機能の検討が本書のテーマである．

╋ 3．用語と概念の整理

（1）行　　政

　本書では，行政学，政策学，評価学の３分野にわたる諸概念を混在して用いている．それぞれの分野で採用する定義や概念範囲には少しずつ違いがあるため，あらかじめ本書で用いる用語と概念の定義や範囲を整理しておく必要がある．なお，ODA の制度や外務省の行政に関する基本的な事項は，第５章で整理する（第5章を参照）．

　まず，行政学に関する諸概念である．西尾勝は行政（administration）を「統治過程（governmental process）における階統型組織＝官僚制の集団作業」と定義し［西尾 1990：105］，広義の行政すなわち統治過程における技術を管理技術（managerial technique）と行政技術（administrative skill）とに区別した［西尾 1990：105］．ここでいう管理とは「官僚制がその第一次的機能である目的活動を効率的かつ能率的に達成するために，その組織態勢そのものの維持発展をはかる第二次的機能」であり，狭義の管理技術とは「組織行動のために有効かつ能率的な組織態勢を維持発展させるための技術」とされる［西尾 1990：105-106］．他方で，行政技術は，「政策立案から政策実現の全過程における技術，または広義の管理技術の範囲外にある，官僚制とその外界にあるコミュニティとの相互作用にかかわる技術」である［西尾 1990：106］．本書における行政（administration）および管理（management），ならびに行政技術および管理技術については，こ

れらの定義に従う．

　ただし，同じ 'management' を指していても「マネジメント」とカタカナで表記する場合には，「管理」や「行政管理」よりも新しい狭義の管理を意図している．すなわち，民間企業の経営管理に影響を受けた，おもにアングロ・サクソン型の NPM 改革とその潮流，波及を念頭におく．

　この管理について官僚制組織のヒエラルヒーから説明を加えれば，行政学では執政・行政・業務の３段階で官僚制組織が区分されると考えられている［西尾 1990：10］．この区分に応じて異なる「管理者」が想定される．すなわち，執政幹部（executive），中間管理者（administrator），現場管理者（manager）に分けられるとも考えられている［山谷 2021］．ただし，'manager' の用法には英米の実務間でさえも違いがある．この点には留意が必要であるが，便宜上この用法を採用する．本書で重要であるのは，大臣官房 ODA 評価室がこの中間管理者レベルに該当する点である．評価管理をすすめているが，官僚制の集団作業において何を管理する必要があるのか．それは官僚制組織における「技術」である．近年の行政学研究者も技術の概念に関心を寄せている［村上 2016；若林 2019］が，評価活動にも，他の行政活動と同じように種々の裁量とそれを正当化する技術が存在する．

　行政管理の機能には，コントロールが深くかかわる．岡部史郎は，『行政管理』において「統制（control）とは，行政においても，経営においても，業務の実施が計画どおりに行われることを確保するはたらき」と述べ［岡部 1967：221］，権力的・支配的な意味合いを本来もたない技術的な用語であるにもかかわらず，そうした性格をもつものが実際には多いと述べる［岡部 1967：222］．'control' の語は「統制」や「制御」とも訳せるが，岡部のいうように行政管理の冷静な議論をするためには権力的・支配的なイメージを払拭する必要がある．ここでは，技術的な意味合いを強調する際に「コントロール」という言葉を使う．なお，アカウンタビリティをはじめ，行政責任に関する用語は，第２章で説明する．

（2）評　　　価

　次に，評価の定義や基本的な事項を整理する．評価学に由来する内容も多いが，その知見は政策評価論を媒介として行政学や政策学に流入している．

　評価学者が頻繁に使う古典的で有名な評価の定義は，M. Scriven による「物

事の利点（merit），値打ち（worth）または価値（value）を体系的に明らかにする過程，あるいはその過程の産物」である［Scriven 1981：53；Scriven 1991：139］. Scriven の学問的背景には数学や哲学があったこともあって，この定義は製品評価（product evaluation）や教育カリキュラムの評価まで含むような哲学的な定義である．評価とは何かを広く説明するのに便利である一方で，政策や行政に関する評価を考えるうえでは議論の焦点が定まらないおそれがある．そのため，政府における実務的な評価を把握するためには，Scriven による広義の評価概念を限定し，狭める必要がある．こうした問題関心からの定義方法は他の研究者によっても共有されている．たとえば，E. Vedung は Scriven の定義をさまざまな要素で整理して次のように定義した．

> 「政府の介入に関する行政（administration），アウトプット，アウトカムの利点（merit），値打ち（worth），価値（value）の入念で遡及的な評価（引用者注：assessment）であり，それは将来の実践的な行動状況に貢献することを意図する」［Vedung 1997：3］.

ただし，この定義も含めて，Scriven の流れを汲む一連の定義に対して，山谷は「評価そのものに価値判断する，善悪を決定する機能はない」と批判を加えている［山谷 2012：12］.すなわち，価値判断は実際には政治家の役割であるべきであって，実務における評価活動を考察する際には政治過程における価値判断の機能まで考慮に入れるのは過分であると考えている．

ところで，Vedung の定義に表れる「政府の介入」（つまり「政策」のことである）においては，「プログラム」（本節（4）で説明）を通じた介入が想定されている．このため，政策評価の定義を考えるうえでプログラム評価の定義が参考にされるケースも少なくない．たとえば，M. Q. Patton はプログラム評価を次のように定義するが，政策評価に関する主要な要素はここにも表れている．

> 「プログラム評価とはプログラムの活動，特徴，成果に関する情報を体系的に集めることであり，プログラムに関して判断するとき，プログラムの有効性を改善するとき，あるいはまた将来のプログラム作成について判断するときにこの評価情報は使われる」［Patton 1997：23；山谷 2012：85］.

ようするに，「社会プログラムの働きと効果（引用者注：effectiveness，有効性の意味）に関する情報の収集，分析，解釈，伝達を目指す社会科学的活動」［Rossi

Lipsey and Freeman 2004：2］であり，この「プログラム評価は，社会介入プログラムの有効性を体系的に調査するための社会調査法（social research methods）の利用である」と考えられている［Rossi, Lipsey and Freeman 2004：28］. こうしたプログラム評価には，一度限りの評価だけでなく実施中のプログラムに関するモニタリング活動も含むという定義もある［Newcomer, Hatry and Wholey 2015：8］. ほかにも，国内においては行政学者の南島和久は評価対象であるプログラム概念を独自に再定義し，「プログラムとしての行政活動を対象とし，このプログラムにかかる情報を整理しようとするものである」と定義する［南島 2020：3］.

　こうした理論的な定義とは別に，実務的な定義もなされてきた. たとえば ODA に関するさまざまな枠組みを定め，実務のあり方を方向付けている OECD-DAC は，独特ではあるが，もっともスタンダードな評価を定義している. すなわち，評価とは「現在実施中，あるいは既に終了したプロジェクト，プログラム（programme），政策及びその計画，実施及び結果についての体系的かつ客観的な査定（assessment）」である.

　以上のように，評価の定義には多様なものがあるが，いずれも「情報の提供」を評価の重要な要素としていることが見て取れる. 山谷は「何らかの判断や決断をくだす場（人）に，情報を提供する活動」と定義する［山谷 2006：71］. 政策過程と情報の関係を強調してさらに次のように定義している. すなわち，「政策目的を達成する政策手段の出来・不出来を判定し，その手段の選択の是非を調査し，これらの判定と調査結果の情報を提供するツールである」［山谷 2012：193］. より端的には，「政策決定に使用する情報（intelligence）提供のツール」である［山谷 2012：12］. しかし，政策実施過程をはじめ，政策決定の段階以外においても評価がもたらす情報が利用されるようになっている. また実際の評価情報を鑑みれば，すべての情報が意思決定に資する 'intelligence' のレベルに相当するとはいえない. したがって，その定義を少し拡張する必要があるので，ここでは評価を「政策過程における情報提供のツール」であると広げておきたい. 提供する情報がプログラムに関するものであれば，プログラム評価であるし，政策に関するものであれば政策評価である. この定義に伴い，評価活動（evaluation activity）が指向するのは，こうした情報を提供する際の一連の諸活動であると考える.

　以上の用語と本書との関係を整理し，行政学におけるキーワード「集団作

業」として評価の実際を考えてみれば，中央府省における大臣官房や地方自治体における総務課を中心にした各局・各課の間で行われる，財務会計・人事・業務などの管理やマネジメントにかかわる組織的な集団作業が浮かび上がる．評価管理に注目する本研究は，この意味で行政学の研究となる．

念のため，評価に関する基本的な分類も整理しておきたい．評価学が培ってきたすべての議論を紹介するのは現実的ではないので，ここでは次の3つの分類軸に限って紹介してみたい[21]．

第1に，評価を実施するタイミングによる分類である．大きく分けて事前評価（ex-ante evaluation）と事後評価（ex-post evaluation）に区別される．文字通り，事前評価は政策が実施される以前に行う評価であり，事後評価は政策実施後に行う評価である．一見シンプルであるように思うが，実際にはこの区別が難しい．たとえば，予算は会計年度で循環するものであるし，政策も実施に向かいながら少しずつ形成されていくものである．あるいは，予算上は「終了案件」にしておいて，同じ内容を別事業として「化粧直し」して財務省に概算要求するケースもある．このように，始点と終点を厳密に区別するのは困難である場合もある．

第2に，評価の対象となる政策のレベルによる評価の分類がある．たとえば，外務省 ODA 評価の場合，政策レベル評価，プログラムレベル評価，プロジェクトレベル評価と称して区別されている．ODA 評価に限らず，政策評価でもこの分類を用いる官庁は多い（たとえば経済産業省や防衛省）．政策体系のどのレベルを評価するかによっても，政策評価や施策評価，事業評価といった分類が行われる．

第3に，評価の目的や性格による分類がある．たとえば，総括的評価（summative evaluation）と形成的評価（formative evaluation）の違いが有名である．単純化すれば，総括的評価は 'summative' というように政策の実施が終了した後に過去を振り返り総括する評価である．これに対し，形成的評価は，政策形成から政策実施過程まで，形成・実施中の政策に併走する形で行う評価である．たとえば，モニタリングのように，政策の変化に逐次関わり合う評価活動が該当する．

こうした分類からも「政策評価」という言葉の多義性がわかる．具体的には，政策を対象とする評価，政策レベル評価，あるいは国の政策評価制度のいずれを指すかを区別して使う必要がある．本書では，組織ではなく政策を対象とし

た評価を指す場合に「政策評価」を使う．国の政策評価制度を指す場合，「政策評価制度」を使う．また，評価の対象が実は政策ではない場合，政策評価と行政評価の違いが生まれる．「政策評価」は政策の有効性に関する情報を産み出すのに対して，「行政評価」は組織活動の効率や能率に焦点を当てるという意識の違いがある（ただし，本書においては地方自治体に言及しないので，行政評価の議論はあまり登場しない）．

　本書では，「評価管理（evaluation management）」という表現を用いる．評価管理とは，評価の組織的運用に関する行政管理である，とここでは考えてみたい．行政実務の担当者にとっては長年これが評価に関する仕事で頭を悩ませる種だったのであるが，行政学上はなかなか議論されてこなかった．その理由には以下の3点が考えられる．第1に，日本においては，政策評価論の研究者たちが有識者として評価の制度化に関わり，その後の評価管理の実務にも深く関わり続けたからこそ，研究成果として公表しづらかったという事情である．第2に，研究者たちが他の重要なテーマに集中していたため，行政学のなかでも行政管理論の研究がながらく停滞していた点である．管理そのものが議論されてきたとしても，NPMの流行とその批判ないし対応に追われ，NPM以前の「行政管理」に関する伝統的な議論が宙に浮いてしまったと考えられるかもしれない．第3に，日本は制度化が急速に果たされた希有な先進事例であった点である［Furubo, Rist and Sandahl eds. 2002；Jacob, Speer and Furubo 2015：13］．評価はいわゆる「オーダーメイド」（テイラーメイド）な営為が基本にあり，実務家のノウハウ共有があっても，制度化しなければ，行政管理の明確な対象にはなかなかならない．外国でも組織的な活動としてはあまり明示的に扱われてこなかったと考えることができる．2024年になると，T. T. Catsambas と E. J. Davidson が *Evaluation Management* を著した［Catsambas and Davidson 2024］ように，ようやく学問上でも操作可能な概念になりつつある．ただし，これは実務家による評価学的な研究である．本書では，行政学からアプローチする点で違いがある．

（3）政　　　策
　評価の対象となる政策（policy）とは何か．行政学者の森田朗は，次のように定義する．すなわち，政策とは「政府の行う現実の活動ではなく，それに従って政府が行う将来の活動の体系についての『案』」である［森田 1988：20］．同

表 1‒1　政策のイメージ

① 政治的スローガンとしての政策	具体的な問題が政治的手続きを経て認知され，その問題を解決するために考えられる政府活動のアウトラインのイメージ.
② 問題の解決策，プログラムとしての政策	政府の行動プログラム. 問題の原因となる要素を取り除く，高度の専門能力，他のプログラムとの整合性，利害関係の調整.
③ 制度（法律・予算）としての政策	関係者を拘束する法律，資源配分を決める予算などの形で政策を置く. 男女共同参画社会「基本法」，政策金融制度，介護保険制度，子ども子育て支援制度，税制.
④ 行政機関の行動基準としての政策	法律や政令を現実に適用し，目的を達成するための担当機関の行動基準，判断基準. 政策の実施機関を管理する立場. 通達，訓令.
⑤ 実施活動としての政策	行政組織の最前線（ストリートレベル）で行政官が行う活動＝政策アウトプット. プロジェクト.
⑥ 政府サービスとしての政策	実施活動のクライアントの目から見た政策. アウトカム. プロジェクト方式技術援助，プロジェクト借款，ノンプロジェクト借款（商品借款）.

出典：森田 [1991], 山谷 [2021].

様に，西尾勝も「案」として政策を定義する. すなわち，「政府が，その環境諸条件またはその対象集団の行動に何らかの変更を加えようとする意図のもとに，これに向けて働きかける活動の案」である［西尾 2001：245-256］. この政策という言葉の多義的なイメージを把握したのが森田 [1991] の分類である（表1‒1参照）.

　なお，公共政策（public policy）という場合には，公共に関する問題を解決する側面を強調した定義がなされる場合がある. たとえば足立幸男は，公共政策学というディシプリンを念頭に「公共政策は社会構成員が社会構成員にとって共通の諸問題に対処しようとして主体的に選択する行動指針である」と定義する［足立 2003：2］. また，公共政策学でしばしば引用される文献では「『公共的問題を解決するための，解決の方向性と具体的手段』が公共政策（public policy）である」とも定義される［秋吉・伊藤・北山編 2015：4］. さらに大森彌は，日本政治学会の年報で次のように定義している.

　　「政治社会における政策（public policy）は，社会次元での調整をこえる争点ないし紛争に対して統治活動を施すことによって，その一応の解決をはかる手段であり，この意味で社会の安定に関係づけられる統治活動の内容である」［大森 1979：130］.

　この政策を階層構造として理解するとき，政策体系という言葉が使われる．森田は，政策体系とは「目的・手段連鎖に対応して重層構造をもつ体系」であると述べている［森田 1988：22］．あるいは，「政策は目標と手段がツリー状に連鎖し，裾野を広げていくことを構造上の特徴としている」と考えられることもある［新藤・阿部 2016：5］．この階層構造は，実務的には政策（policy），施策（program，以下「プログラム」），事業（project，以下「プロジェクト」）と目的・手段の関係として理解される．さらに高位に位置する政策（high policy）は戦略（strategy）とよばれることもあり，内閣や国会議員・各種団体などさまざまな政治アクターの活動するプロセス，政治過程で定められる．

　政策は突然に生じるものではなく，徐々に具体化され，組み上げられていくものである．そのライフサイクルに焦点を当てた言葉を政策過程とよぶこともある．政策過程は政策決定，政策実施，政策評価，政策終了の4つの段階（stage）に細分化されると考えられていた［足立 2003：6］．そのため行政学や公共政策学では，それぞれの段階ごとに対応する形で各論が展開されている．たとえば，政策形成論や政策実施論，政策評価論である．ただし，政策評価を議論するうえで政策形成や政策実施が関わってくるように，これらの段階はお互いに入り組んでおり，一部重複したものとなっている．

　なお，政策評価論では政策を入出力の関数として理解する場合がある．とくに政策評価に関連して，インプット（input），アクティビティ（activity），アウトプット（output），アウトカム（outcome），インパクト（impact）といった概念を使い，その関係に注目する場面がある．たとえば，政策の有効性（effectiveness）を評価する際には，アウトカムやインパクトに焦点を当てる．

（4）プログラム

　政策体系の施策レベルに相当する言葉として「プログラム」があったが，この言葉もまた多義的である．森田は，「複雑な内容を持つ行政活動を的確に実施し，社会システムの制御を確実に行うためには，その活動内容を明確に定めたシステムの設計図（＝プログラム）が必要」であると述べる［森田 2022：153］．このように設計図としてのより一般的な表現としての「プログラム」を使う場合がある．

　プログラム概念を整理するために，プログラム（program や programme）という言葉をもう少し考えてみたい．この言葉の語源は「公に書く（to write publicly)」に由来し，その意味は「計画された一連の未来の事象，項目，パフォーマンス（planned series of future events, items or performances）」であると考えられている［Stevenson and Lindberg eds. 2010：1395］．たとえば，日常的にはピアノコンサートや運動会の演目，予定表といったようにあらかじめ定められた計画の意味を表現するために使われる．

　また，プログラムという概念はコンピュータのソフトウェアに準じた意味をもつ場合もある．これも政府に関する議論と全く相容れない突拍子もない議論というわけではなく，ある入力（input）に対して期待された結果を出力（output）するという意味でプログラム評価におけるロジックモデルの構造とも合致している．プログラム概念を理解するうえでは役立つイメージである．M. J. Dubnick は，コンピュータ（computer）もアカウンタビリティも同じく，ラテン語の 'computāre'（詳細に算上する，計算する）に語源をもち，要求に対する「応答（response）」の意味が共通すると考えており［Dubnick 2014：27］，政府活動を応答ないしアカウンタビリティの概念から考える際には，基本的な関係に共通する点がある．

　この「応答」の理解に迫ったのが，古典的な組織論である．J. G. March と H. A. Simon は，環境刺激が想起させる「探索と選択の過程が非常に短縮化」された「高度に複雑で体系化された反応の集合」とプログラムを定義した［March and Simon 1958：邦訳 215-216］．すなわち，ルーティン化された組織活動が組織に定着したレスポンスとして，プログラムを理解した．

　このプログラムは，いわば組織におけるルーティンワークの「回し方」でもある．今村都南雄は，官僚制組織における「組織活動プログラム」があると表現した［今村 2006：177］．行政組織におけるさまざまな技術が，反復活動を経てプログラムとして定式化されて，公式あるいは非公式に行政組織の内部に定着する．プログラムとは，その結晶であるともいえる．たとえば，次のようなルーティンもまたプログラムであると考えられる．ある課と別のある課で方針が対立するとき，いずれも法を犯しておらず，組織間で権力闘争が繰り広げられているわけでもない．このとき，次のような組織活動プログラムがアクターの行動に影響を及ぼしている．すなわち，双方の課長同士が話し合いをして調整を図り，もし折り合いがつかなければ，組織内のレベルを一段上げる．たとえば，課長間の次には局長間の調整が始まる．もちろん，その一段上には事務次官たちの調整が待っているが，もし事務次官間でさえ調整に失敗すれば，大

臣である政治家間の政治過程に最終的な調整が託される．こうした反復活動が繰り返され，複雑な組織活動が行われているが，これもまた広義の組織活動プログラムに含まれる．

　以上のように多義的なプログラム概念であるが，政治学や行政学，組織論の文献をみるとそこには大別して2つの意味がある．すなわち，①政策体系における施策を意味する計画と，②組織活動のルーティンワークを定める一連のルールである．本書では，前者を「プログラム」，後者を今村都南雄の表現にならい「組織活動プログラム」と区別したい．

　さらに，実際にはそれらの複合として，③複数プロジェクトを調整するために策定される計画としてプログラムを考えることがある．たとえば，開発におけるプログラム概念がその典型である．OECD-DAC は，プログラム評価の説明に際して「開発プログラムとは，分野，課題，及び（又は）地域を超えて実施されることのある，複数の活動を含む限定された期間内のインターベンションのことである[26]」と定義している．この③には，①の計画を実施するための調整に関する②組織活動プログラムも含まれている．ただし，この「プログラム」という言葉の難しい点は，政策分野によって少しずつ解釈が異なるところである．たとえば，科学技術政策における「プログラム」には少し異なる意味合いがあり，その都度「○○プログラム」と表現して，文脈に配慮する必要がある．

注

1）　諸外国の理論研究の動向をみると，アカウンタビリティ概念は必ずしもレスポンシビリティ概念と二項対立的にとらえられているわけでもない．たとえば，アカウンタビリティを議論する視点には，徳（virtue）とメカニズムの2つがあると考える場合もある［Bovens 2010］．こうした視点に立つ場合，前者の「徳」はレスポンシビリティの議論に対応する．本書は後者の「アカウンタビリティを確保するためのメカニズム」に焦点を絞っている．

2）　「スキーム（scheme）」とは援助の形態を指す用語である．無償資金協力，有償資金協力，技術協力がその代表である．

3）　「政府開発援助」ではなく「開発協力」と表記したのは，大綱の名称変化に即すためである．白書でも用法が変わっており，いわゆる ODA 白書とよばれるようになってからも2014年度版までは『政府開発援助（ODA）白書』であったが，2015年度版からは『開発協力白書』に変わっている．開発援助と開発協力の言葉をめぐっては国際開発学会をはじめとする研究者の間で議論があり，また実務でも使い分けについて若干

のばらつきがある．本書ではなるべく「開発協力」という広い概念に統一して使い，文脈や慣習的表記に応じて「開発援助」の用語を使う．

4） 開発協力や開発援助に関する実務現場の経緯や実態を知るには，こうした研究蓄積は重要である．数多ある既存研究のうち，いくつか代表例を紹介したい．実務現場の経緯や実態については，荒木［1997a；1997b；2005；2012；2020；2021］が参考になる．前者は年代ごとに経緯を整理しており，当時の開発援助コミュニティで議論されていたトピックを知ることができる．また，佐藤［2021］は，援助論における自立と依存の視点から開発協力の歴史を問い直している．

5） 「行政機関が行う政策の評価に関する法律」を根拠として実施される政策評価の制度を指して「政策評価制度」と表記する．政策評価制度とその沿革，外務省における運用については第6章第2節で説明する．

6） 外務省における行政事業レビューについては第6章第4節で説明する．

7） APEAにおけるWebinarやカンファレンスなど．著者は各回に参加してきた（https://asiapacificeval.org/news-and-events/news/, 2024年9月4日閲覧）．

8） たとえば，外交旅券の有無でアクターを区別しようとすると，大臣官房の官僚も外交旅券を所持しているので，ODA評価を実施する官僚も外交官に分類される場合がある．

9） 国際法や国際政治学を専門とする者ばかりではなく，海外大学に留学し，開発援助に関する修士号を取得する外交官もいる．さらに仕事のなかで専門性が変わる場合もある．たとえば，在外公館や地域局を経て，大臣官房に異動したことがきっかけで後年，ODA評価に携わるパターンもある．あるいは，組織に入った途端，国際政治学や地域研究，現地言語を修めてきた専門調査員が在外公館で直面する業務が実は評価活動である場合もある．このように，専門性がどのように発揮されるかは難しい問題である．

10） 「外交」とカギ括弧を付す理由は，それぞれの分野や議論で想定が異なる可能性があるためである．また評価実務上で使われる「外交」の定義と外交官が想定する「外交」観ともまた異なる場合がある．本書では，あくまで評価の実務上で採用される定義を使う．

11） 南島［2017］は，政策評価と行政管理の関係を考える上でプログラム概念が鍵になると指摘している．プログラムは，第1章第3節で説明する．

12） この用語法も組織によって違いがある場合がある．本書において，原課・原局とは，実際に政策を所管する課や局のうち官房・総務系組織を除いたものを指す．

13） 日常用語としては「ヒエラルキー」も用いられる．'Hierarchie'（ドイツ語）をカタカナとした借用語「ヒエラルヒー」が用いられる場合が少なくない．ただし，'hierarchy'（英語）の読みに即して「ハイアラーキー」や「ハイラーキー」を使う者もいる．本書では，西尾勝の表記に準じてヒエラルヒーを用いる．

14） この傾向を知るための手がかりとして，行政学者の森田朗が長年にわたって改訂し

続けてきた放送大学のテキスト『現代の行政』の記述変化を追って比べてみたい．まず，1996年の初版では，行政責任論に言及しているが明示的には政策評価を扱っていなかった［森田 1996］．2000年の改訂版では，新たに14章「政策の執行と評価」が追加され，政策評価については4頁が割かれた［森田 2000：154-157］．2017年の『新版現代の行政』では政策評価に関する個別の章（11頁分）が設けられるようになった［森田 2017：185-196］．2022年に出版された第2版では頁数は保たれながら，新たに予算制度上のフィードバックにおけるタイムラグが扱われるようになった［森田 2022：203］．ここには森田も加わっていた，政策評価制度の20年を振り返る政策評価審議会における提言（「役に立つ評価」，「しなやかな評価」，「納得できる評価」）やCOVID-19がもたらした「コロナ禍」に対応する政策評価のあり方が追記された［森田 2022：204］．参考文献の一覧でも4名が新たに追加され，日本の行政学における政策評価研究者の数は増えている．行政学の解説のなかで評価を扱う箇所が次第に増えてきたことがうかがえる．

15)　1981年版の定義は "The process of determining the merit or worth or value of something; or the product of that process." ［Scriven 1981：53］であるが，1991年版の定義は "the process of determining the merit, worth, or value of something, or the product of that process." ［Scriven 1991：139］である．翻訳は同じであるものの，1981年版では末尾以外が 'or' の連続になっており，1991年版の原文ではカンマ（','）でつなぐ定義である．

16)　R. Miller, J. King, M. Mark, S. Stockdill が中心になって始まったオーラルヒストリー（The Oral History Project Team ［2005］）によると，Scriven はもともと『論理哲学論考』や言語ゲームで有名な哲学者 L. Wittgenstein に師事したかったと述懐している．しかし，Wittgenstein が退職するタイミングで大学に進学することとなり，それは叶わぬ夢となった．Scriven は，Wittgenstein 哲学に関連して，オックスフォード大学の日常言語学派の G. Ryle のもとで博士課程を修めた［The Oral History Project Team 2005：379］．行政学や政策学の議論と齟齬を生じないようにするためには，Scriven の研究の源流にはこうした哲学的議論がある点を考慮する必要がある．

17)　大島ら監訳［2005］の翻訳をもとにした．ただし，そのままでは一部本書で用いる概念と齟齬が生じるので括弧内に筆者の注釈を追記した．省略された前方の文章を含めた原文は，"*In this book, we use evaluation in a more restricted sense, as program evaluation or interchangeably as evaluation research, defined as a social science activity directed at collecting, analyzing, interpreting, and communicating information about the workings and effectiveness of social programs.*" ［Rossi et al. 2004：2］である．

18)　原文は，"Program evaluation is the use of social research methods to systematically investigate the effectiveness of social intervention programs." ［Rossi, Lipsey and Freeman 2004：28］である．なお，Freeman の代わりに Henry が執筆者に参加

したより新しい版においては，より具体的に「プログラム評価は，政治的および組織的な環境に適応されたやり方でかつ社会状況を改善するための社会的活動（social action）に情報を与えるようにデザインされたやり方で行われる，社会介入プログラムの有効性を体系的に調査するための社会調査法（social research methods）の応用である」と定義される．この原文は次のとおりである．"**Program evaluation** is the application of social research methods to systematically investigate the effectiveness of social intervention programs in ways that are adapted to their political and organizational environments and are designed to inform social action to improve social conditions"［Rossi, Lipsey and Henry 2019：6］（太字は原文ママ）．ここでの「社会調査法」は社会科学の研究手法を総動員するという意味である．因果推論や統計分析，エスノグラフィーやアンケート調査，オーラルヒストリー，あるいは機械学習やデータサイエンスなどあらゆる手法と方法も評価に用いられうることを示唆する．

19）英語版では 'design' と記述されており，計画（plan）とは異なる．

20）外務省［2003］「評価と援助の有効性評価および結果重視マネジメントにおける基本用語集　日本語版」外務省ウェブサイト（https://www.mofa.go.jp/mofaj/gaiko/oda/kaikaku/hyoka/dac_yogo.html, 2022年11月10日閲覧）．これは，外務省が採用している日本語翻訳である．ただし，原語と翻訳に違いがある点を明示するために筆者が括弧内に示している．

21）その他の手法や分類軸については，日本評価学会のメンバーが集って刊行された源・大島編［2020］に詳しい．

22）'policy' は複数の意味をもっており，厳密には日本語の政策概念と完全に対応するわけではない．政策体系上のプログラムの上位にある政策を指すか，政策案全体を指しているか注意する必要がある．

23）「政策評価」といったとき，この政策過程上の段階なのか，政策を対象とした評価，国の政策評価制度，政策体系上の政策レベル評価と区別する必要がある．

24）政策実施論の理論的な展開については，高橋［2014］に詳しい．

25）「関数（function）」は，入力と出力の関係を指す．もっとも政策の中身は本来複雑であって，それを擬似的な入出力の関係を「ロジック」として示しているに過ぎない．ブラックボックス（暗箱）である意味を表す漢字「函数」の方が本来は適切であるようにも思われるが，ここでは一般的な表記に準じた．

26）外務省［2003］「評価と援助の有効性評価および結果重視マネジメントにおける基本用語集　日本語版」外務省ウェブサイト（https://www.mofa.go.jp/mofaj/gaiko/oda/kaikaku/hyoka/dac_yogo.html, 2022年11月10日閲覧）．

第 2 章 行政責任の混迷

╋ 1. アカウンタビリティの概念

アカウンタビリティとは何か．日本においては，このカタカナ語は多くの人びとにとって馴染みが薄い概念である．たとえば「説明責任」という訳語がしばしば当てられるが，その訳語は実際の意味の一部しか示しておらず，アカウンタビリティの言葉が意味する概念範囲を狭めている．結果として，アカウンタビリティに対する偏った理解と誤解が進んでしまう．そのため，本書が「評価と行政管理の政策学」の議論を進めるためには，アカウンタビリティ概念の整理は不可欠である．なお，この概念の受容をめぐる経緯は，比較政治学や比較行政学の観点からも興味深いテーマである．

C. Pollitt や P. Hupe も，この概念が現代の政府を検討するうえでの「魔法の概念（magic concept）」の１つであると認めている［Pollitt and Hupe 2011］．もともとこの概念は行政学のみならず，政治学のさまざまな分野において広範に使われてきた．たとえば，政治家が選挙を通じて落選という制裁を受けるのもアカウンタビリティの形態であると考える研究領域もあり，政府がアカウンタビリティを確保している状態である条件として，投票による制裁プロセスがあると考える政治学者たちもいる［Przeworski, Stokes and Manin 1999：10］．また，政治制度の展開を文明の興りから探った F. Fukuyama は，政治の秩序に関する重要な要素の1つに「アカウンタビリティ」をあげた［Fukuyama 2011；2014］．アカウンタビリティは，このようにさまざまな領域においても，政府や政治について議論する際に使うキーワードとして共有されている．議論や用法に少しずつ違いはあるものの，政府と民主主義を考察する際の重要な概念だと考えられている点は共通するだろう．

　このアカウンタビリティの概念が日本で人口に膾炙したのは，オランダ人ジャーナリスト，K. van Wolferen による著作『人間を幸福にしない日本というシステム』[ウォルフレン 1994][1]がきっかけであったと考えられている[山谷 2020：5-6]．ただしそれ以前にも，日本の政府においては用いられていたという指摘もある[山本 2013：15]．すなわち，国会会議録を検索すれば，「アカウンタビリティ」という言葉が初めて登場するのは1961年で，この年の3月31日の第38回参議院商工委員会における政府委員，科学技術庁原子力局長の杠文吉による説明であり，核燃料物質をめぐる外国や国際機関のグローバルな追及に対して果たすべき責任を指して使われていた[2]．あるいは，第7章で後述するように，外務省や政府開発援助の実施機関にとっては，国際的な場で接していた概念だと考えられる．いずれにせよ，日本にとっては外国との接点でその存在に気づいた概念である．

　実務上の理解とは別に，理論研究においてはアカウンタビリティを社会的な関係性（relationship）として考える立場がある．M. Bovens は次のように定義[3]している．

> 　「アカウンタビリティとは，アクターとフォーラムの間にある関係性であり，そこではアクターが自らの行いについて説明と正当化を行う義務を負い，フォーラムは問いを投げかけて審判を下す．そして，アクターはその結果に直面しうる」[Bovens 2007：450][4]．

　この本人・代理人関係に基づいたシンプルな定義は2014年に刊行された *The Oxford Handbook of Public Accountability* にも収録され，頻繁に引用されるようになっており，国際的な共通認識になりつつある（ただし，この書のベースになった専門書は，2009年に刊行された *Handboek Publieke Verantwoording* [Bovens en Schillemans red. 2009] であると考えられる）．この関係を図示すると，5つの局面が現れる（図2-1参照）．すなわち，① 本人から代理人に対して委任する局面，② この本人からの委任を受けて代理人が実際に活動する局面，③ 本人が想定したとおりに代理人が活動しているかを問いかける局面，④ 代理人が自らの行いについて説明をし，正当化する局面，⑤ 代理人からの説明を受けた本人が審判を行い，場合によっては制裁を加えるという局面の5つである．

　本書では，アカウンタビリティ研究をめぐる国際的な潮流に鑑み，Bovens の定義を採用するが，この本人・代理人の構造を通じた議論は日本の行政学に

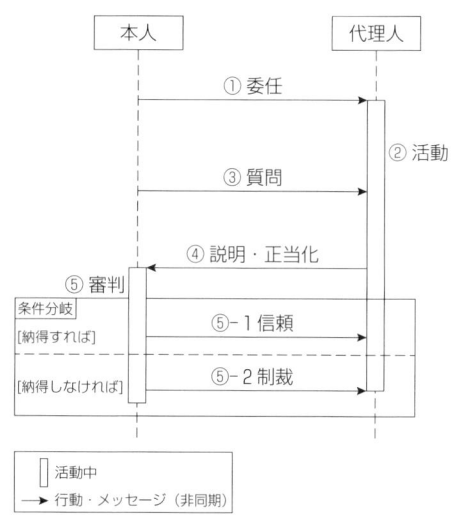

図2-1　アカウンタビリティの定義

（M. Bovens の社会的関係）

注：点線の上から下に時間が流れ，複数アクター間のやり
とりを矢印で表している．Bovens [2007] の定義を
もとにしたシーケンシャル図（非同期のみに簡略化）．
出典：三上 [2025：58（図1）]．

とって目新しいものではないことを付言しておく必要がある．かつて足立忠夫
は，「責任」概念を「任務的責任」，「応答的責任」，「弁明的責任」，「受難的責
任」の4局面に分類した［足立 1976：227-237］．Bovens の定義の諸要素は，足
立が示した責任概念の各局面と基本的には共通する．この意味で，本書が用い
るアカウンタビリティの概念は足立の議論以来，行政学において培われてきた
議論を根底においている．なお，本人・代理人関係をしばしば用いる経済学の
視点に本書が必ずしも準じてはいない点には留意されたい．

　この定義をもとに，本書で用いるアカウンタビリティに関する諸概念を定義
しておきたい．第1に，「アカウンタビリティ・メカニズム」とは，この本
人・代理人的な構造を通じてアカウンタビリティを確保するためのメカニズム
である．とくに，本書では，③問いかけと，④行政が説明と正当化を行う局
面に注目する場合が多い．

　このアカウンタビリティには，実務の状況を反映して，その過不足を議論す

る研究がある．たとえばアカウンタビリティの確保が不十分である状況，すなわち本来，必要な質や量の責任追及がなされていない状況を指して，「アカウンタビリティの欠如（accountability deficit）」と表現される［Mulgan 2014］．他方で，アカウンタビリティが必要以上に追及されている状況を指す概念には「アカウンタビリティの過多（accountability overload）」があると考えられている［Halachmi 2014］．すなわち，需要と供給の関係にみるバランスから，アカウンタビリティに関する議論がなされるのである．

アカウンタビリティは，'account-' と表記に共通する部分があるように会計（accounting）と関係の深い概念である．この歴史的な（あるいは，宗教的，社会的な）経緯は次のようなものである．Day and Klein［1987］によれば，アカウンタビリティと政治の関係は，古代ギリシャの政治にまで遡るという．そこでは民会において会計の説明を行う責任が求められた．この責任を果たせなかった際に加えられる制裁は当時，死刑であったともいう．当時の概念が現在でも使われ続けているわけではないが，アカウンタビリティを構成する要素の1つに制裁（punishment）があるのには，そうした歴史的な背景が関係する．

さらに，アカウンタビリティ概念のルーツを研究した Dubnick［2014］によれば，現在の用法に至った1つの歴史的背景は，11世紀のノルマン・コンクエストに遡るという．すなわち，イギリスに侵攻し，ノルマン朝を建てたウィリアム1世は，イングランドの支配を進めるなかで検地をすすめた．検地を通じて，課税の実施や領主の軍事力を把握する意図があったのだが，この結果を取りまとめた土地台帳がドゥームズデイ・ブック（Domesday Book, 1085年作成）である．この土地台帳には，土地や財産，さらには家畜の有無に至るまで詳細な情報が記されていた．このドゥームズデイとは，キリスト教など終末思想をもつ宗教で「最後の審判」を指す言葉である．すなわち，この言葉の前には，神の前に自らの行いを詳らかにし，神から罪を言い渡される関係が想定される．Dubnick［2014］によれば，絶対王政においては，こうした神との関係を暗示することで人びとが君主に対して検地における情報開示の責任を果たすよう強調したのであり，この際に用いられた言葉がアカウンタビリティであったという．そして，君主から人びとに向けて課されていた責任追及の矛先，そのベクトルは，各種の革命を経るなかで逆転することとなった．すなわち，国民や住民が政府に課す責任に転じて，政府が果たすべき責任となった．こうして現在の政府を統制する意味のアカウンタビリティが成立するに至った．

朝日新聞「天声人語」の英訳でもある "Vox populi, vox Dei."（ラテン語で「民の声は神の声」の意）という有名な成句は，元々「耳を傾けるべきではない」とネガティブな文脈で使われていたわけだが，これが時代とともに正反対のニュアンスに転じた経緯とも通じる.

したがって，こうした歴史的な成り立ちからみても，アカウンタビリティに透明性や答責性の意味合い，そして制裁の意味が当初から含まれている由来がわかるだろう. 政府にとっては，自らの政策とその結果について常に説明できる状態にあることが求められる. そのため，日本語訳の「説明責任」なる翻訳は本来の意味に対する誤解を招いている. 日本の国会答弁でしばしば誤用されるように，「説明した」行為だけでは責任が果たされたとはいえないからである. あるいは，「誠意をもって説明を尽くす」というように，説明を懇切丁寧に繰り返すような「態度」をもってしても果たされるものではない. むしろ，その態度や心構えというよりは結果こそが重要である.

╋ 2. アカウンタビリティの多様化と多元化

アカウンタビリティは多様であるからこそ，内容を具体的に定義するのは難しい. むしろ，「民主主義」概念のように，内容を厳密に定義せず，時代や社会環境に合わせて変化し，いろいろな形で柔軟に使われ続けてきた概念であることが重要である. たとえば，市場のなかで考えるガバナンスや，ネットワーク的なガバナンスの台頭によっても，追及されるアカウンタビリティが変容する［Considine and Afzal 2012：629］ほか，独裁政権においても利用が可能である. こうした柔軟性を前提に理解を深める必要がある.

前項で議論した本人・代理人関係に基づいた社会的関係性を前提にすれば，その求める視点の数だけバラエティに富んだアカウンタビリティが生まれる. その多様さを「カメレオン」に喩えたのは Sinclair［1995］であるが，たとえば「税に対するアカウンタビリティ（tax accountability）」のように名詞を付して対象を定めたり，政治的（political）や財政的（fiscal），管理的アカウンタビリティ（managerial accountability）というように形容詞をつけたりして多様な形式を作り出すことができる（この意味で「マネジメント」への対応や学習（learning）を強いられる状況もまたある種のアカウンタビリティに含まれ得る）. 公共性や民主的統制の側面を強調する際には 'public' を語頭に付す場合もある[7].

　さらに Day and Klein［1987］によると，アカウンタビリティ概念を考える
なかで，監査（audit）とその報告義務の考えに加え，選挙や法の支配といった
アカウンタビリティ確保の手段についての配慮も導入されていった．やがて社
会が複雑化するなかで，アカウンタビリティ確保の手段はそれだけでは不十分
となり，そこに監察（inspection），オンブズマン，住民投票などといった多様
な諸制度が追加されていった．もちろん，ここに加わる形で各種の評価が実施
されるようになった．

　過去に追及されていたアカウンタビリティ・メカニズムが無くなるケースは
少なく，逆にアカウンタビリティの内容や要求事項は積み重なって増加する傾
向にある．追及される責任の増加と多様化は，1970年代にはすでに GAO の報[8]
告書で議論されていた［Herbert 1972：31］．

　行政責任論の研究では，このように多様なアカウンタビリティを類型化しよ
うと努めてきた．日本の行政学（とくに行政統制論や行政責任論）において有名な
のは，C.Gilbert の 4 類型である［Gilbert 1959：382］．すなわち，制度的統制・
非制度的統制と外在的統制・内在的統制の二軸を組み合わせて象限を分ける分
類である．Gilbert は，次のような分類例を提示した．内在的統制は，政府の
内部における責任追及を指す．内在的・制度的統制であるのが，大統領や階統
制的な手法による指揮やコントロールである．すなわち，予算や人事，手続き，
公式の組織編成や再編成がこれにあたる．非制度的統制は，モラルや代表性，
プロフェッショナリズムに頼る．たとえば，外在的・制度的統制の例として議
会や司法が該当し，外在的・非制度的統制には利益団体による圧力や市民参加
などが該当する［Gilbert 1959：383-384］．本来のアカウンタビリティは，この 4
分類において制度的・外在的統制が強調される．これと対照な場に位置するの
がレスポンシビリティである．この意味からも，アカウンタビリティがもつ本
来の意味を表現するうえでは「説明責任」という日本語は不十分で不正確であ
ろう．

　さらに，実務上で参照されるアカウンタビリティの定義は画一的なものでは
なく，行政機関や政策領域の数だけ増えている（つまり，多元化である）．また，
アカウンタビリティに対する理解や解釈は，各地域の社会や言語によっても少
しずつ異なっている．その大きな理由は責任概念の区別が国や社会，言語，文
化などで少しずつ異なっているからであり，アングロ・サクソン系の国や地域
以外にとっても，自国語に訳すのが難しい外来語として受け止められてきた．

先述の足立［1976］は帝王にまつわる責任概念から責任に関する諸概念を「洗濯」したが，同様に日本にアカウンタビリティの言葉を広める契機を作ったvan Wolferen や，理論的な定義を試みた Bovens も彼らの自国語では答責性（answerability）と類似した責任概念を用いていた[9]．言語や文化の違いも影響し，アカウンタビリティに期待する意味合いの些細な違いが，具体的な制度の運用にも影響を与えると考えることができる．

　この詳細については第 7 章で後述するが，開発分野におけるアカウンタビリティには複数の意味が混在しており，その実務的な運用においても意見が分かれ，用語の統一に多大な労力が払われてきた．各国から多くの主張があがったが，たとえば，デンマークは本人・代理人関係的な視点から次のように主張した．

> 「資源を管理する組織または個人が，意図された有効な資源の利用と結果の達成について，他者（上位の権威，ドナー国，それとも公共の人々（訳注：社会や国民，市民））に回答または報告する義務」［OECD 2000：2］．

これに対して，アメリカは以下のように「結果」に注目して定義を試みた．

> 「結果に対するアカウンタビリティ：フォーマルに承認された結果を達成することに関する明確な責任と期待の確立．アカウンタビリティに関する期待は，管理する結果に対して個人またはユニットが有するコントロールの程度によって異なる」［OECD 2000：2］．

世界銀行は RBM と開発の観点から次のように付言した．

> 「（訳注：アカウンタビリティは）開発パートナー同士の義務に関連する．RBM（訳注：結果重視マネジメント）は，各パートナー国の明確な責任や役割，パフォーマンスへの期待の定義を含めて，共有または共同のアカウンタビリティを強調する．これは，信頼できる報告，モニタリング・評価，および継続的な調整の要件を含む」［OECD 2000：2］．

　こうした議論を経てとりまとめられた OECD-DAC によるアカウンタビリティの実務的な定義は，次である．定義の末尾に置かれた長い注は，関係国の批判に対応できるようにするためである．

「事前に合意した規定と基準に従って事業を遂行したことを明示する義務．または，与えられた権限に基づく役割及び（又は）計画に照らして，実績（パフォーマンス）を公正かつ正確に報告する義務．場合によっては，事業が契約条件に一致していることを入念に，また法的にも説明しうることが求められる．

　注：開発分野におけるアカウンタビリティ（説明責任）とは，定められた責任，役割，期待される実績（パフォーマンス）に従った援助関係者の活動義務，時として，資源の適切使用という観点からの義務に関し言及される場合がある．評価者にとっては，正確，公正かつ信頼できるモニタリングの報告と，実績測定結果を提供する責任をも意味する．また，公共部門の責任者及び政策立案者にとってアカウンタビリティ（説明責任）とは，納税者ないし市民に対するものである[10]」．

十 3．アカウンタビリティの断片化に至るパターン

　しかし，アカウンタビリティが多様な意味をもつようになると，その組み合わせの数だけ責任追及が難しくなる．西尾勝は，Gilbert が示した4つの責任類型においてそれぞれの類型の間でジレンマ状態が生じ，あるいは個人の信条との間でも責任相克するジレンマ状態が起きると考え，これらを「行政責任のディレンマ[11]」とよんだ［西尾 1990：364-366］．山谷は，この概念をもとに「アカウンタビリティのジレンマ（accountability dilemma）」を提示し［山谷 2006：21］，「アカウンタビリティを担う者が相反する要求に直面してジレンマ状況に陥ってしまうこと」と定義した［山谷 2006：11］．

　アカウンタビリティのジレンマが発生すると，アカウンタビリティを完全に達成するような理想の政府を実現するのは困難になる．なぜなら，行政全体のリソース（とくに人的資源と予算）が有限であるため，あらゆる責任を追及するために評価の業務を増やすと，本来業務（教育や福祉，医療，研究開発，そして開発協力など）の効率的な実施が妨げられてしまうからである．

　こうして行政の効率的な運営と民主主義が求めるアカウンタビリティ統制の間には，一種のトレードオフの関係が発生すると想定できる．ある種の限界があると考えてもよいだろう．この限界を考慮すれば，両者をどのような「落とし所」，「塩梅」で達成するかという問題を考える必要がある．それを考えたの

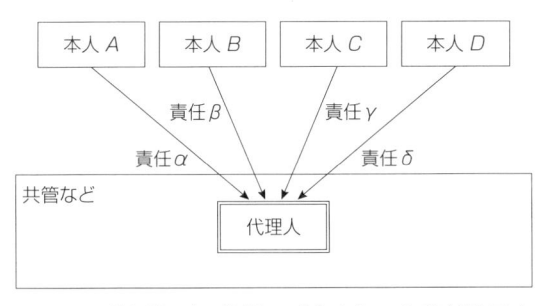

図 2‑2　「多対 1」：複数の「本人」から責任追及を
　　　　受ける状況

出典：Bovens［2005a：186］の議論をもとに筆者作成．三上［2025：
　　　59（図 2）］．

が行政学における古典的な論争，ファイナー・フリードリッヒ論争であり，ア
カウンタビリティをめぐる議論は民主的統制と行政の実務，政策の実施にかか
わる専門性確保との間のバランス問題としても考えることができる．山谷は，
評価がいずれを優先するかについて，政治家が行政の現場に指示することに
よって解決策となると考えている［山谷 2006：12］．しかし，政治家からの指示
が複数ある場合には，その指示群の間でのバランスを行政機関が決める必要が
ある．

　さらに，要求されるアカウンタビリティが複数ある場合には別の問題が現れ
る．西尾が示した行政責任のジレンマの特徴を考えれば，アカウンタビリティ
のジレンマもまた複数のアカウンタビリティ間で生じるだろう．この問題はア
カウンタビリティの研究では，"problem of many eyes" として議論されてい
る［Bovens 2005a：186］．この問題をわかりやすく図にすると次のとおりである．
1 人の「代理人」に対して複数の「本人」がいる場合，それぞれの「本人」か
ら責任追及を受けることとなる（図 2‑2 参照）．

　このような複数の「本人」からの責任追及は，多元的・多重的アカウンタビ
リティ（multiple accountability）を招く．山谷もこの問題には言及を試みており，
「多元的で多重的アカウンタビリティの 'multiple-accountability' 状態はうまく
働かない時，アカウンタビリティの断片化に終わって機能しなくなる」と述べ
る［山谷 2020：7］．多元的と多重的の 2 つが 'multiple' に対応する日本語として
採用されているが，追及する側と追及される側のどちらから捉えるかによって
'multiple' に意味するところが変わるからであると考えられる．この意図を汲

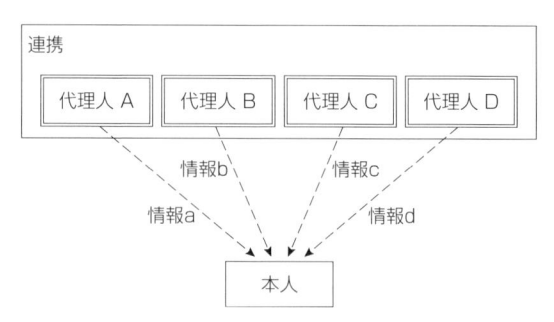

図2-3 「1対多」：複数の代理人からの説明を受ける状況

出典：三上［2025：59（図3）］.

んで，本書でも「多元的・多重的アカウンタビリティ」と訳している．いずれにせよ，複数の責任追及が同時に為される点が重要である．

この多元的・多重的アカウンタビリティについては，いくつかの先行研究が蓄積している．Koppell［2005］は，期待されるアカウンタビリティが競合する状況下で病理が生じることをケーススタディから示した（Koppell は，この病理を 'Multiple Accountability Disorder' と表現した）．また，水平的・垂直的アカウンタビリティの錯綜を示す言葉として，EU に関する研究でも登場する場合がある［福田 2006：7-8］．これは，アカウンタビリティ確保に関する情報の需要面の課題であると考えることができる．

複数のアカウンタビリティが多重に要求される状況は，本書で扱う開発協力においても生じていると考えられる．城山は，ODA ではアカウンタビリティが二重に求められると述べる［城山 2007］．すなわち，国内行政の場合，国内の住民と日本国政府の関係で責任を追及すればよいのに対して，開発協力の場合ではさらに被援助国の政府や住民のアカウンタビリティも果たさなければならない状況がある．これに加え，他のドナー国や NGO，国際機関や国際社会にも責任を果たす場合がある．

これとは逆に，複数の「代理人」によって1つの政策が担われるとき，本来1つとして果たされるべきアカウンタビリティが，「代理人」ごとに異なるプロセスで果たされるだろう．"problem of many hands" として議論されるアカウンタビリティに関する情報の供給面の課題もある［Bovens 2005a：189］（図2-3参照）．すなわち，「本人」には代理人ごとに作成された情報が別々に届く

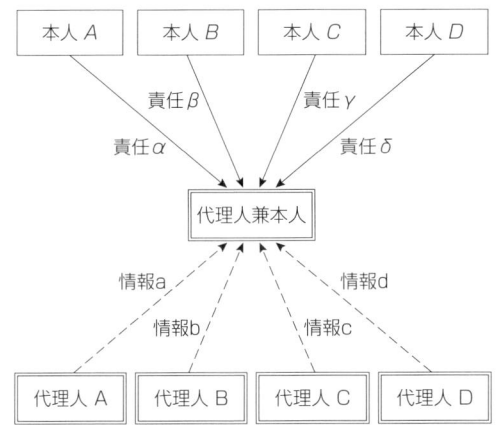

**図2-4　「多対多」：本人と代理人の双方が複数
　　　　　いる状況**

出典：図2-2と図2-3，Bovens, Schillemans, and Goo-
din［2014］をもとに筆者作成．三上［2025：59（図4）］.

ので，政策に対する責任の所在がどこにあるかわからなくなってしまう問題が
生じる.

　さらにこうしたアカウンタビリティの問題は，実務では同時に起こるのが実
態である．このとき，図2-4のような状況が発生する．間に挟まったまさに
「中間管理者」が，複数の「本人」と複数の「代理人」との間で追及する責任
と作り出される情報の流れを対応させる必要がある．いわば，「交通整理」が
必要となる．たとえば，開発協力やODAに対して国内政治が要求するアカウ
ンタビリティが多様であり，これに応えようと外務省の官僚が考えるアカウン
タビリティが異なる場合もあるだろう．さらに，外務省の内部でも地域局や機
能局が果たす専門性は異なり，彼らが考えるアカウンタビリティもそれぞれ異
なるだろう．同様に，実施機関のJICAに期待される責任や専門性も外務省の
官僚が考えるものとは異なる場合がある．そのため，開発協力における政策の
有効性や効率性の概念についても異なる視点が求められ，これを納得させるた
めのODA評価においても，それぞれが異なる視点から情報を作るようになる.

　こうして，多元的・多重的アカウンタビリティが十分に調整されずに要求さ
れた結果，政府における責任追及のプロセスやメカニズムが分断される．本書
では，このように責任の所在が細切れになった構造的な状況を指して「アカウ

ンタビリティの断片化」とよぶこととしたい．本人（つまり，政治家をはじめ，国民や住民，市民）が納得に至るために必要な情報が散らばっている 'fragmented' の状態であるため，それらを拾い集めて，'de-fragment' しなければ納得には至らない[12]．しかし，納得するためにわざわざ労力を割く者はほとんどいない．

図2‒4であれば，情報 a から情報 d までを読み込んだうえで内容を取捨選択して統合しなければ，本人 A が求めている責任 α が果たされない状況である．現実には，もし全く交通整理を行わなければ，すべての政治家や国民，住民が異なる責任を求め，これに対して現場からも無数の情報が上がってきてしまう．

このような構造上のミスマッチを前に，行政はどのように責任を果たせばよいか．この点について Bovens の議論を継承する形でユトレヒト大学の行政学グループを中心に，活発な議論が登場し始めている[13]．本人から代理人に対するトップダウンな体制としてアカウンタビリティを把握するこれまでの研究に対して，S. Overman は，美術館の事例において責任追及がボトムアップに行われる点に注目し，アカウンタビリティ・メカニズムの連携と組織態制に関する研究を行った［Overman 2021］．これに続けて T. Schillemans たちは，行政学や比較政治学，組織論などの研究者らが集い（Overman もメンバーのひとりとして参加），多元的なアカウンタビリティが競合している実態をテーマに横断的な共同研究を行った［Schillemans, Overman and Fawcett et al. 2021］．また，ここから派生して行動行政学や計量アプローチを通じて，その連携に糸口をつかもうという研究も生まれてきている[14]．しかし，そのようなメカニズム間の連携を模索しつつも具体的な方向性を示し切れていない．

ここでは，「代理人兼本人」を担う中間管理者の役割に目を向けて（図2‒4を参照），アカウンタビリティ確保のメカニズムの管理の善し悪しが責任追及の適正バランスに影響するのではないかと考える．しかし，このアカウンタビリティ確保のメカニズムを政府がどのように管理しているかについては，これまで十分に研究されてこなかった．本書が評価の管理に注目して「アカウンタビリティ確保のメカニズムがどのように管理されているか」を検討するのは，こうした理由による．

注

1 ）この著書は，日本語読者のために新規に書き下ろされた書籍である．原語の著書は

存在しないため参考文献にも記載していない.

2)　第38回国会参議院商工委員会第13号（昭和36年 3 月31日）. 国会会議録検索システム（https://kokkai.ndl.go.jp/txt/103814461X01319610331/98, 2024年10月 8 日閲覧）.

3)　M. A. P. Bovens（Marcus Alphons Petrus）の表記が使われる場合もある. Mark Bovens の場合も同一著者.

4)　原文は "a relationship between an actor and a forum, in which the actor has an obligation to explain and to justify his or her conduct, the forum can pose questions and pass judgement, and the actor may face consequences." である［Bovens 2007：450］. Bovens［2005b］のオランダ語論文とほぼ同じ内容であるが, 原語論文における定義では一部の表現が異なっている点に注意が必要である. たとえば, "to explain and to justify" の部分の内容については "om informatie en uitleg te verstrekken"（情報や説明を提供. オランダ語の om 〜 te 構文部分）と表記されており, 「正当化（justify）」のニュアンスは若干減じ, 情報提供に力点が置かれている. このように原文では情報の提供や交換を重視した定義がなされており, 英語版では若干意味が変わっている点に注意が必要である. なお, 同様の定義は Bovens en Schillemans［2009］にもみられる. この細かなニュアンスの違いが, Schillemans や Overman といった Bovens 以降のユトレヒト大学を中心とする研究者たちの研究にも表れていると考えられる.

5)　「民主主義の赤字（democracy deficit）」を意識した表現であると考えられる. ここでは「欠如」を使う.

6)　'deficit' の概念と対比するために「過多」と訳した. 情報過多（information overload）概念とも類似している.

7)　'private' な組織である民間企業であっても, アカウンタビリティ概念が日常用語として使われているためである.

8)　GAO の略称を保ったまま, 2004年に Government Accountability Office に改称された.

9)　オランダ語では, 'verantwoording' と表記される.

10)　外務省［2003］「評価と援助の有効性評価および結果重視マネジメントにおける基本用語集　日本語版」外務省ウェブサイト（https://www.mofa.go.jp/mofaj/gaiko/oda/kaikaku/hyoka/dac_yogo.html, 2022年11月10日閲覧）.

11)　'dilemma' について山谷は「ジレンマ」, 西尾は「ディレンマ」と表記している. 本書では, 西尾の表現部分を除いて「ジレンマ」表記に統一している.

12)　コンピュータを考えるとわかりやすい. ハードディスクの記録領域のあちこちに散らばった形で情報を書き込むと, さまざまな性能低下や不具合が生じることがある. これを防ぐために最適化する作業を「デフラグ」という.

13)　なお, このような議論を積極的に進めているのは, オランダ語圏の行政学（'Bestuurskunde'）である. 日本の「行政」もまた英語と完全対応していないように,

その歴史的，文化的な背景から微妙に異なる用語法，ニュアンスが使われている可能性がある．政策についても 'policy' に関連する表現ではなく 'beleid'（オランダ語）を用いる点でも欧州の中で際立っている．そこから非アングロ・サクソン諸国の中で政策学がいち早く花開いたのはなぜか．政策実施論や政策評価論，政策形成論等についても著名な研究者を多数輩出しているが，彼らは各論の枠組みを超えてどのような議論をしているのか．公共政策を修めた者にとっては，学術的な好奇心が尽きない領域といえよう．この探求は先代の政策学研究者たちからの宿題でもあるが，本書ではその入り口を覗いたに過ぎない．この限界を認めたうえで，理論動向の本格的な検討は今後の課題としたい．なお，日本とは政策や行政の前提条件も異なるので，オランダに関する行政については金井利之による一連の研究が重要となる（たとえば，金井 [2001：30] は予算・決算の過程について詳細に説明しており，政策評価（オランダ語：beleidsevaluaties）や省際政策調査（オランダ語：interdepartementale beleidsonderzoek）にも言及がある）．

14)　このアカウンタビリティにまつわる計量研究や行動研究の動向については，三上 [2024] を参照．（やや批判的に）機械学習を使った分析を試みている．

第3章 | 行政プロセスの視角

╋ 1．行政過程に関する学説史

　本書における行政学のアプローチは，行政が活動するプロセスに注目するものである．本書では，概念の区別を経たうえで「行政プロセス」とよぶ．

　まず，これが新奇な発想ではないことを示すために，日本行政学説史を中心として「行政過程」の議論を整理する．次に，この行政過程をめぐる広範な議論のうち，情報の流れ，そして実際の業務や仕事としてのフローに注目する視角があることを説明する．このフローが何に規定されているか，という観点から評価の行政管理を考えることとなる．

　それでは，「行政過程」に対して日本の行政学はどのようにアプローチしてきたか．この問いに答えるため，日本の行政学説史における行政過程の概念を追跡したい．そもそも，行政学の学説史を紐解けば「行政過程」は官僚制組織の動態をとらえるための言葉であった［辻編 1976］．また，行政学者の武智秀之は，行政過程とは「行政機関によって遂行される諸活動のプロセス」であると考えていた［武智 1996：45］．ただし，注意が必要なのは，行政法における行政過程論とは異なる点である（この点については後述する）．

　行政法学と行政学における行政過程の理解に共通するのは，時間的な経過の意味である．すなわち，第1章で議論したような時間的な経過（過程）に目を向ける概念である．ここで過程の概念には，動態の意味があると気づく．したがって，行政過程を考察するためには，行政や政策に関して変容する「何か」をとらえる必要がある．

　振り返ると，広義の行政過程が行政学の大半の研究に関係するだけに，かえって行政過程を明示的に表題として掲げた研究は少ない．その少ないなかで，

「行政過程」を題名に掲げた代表的な論文は次のとおりである.

　行政学者が執筆する主たる学術誌ではまず,『年報政治学』の論文があげられる [西尾 1974；村松 1974]. おもに東京大学法学部関係者が執筆する『國家學會雑誌』には「行政過程における『市民参加』——米国農務行政の一研究——」がある [中村 1965a；1965b；1965c]. また, 研究者と実務家が交流するジャーナルの『季刊行政管理研究』には「開発援助政策の行政過程——プロジェクトの管理と評価——」がある [山谷 1994]. ただし, 行政学の専門学会, 行政学会の『行政学叢書』や『年報行政研究』ではほとんど皆無である. 書籍としても先述の『行政過程の制度分析——戦後日本における福祉政策の展開——』[武智 1996] がある. 行政過程を副題に掲げた書籍にまで調査範囲を拡大すると『行政学講座第3巻——行政の過程——』がある [辻編 1976].

　ここに現れているように, 行政過程に注目しはじめた行政学者の最たる例は, 辻清明である. 辻は, 辻以前に行政過程が十分議論されてこなかった経緯を次のように説明した.

　　「近代民主政国家は, その権力的基礎を『権力分立』と『代議制』という二つの政治原理に求めていたため, そこでは主として『立法過程』(広義のもので, 政治意思の形成過程と名付けてもよい) に対する理論的ならびに実践的研究が発達した. 今日近代政治学という名で呼ばれる学問の内容が, 主としてこれにあたる. そして, そのような学問的関心の結果として, すでに形成された立法ないし政治意思の具体的遂行ともいうべき『行政過程』に対する考察は, 比較的閑却されていた」[辻編 1976：4-5].

　辻の説明から次の2点がみえてくる. 第1に, 政治学が政党政治や権力論的な視点を重視してきた学問的背景である. 当然ながら, 政治学には政治過程に対する関心があった. 第2に, その結果として生じたのが行政過程の動態に対する軽視である. 第二次世界大戦からその戦後, とくに1960年代以前は, 法学の静態的アプローチや政治学の影響をまだ色濃く受けていたからであった. 憲法にかかわる争点 (憲法改正, 自衛隊, 戦争放棄など) が与野党の間での政治的論議として関心を集めていたこともあり, 行政のダイナミズムにまで関心が向かなかった当時の時代背景もあるだろう.

　そもそも, 政治学の権力政治アプローチに圧倒された行政の研究, 法学的視点における行政動態の軽視に対して, 独自の視点を模索してきたのが行政学で

あった．それは行政学の生まれた経緯からも推察できる．行政学形成の経緯について語る蠟山政道，前出の辻，吉富重夫の座談会資料によれば，行政学の第1世代である蠟山政道は，行政法学者の美濃部達吉に行政法学の法学的議論がもつ不備の解決を託され，行政法学の各論からは説明できない要因がどのような基礎原理にあるのか，その原理運用の研究に焦点を当てたという［蠟山・辻・吉富 1962：82］．蠟山は，このために社会学への接近や政治学の援用を試みた．蠟山の初期の研究には，そうした方向性がみられる．

> 「行政行為を決定する因素に就て考察したるが，そこには種々なる社會階級の勢力的関係や行政當事者の階級的見解やの影響を蒙むるありて，單純なる技術行為にあらざることを知り得た」［蠟山 1923b：396］．

単に法を執行するだけの行政，いわゆる「行法」という法学的理解の限界からの脱却を第1世代の行政学者は図ってきた．行政活動の実態を「過程」の中に見いだすアプローチの萌芽がここにみられる．もっとも蠟山や蠟山行政学をフォローする行政学者だけがそのような模索をしたのではない．たとえば，田村徳治も法律的議論を批判し，より形而上学的で国家哲学的な議論を模索した．辻によると田村は機能的行政学の立場から政治の代替を考えていたと言われている［辻 1966：46］．

こうした状況の影響が残る中，日本初の体系的な行政学の叢書である『行政学講座』において，行政の活動における過程を把握するために「過程」の概念が示された．すなわち，『行政学講座　第3巻』を「行政の過程」と銘打って，多様な観点から行政過程の概念を考察していた．行政過程に対する辻の関心は，次のように表現されている．

> 「行政の世界は，それ自身，複雑な規制と多様な行動から成るひとつの体系を作っている．この体系は，それをとりまく社会状況の変化や技術の革新にともなって，流動的な変容をとげてゆく．（中略）行政の世界は，不断にその体系の自己変革を迫られているといってよい」［辻編 1976：3］．

行政体系とその変容が「行政過程」概念における重要な要素である．この認識を日本の行政学者がもつようになったことが，この言及からもわかる．体系の変容に対するこうした注目は，先に考察した過程の概念にもつながるだろう．

このように過程の概念に注目して，法学の限界を乗り越えようとした行政学

の試みは，日本にとどまらない．たとえば，1968年に刊行された社会科学国際辞典にその一例をうかがい知ることができる．この辞典における「行政（public administration）」の項目を執筆したのは，著名なアメリカ行政学者の D. Waldo であった．Waldo は，どのように忠実に（faithfully）正直に（honesty）節約して（economically）効率的に（efficiently）法を適用して効力をもたらすかに関心があった行政学は，法の作成と解釈によって変容する社会的過程として行政をとらえるように変化した，と考えている［Waldo 1968：145］．このとき，行政を社会的な過程としてとらえて動態的な変容を分析するために「過程としての行政（public administration as a process）」という概念が用いられた［Waldo 1968：145］．行政学の母国，アメリカにおいても第二次世界大戦後，とくに1960年代に至って法学ではない視点から変容過程を把握するための概念として，過程の概念が用いられはじめたことがみえてくる．

　このように「行政過程」は，学説史的には行政体系の動態を強調する概念になる．伝統的な制度論的法学的アプローチでは静態，すなわち行政体系の静的な状態を描写してきた．こうして，1960年代から1970年代以降では動態，すなわち行政体系の変容にも注目するようになる．行政の動態に対する研究のための概念として，行政過程が用いられるようになる．

　とくに，先述の『行政学講座　第3巻』における各章の研究題目を俯瞰すると，執筆者たちが行政過程の要素に見出したキーワード群を得られる．各章は，行政管理のために行政の変容に注目するという同じ目的を有している．これらは，2つの別なアプローチ，具体的には「現代行政における論理的枠組の追究」または「現代行政の価値的側面への強調」に分類できるという［辻編 1976：3-4］．

　『行政学講座　第3巻』の各章のキーワードを使って先行研究を調べると，この行政学講座以降の行政学に与えた影響がみえてくる．たとえば，『年報行政研究』だけでも2019年までに100件近くが同様のテーマとキーワードに沿って研究されていた．動態的な行政過程が行政学の主要な研究対象になったのである．過程の概念に対する注目は，辻の行政の定義にも表現されている．すなわち，「公行政は，公政策を実現するための行動または過程であり，体系的な組織を通じて日常の政府活動をおこなう公務員の集団的作業である」［辻 1966：2］（傍点は筆者）．こうして，過程概念が行政の定義に含まれ，行政学研究者の思考において一定の前提になっていく．行政における過程概念の発見と注

目が，旧来の法学的な行政の定義から脱却したきっかけの 1 つかもしれない．

　行政学における行政過程論の発展と展開とは対照的に，オーソドックスな法学思考，とくに三権分立論に基づく行政過程の理解は法学や政治学などの他の学問領域に残り続けた．たとえば，政策を対象にした過程の議論のなかにも政党政治と立法過程を重視する考えもあるだろう．この文脈では，いわゆる「行法」の過程，すなわち純粋な法律の執行過程という意味に行政過程は矮小化された．立法が制定した法律を機械的に執行する装置として行政をみなす三権分立的な行政過程観を前提として，この過程に関与するアクター間のネットワークとそのダイナミズムをみる政治学的なアプローチは，1980 年代まで行政学以外の分野とりわけ法学や政治学で残り続けた．

　ただし，この行政過程概念を扱ううえで重要な事実を付け加える必要がある．ここまでに扱った行政過程の語は行政学における用語法に基づくが，実は行政法学にも「行政過程論」という研究領域がある．「行政過程」を扱う専門書や教科書は，行政法学において多数あるため，行政法学的な用語法が一般化している．このため，行政法学と行政学両者の用語の使い分けを区別しなければ，誤解と不必要な批判を招いてしまうおそれがある．

　行政学が現実認識における法学の限界，行政の生の実態の研究との乖離を乗り越えるべく新たなアプローチを模索した経緯をもつのと同じく，行政法学のなかでも同じような志から法学の限界を乗り越えようとした法学研究者も現れた．たとえば，山村恒年の「現代行政過程論の諸問題（1〜14）」をはじめとして，動態的な行政過程に着目した説が 1980 年代に活発に提唱されはじめる［山村 1982-1986］．他にも塩野宏の「行政過程総説」では，行政行為の法規範を連鎖的につなげる議論が考えられた［塩野 1984］．「行政過程」のダイナミズムが行政法学でも議論されているのは，そのような経緯のためである．ただし塩野によれば，行政法学において一定の共通定義があったわけではなかったという［塩野 1984：2］．こうした議論が，塩野『行政過程とその統制』［塩野 1989］へと続く．このような背景から，法規範と行為形式論を用いていた行政法学においても，行政の実態に即した「行政過程」が論じられるようになった．たとえば，北村喜宣は『行政執行過程と自治体』を執筆している［北村 1997］．

　行政学と行政法学は全く異なる観点で議論をしているというわけではなく，むしろ現実の動態を把握する必要に応えようとしていた点で双方には共通する部分もある．だが，行政学と行政法学の間では概念とその操作方法が少しずつ

異なっているため，厳密には同じ概念を指していない事実を留意する必要があるだろう．

　行政学は，行政を有機的なシステムであるように考える．たとえば，M. Lipsky は政策の「対象者としての適格性が（中略）法的にというよりも，ストリート・レベルの官僚の個人的な裁量によって」判断されると指摘する［Lipsky 1980：邦訳 130］．これは一例に過ぎないが，こうした発想に基づく議論は行政学者が得意分野とする政策実施論だけに限られない．そうした発想から，思考方式の差異も指摘されてきた．両者の差異を理解したうえで，行政という共通の研究対象に共にアプローチする必要があるという認識が増えてきた．その一例は，森田による両学問間の「対話」の試みであった［森田 2007］．

　行政学と行政法学の「行政過程」はなにが異なるか．日本行政学会のメンバーでもあった行政法学者の阿部泰隆は，「行政法学では，一般に個別行為の法規適合性の司法審査を念頭におくのに対して，行政学は広く行政官の思考過程における法令に規定されていない領域を対象とする」と述べる［阿部 1996：332］．すなわち，行政法学は法学の一部であるので法学的な前提や関心に基づく議論を展開するのに対して，法学からの脱却を図ってきた経緯をもつ行政学は組織，個人，社会などにも関心を寄せ，行政職員をはじめとするアクターの思考過程までをも考慮する．社会学の影響を受けた政治学の方法論を借用する場面も，行政学研究の中には存在した．行政法学では行政にかかわる法体系を考察するのに対して，行政学では社会における行政体系を考察するという研究を説明するときの基本的な差異にかかわる言説が，ここで想起されるのである．

　このように行政法学における「行政過程」論は，行政学の関心領域に接近しても，その主たる関心は法学的思考に基づいた制度設計とその現実社会における運用例に重きをおく．なぜなら，政策や行政の諸問題は法を通じて解決されるものであるという認識が行政法学には共有されているからである．阿部は「法制度の設計とは，政策を法のシステムとして設計することである．その作業は立法とも呼ばれる」と述べている［阿部 1996：1］．こうした政策に対する行政法学者の言及は，行政法学が合法性の連鎖を重視している点を意味する．

　両学問領域は，アプローチをはじめ，ある程度で重なり合う部分もあるのだが，そこには微妙な差異がある．その部分をみることは難しいが，たとえば行政法学者の大橋洋一が著した『政策実施』に典型的に表れている．この著書において執筆者は政治学者や行政学者，時に社会学者が関心をもってきた「政策

実施論」の議論を展開するが，行政学者である嶋田暁文の担当章以外では行政法学によるアプローチを主として用いている［大橋編 2010］．政策実施過程の運用実態の観察をふまえた行政学的アプローチとは趣を異にしている．「現代行政過程論」を副題に掲げる行政法学の教科書も存在するが，具体例豊富に実態の説明を試みるなかでやはり法学的視点の領域を重視する［大橋 2013］．

　このように述べてきたものの，行政学者のなかにも行政法学的な視点をもつ研究者がいて，他方その逆に行政法学者にも行政学の視点に接近する研究者もいるため，両者の区別は難しい．行政法学と行政学，そのいずれも重要なアプローチと視点であるため，本書ではそこに多少の違いがある点を確認するに留めたい．行政法学における「行政過程」は，行政法体系の法的な連鎖がアクターの行動を決定するような過程であると考えられる．他方で行政学は，合法であるだけでは行政の課題が改善されないと考え，合法性のみならず能率性（経済学者によれば効率性）や有効性といった他の規準がいかに確保されているかを重視するだろう．

　ようするに，本書のテーマである評価やアカウンタビリティ，その行政活動を考察するためには，合法性の視点を基盤にする必要があるが，社会における行政の実際をみるにはそれだけでは不十分である．そのため，本書が依拠する視点は行政学において扱われていた行政過程概念に接近する．

┼ 2．行政過程から政策過程への移り変わり

　行政学と行政法学の行政過程には若干の違いがあるものの，行政学では関心が薄れた一方で，行政法学の行政過程論が活発で1つの知的研究体系になったのはなぜか．その理由の1つとして考えられるのが，政策学の発展である．行政学では1970年代から1980年代までには，政策過程の用語に代替されていったため，行政過程の用語が徐々に使われなくなっていった．

　学問関心も移り変わり，行政の動態を直接的に把握するというよりも，その行動様式を間接的に定める政策の動態に焦点を当てるようになった．政策学が有望な研究分野として注目されるようになったこの時代は，日本行政学会でも政策や政策過程を題目に掲げた論文や研究が増えた．当時の行政学の教科書でも，公共政策論，政策実施論，政策評価論を重視するものが増え，「行政過程」の用語は姿を消していった．この傾向は日本に限らず，社会科学の国際事典の

第2版では「行政過程」の項目が削除された［Savage 2008：603］．

　政策学のアプローチのはじまりは，「計画」に対する研究だった．たとえば西尾は，不確実性を減らすべく計画の概念が使われると行政裁量の文脈で述べている［西尾 1990：243］．計画的な側面をもつ政策もまた不確実性を減らすための概念となる．行政の動態を考察するうえでも，この政策の考察が必要になり，政治学者たちの研究蓄積もあって，政治過程論的な政策過程研究が始まった．

　すなわち，政策過程論の初期の議論では，政策がもつ政治的性格に注目した議論が交わされた．C. E. Lindblom は，*The Policy-Making Process* の初版で「政策形成を始点も終点もなくその境界も全く不明瞭な極めて複雑な分析的かつ政治的な過程としてみよう」としたと述べている［Lindblom 1968：4］．さらに，「政策は，人々が権力を互いに行使しあう複雑なプロセスを通じて作られる」とも述べている［Lindblom 1968：29］．このように，政策と政策過程を論じるなかで権力（power）に焦点を当てた説明を試みている．

　なお Lindblom のこの著作の改訂を経年追跡すれば，当時の関心事がどのように変化してきたかが明らかになる．初版では政策過程を政治学の主流にすることを模索し，第2版では市場やビジネスの影響を考察し，第3版では政策の改善を模索していた［Lindblom 1980；Lindblom and Woodhouse 1993：vii-viii］．改版を重ねるごとに，政治学の権力論的な内容が薄れ，政策それ自体の改善にスポットライトを当てるようになった．

　政策過程における政治性を政治学者たちが強調してきた経緯もあり，政策過程を考察するうえでは政策の形成・決定過程が重視されてきた．たとえば，「政策過程分析」の研究はとりわけ決定過程に注目してきた．政策ネットワーク論などもアクター間の結びつきの強弱や形態が決定過程に与える影響に注目する．

　政治過程を 'governmental process' と解釈すれば，政党政治の過程や政府活動にかかわる個人間の政治現象の過程などの意味で使われる場合もある．もちろん 'political process' からの理解もたくさんある．これを1つに定義するのは，政治とは何かという問いに答えるのと同様に困難である[3]．ただし，政治現象に注目して，アクター間の相互作用としてその動態を把握しようとしている点は共通するだろう．

　なお，政治家とその支援集団（利益集団）による政策介入の流れは，ある意

味で政治過程の典型でもあり，そのため政策過程を政治過程の部分ないし，サブプロセスであると考える場合もある．しかし，政策過程に関する政治性の過度な強調は，行政の非政治的で技術的な側面を軽視する結果につながるという批判もある．今村都南雄は，「政治現象としての側面を重視するあまり，管理現象としての側面を軽視しがちとなり，『政治』と『管理』両面のバランスを失してしまうことになってしまっている」と述べている［今村 1997：15］．

　政治過程と政策過程の関係を考えてみたい．まず，政策過程と政治過程の範囲は，完全には重なりあっていない．「政治過程と政策過程は類似し重複するところも多いが，同一ではない」１つの理由として，最も政治過程であるはずの与党総裁選でさえ政策をめぐる議論が行われていないとも指摘されている［森脇 2010：15-16］．他方で，政策過程もやはり政治過程ではない．その１例が，政策実施過程である．初期の政策実施論を中心に政策決定に対する政治学的な説明だけでは政策過程を議論するのに不十分であると示されてきた．

　こうした政策過程の理解に重要な役割を果たしてきた研究領域が，政策実施論である．政策実施論は，J. L. Pressman と A. Wildavsky の *Implementation* を皮切りに，1970年代後半以降に関心が高まり，1980年代に最盛期となった学問領域である．そのなかで真山達志は，M. Hill と P. Hupe の整理をもとにして次のように述べる．

> 「政策実施過程は，社会において政策の効果を発生させる過程である．換言すれば，政策主体が政策の対象者（集団）に対して政策効果を伝達（デリバリー）する過程であると言えよう」［真山 2016：4］．

　この「政策効果のデリバリー」の成否には，政治的側面と非政治的側面の双方がかかわる．そのため，政治的側面に注目して政治学の議論に接近する道も重要であるが，ここでは「行政過程」の理解に近い非政治的側面に焦点を当ててみたい．政策実施論の非政治的側面に関する指摘の１つに，スケジュールの遅延がある．初期の政策実施論においては，行政における作業予定の細かな遅れが組み合わされた結果，政策の有効性を損なうという指摘もなされた［Pressman and Wildavsky 1973：118］．すなわち，政治的に合意がとれて，適切な政策が決定されたとしても，そのとおりに実施される保証はなく，きわめて技術的な問題もまた政策の有効性を阻害しうると示したのである．この技術的な失敗には政治の影響が見当たらず，政治学的には必ずしも面白いものではないかも

しれないが，リアルな行政活動をうかがい知ることができる点で行政学的には
とても興味深いものである．政策実施論が提示した知見は本書においても重要
な視点となり，次節で検討する行政プロセスの視角にも影響を与えている．

　政策実施論が指摘する重要な要素にはさまざまなものがあるが，なぜわざわ
ざ非政治的で技術的な失敗要因に言及するかといえば，それが現実の評価報告
書においてもたびたび示される視点だからである．たとえば，スケジュールの
遅延や予算の不足などが政策の有効性を下げる，といった説明は開発協力にお
いては日常茶飯事である．このように政策実施論のもたらした視点は，政策評
価論の関心事にも共通する点があり，行政における病理を析出するうえで重要
となる．

　言い換えれば，行政学における政治行政融合論を認めつつも，やはりその随
所には政治行政二元論的な行政固有の領域が残っていると考えることもできる
だろう．たとえば，中央府省において執政レベル（管理のレベルについては第1章
第4節を参照）の政務三役（すなわち，大臣，副大臣，政務官）にまで報告しない現
場の行政実務，行政の技術的側面は数限りなく存在し，じつはこれらが国民に
とって重要な影響を及ぼすこともある（時に報道されるニュースからうかがい知るこ
とができる．本書の後半部分，ODA についての言及部分にもそれは多い）．この技術的な
行政固有の領域の把握は，行政学的な行政過程を対象とした研究が目指すべき
ところかもしれない．以上の「行政過程」に関する学説史をふまえ，次節では
本書における「行政過程」の視角を模索してみたい．

＋ 3．文書にみる行政プロセス

　　「行政過程を，複数の行政行為が時間次元でリニアに結合したプロセスと
　　して把握するだけでは不十分であり，そのような結合プロセスが複数，し
　　かも相互に作用しながら構成するより立体的な構造をもったシステムとし
　　て把握する必要がある」[森田 2007：160-161]．

　森田は，「"制度"に関する一考察」における行政法学との対比のなかで，行
政過程の課題をこのように述べていた．この言及を起点に，本書における「行
政過程」の視角を模索してみたい．これ以降は，前節で整理した学説史上の
「行政過程」概念から派生した新たな視角である点と行政法学上の「行政過程

論」の領域に立ち入らない点を自覚的に明確に示すために「行政プロセス」という用語を使って議論を進める．対応する英語が同じであるにもかかわらず，本書において「行政過程」と「行政プロセス」の使い分けをする理由である．なお，この「プロセス」という表現は前述の森田の表現に由来する．

　これによって，① 行政過程のもつ動態性，② 政策実施論の 1 要素である非政治的側面の強調（前節を参照），③ 政府におけるコントロール回路に関する機械的で構造的な世界観（序章を参照），④ アカウンタビリティの本人・代理人間関係とその連鎖（第 2 章を参照）の表現，⑤ 実務の複雑で相互影響するシステム的な実態（たとえば，本節を参照），⑥ 政治学的な「場」としての視角との区別，をニュアンスとして表現することができると考える．

　森田の理論的な説明と対応するように，山谷は次のように実務的な説明を行った［山谷 1997：13］．すなわち，行政需要を察知した政治家の理念提示によって政策形成が始まる．この意味で，政策形成の開始時点は政治過程であり，この政治過程の結果を反映するのが政策過程の初期段階となる．ただし，この初期段階では政策は体系化されておらず，法案や政策として定式化されるプロセス（これも，行政過程である）をふむ必要がある．すなわち，施策と事業の作成や予算の編成を通じた具体化によって政策体系が作成される．この流れに並行して，政治過程における政策決定が行われて政策の正統性が確保される．こうして作られた政策は，予算と法に推進されて実施されはじめるが，同時に政策の管理の行政過程も始まる．実施後には，政策過程において政策体系が評価される（以上が，山谷［1997：13］の説明）．

　この説明の意図はどこにあるのか．山谷［1997：10］は，「政策は一般に，政治的合理性と技術的・経済的合理性（中略）との関数的な関係の中で形成される」と述べる．「関数的な関係」という理解を 2 つの過程に対応させれば，政治的合理性は政治過程で確保されて，技術的・経済的合理性は行政過程で確保されると考えられる．政策体系は，曖昧なアイデアの状態から政治過程と行政過程との相互作用のなかで次第に練り上げられる．時間の流れとともに少しずつ状態が確定していくといってもよいだろう．政策過程とは，政策体系の変容過程でもある．

　こうした実務的な説明において重要となるのが，時間の流れとともに複数のプロセスが並行して動作しているという発想である．並行性に基づく実態把握という点は，アクターや組織が織りなす「場」の平面的な二次元の動態として

現実を描き出そうとしていた「過程」概念とは異なり，さらに法学的でリニアなプロセスとも異なる．それぞれのアクターや業務ごとの個別の活動とその相互関係に注目することで，森田がいう「立体的な構造をもったシステム」を描き出すことができる．

　行政実務を前提にした説明では，組織内で複数の業務が同時並行で動いており，相互に関係するという前提をおいている．たしかに，ある組織が活動している間，他組織がすべて「フリーズ」する（つまり，組織活動が「同期的に」作動しており，待機中は一切の業務を停止する状態）とは考えられない．たとえば，大臣官房会計課が予算関連の書類取りまとめを行っている間，原課における業務が毎回停止する状況は現実にはありえないだろう（もっとも，たとえば12月ごろに財務省から来年度予算の配分額通知が来るまで職場に残るよう命じられるケースがあるように「待機」自体が全くないわけではない．ただし，この場合でも他の業務は進行する）．同様に，概算要求のプロセスにしてもこのような立体的なシステムである．たとえば，概算要求前に各府省で概算要求を行う前に積算根拠の一覧表が必要であるが，財務省サイドで積算根拠の書類が完成しきっていない場合には予め前年度の予想をもとに仮の概算要求書類を作成しておく．このプロセスの事後ないし途中で，財務省の積算根拠書類が届くと再び一から修正作業や確認作業がはじまる（というケースもあるが，厳密には府省や部局間でルーティンや文化が異なる）．

　他にもたとえば，独立行政法人に所属する理系研究者が「ポンチ絵[5]」を描いて本省の予算要求書類として利用する場合を考えてみよう．このスライド資料のデータにおける字句の確認や調整を本省職員がする行政プロセスが作動している最中に，局長レベルでの調整に関する行政プロセスも並行で作動しており，そこでのアイデアが「降ってくる」ことがある．その結果，書類の完成段階の直前で急遽，「ポンチ絵」の方針転換が行われることになり，本省職員と独立行政法人間でふたたび調整のやり直しが発生する（これも一例に過ぎず，府省や部局間で異なる）．

　行政プロセスの動作を考えるためには，具体的に何に目を向ければよいのか．行政プロセスは行政体系の動態的な側面である．そこで行政における体系の静態的側面と動態的側面を分けて考える必要がある．比較行政学の発展に尽力したF. Heady は，行政体系については，その「構造上の中枢的な特性は，（中略）(1)階統制，(2)分化ないし専門家，(3)資格または能力．階統制がおそらく最も重要であろう」と考えている［Heady 1966：邦訳 32］．これら3点の組織定型が行

政体系の静態的な側面である．他方，動態的な側面としては，M. Weber の官僚制における行動的な側面に加え，「これを形作り，修正する環境の条件，影響，力」があると考えた［Heady 1966：邦訳 38］．官僚制組織を取り巻く環境とそれに対する反応が焦点となる．

　行政プロセスに迫る具体的なアプローチを考えるとき，予算や会計の実務に精通した視点からヒントを与えてくれるのが，行政学から財政学を研究した加藤芳太郎の指摘である．加藤は，旧大蔵省から各省，各省内部の執行部から現場にと流れてくる情報伝達を「ペーパー・フロー」であると表現した［加藤 1985：136］．予算のプロセスに合わせて，こうした行政プロセスが文書の流れとして特徴づけられるという行政観は，Heady の動態的側面の要素であれば，文書主義の行動的側面とそれに対する環境行動に注目する視角だといえよう．

　この加藤芳太郎行政学の視角，考え方を引き継ぎ，行政プロセスを考える．加藤の視角は，限られたスケジュールのなか，次々と眼前に積み上がる仕事・タスクを処理する（処理に追われる）という官僚や公務員，職員の視点に接近するものでもある．たとえば，本部から支部への訓令や指示，組織の内部で行われる各課の活動，組織と組織の間で行われる連携・対立，組織と市民・住民との関係などはすべて，何かしら文書（情報通信技術の浸透した現代では，紙媒体に限られず，メール，オフィス資料等の電子情報，チャットシステム，予算管理システムなどの「データ・フロー」も含まれる）を介した連絡や調整に基づいている．アクセスできる情報に限りがあるとはいえ，「ペーパー・フロー」から官僚制組織の「ワーク・フロー」を覗くことができるという発想は，実務をみるとき基本的かつ有効な研究方法であると考えられる．

　組織的に行動するためには，組織の内外で得られた合意内容を文書に取りまとめる必要がある．こうした文書の循環は，ときに途中で外部からの異論や反論，批判を受けて変更される場合もある．たとえば，事前評価のプロセス中に他の省内プロセスの影響を受けて，原課部局の担当者が作成した予算の概算要求に修正を加えることは評価実務ではしばしば起こる．ここには行政事業レビューや政策評価，そしてもちろん ODA 評価の外部有識者会議の審議も含まれる．

　したがって，さまざまな文書，議事録，データには修正や文言変更の痕跡がある．この点は研究者にとって非常に重要であり，評価管理に関する行政プロセスもまた各種の評価文書を通じて追跡，確認できる．このような組織におけ

る流れをみることは評価活動のメカニズムを成り立たせ，研究者に開かれている．もっとも，この方法に限界があるのも確かである．文書に表現される以前の調整や駆け引き，あるいは個人間の対立などはみえてこないからである．そのため，個別アクターの行動に注目する場合は不向きであるが，組織としての行政プロセスを知るうえでは十分に有用となる．

　こうした文書を通じたメカニズムの理解は，行政プロセスにおける「技術」の考察にも通じる．行政学では，蠟山政道の時代から技術的な視点は重要視されてきた．今村都南雄によれば，「中央統制の一態様である行政的統制を技術的に把握するという観点こそが，行政学の確立を目指した蠟山の学問的関心事であった」という［今村 1997：343］．その初期には，技術概念に関する蠟山による試論がある［蠟山 1923a；1923b］．イギリス留学の成果である『英国地方行政の研究』では，理論的考察・制度的発達・構造的認識・技術的把握の「四つの相互に連關している方面を併用綜合する」と示すように，要素の1つに掲げられているのが技術的把握である［蠟山 1949：16］．さらに行政統制についても「その本質は全く行政的能率という社會技術的性質にあることが窺いうる」と社会技術の観点から説明している［蠟山 1949：294］．蠟山だけの傾向ではなく，同時期には吉富も「行政の過程には，管理性・技術性・公共性などの要素がみいだされうる」と述べている［吉富 1952：51］．手島孝も「公共事務という目的・内容を捨象し，過程として，すなわち"所与の事務の管理・実施の過程"として観察した場合，行政は社会的技術の体系として立ち現われる」と言及している［手島 1969：24-25］．

　行政プロセスの動き方を知ることは，こうした管理技術や行政技術の解明につながる．そして，そのような管理技術や行政技術が組織内に蓄積し，結晶化したものが組織活動プログラムであると考えることもできる．ルーティン化された組織活動が組織活動プログラムを生み出し，このプログラムがアクターの反復行動を定める．

　評価についても，行政プロセスの視角に準じている．すなわち，評価の行政プロセスは，特定の文書群によって方針づけられ，管理されていると考えることができる．このコントロールに，官僚制組織における各種の技術を垣間みることができる．西尾は，行政における「技術のことば」を知るためには内部管理規則の研究が必要であると考えていた［西尾 1990：335］．これと同様に，評価の「技術のことば」に迫るためには，評価の内部管理規則に注目する必要が

あるが，幸いなことに，20世紀の時代とは異なり，評価活動を管理するための文書が公表されている場合が多い．次章では，この視点から評価管理の理論を検討する．

注

1）　過程とは，時の流れとともに物事が変容しながら進行する一連の状態である．「過程」は process の訳語としてあてられた明治時代以来の造語である［井上・有賀 1884：98］．そのため，プロセス（process）と代替可能であるように用いられる．ただし，他の概念にも対応する点に注意が必要である．たとえば，文脈や使用者によって，道のり・コース（course）や段階（stage）の意味にも対応する場合がある．本書では，過程より狭い意味をもつプロセス（process）を使って行政過程と行政プロセスを区別する．

2）　動態と対になる概念が静態である．静態が時間の経過に対して静態は不変であるのに対して，動態は変容するという違いがある．

3）　新藤宗幸と阿部齊は，「社会における紛争を解決し対立を調整しながら，社会の秩序を維持する人間の活動」と政治を定義している［新藤・阿部 2016：1］．この定義にならって，アクター間の異なる意見の統合が政治の定義であると，本書では考えたい．この政治過程では，調整，妥協，取引，誘導，強制，無視，支持調達，合意形成などの政治現象を通じて異なる意見の統合が図られると考えられている［山谷 1997：13］．ただし，この広い定義では，政策や行政も政治の部分になってしまう（それは政策や行政が政治の手段的な側面をもつため）．本書では，行政，政策，政治の関係を考察するための概念枠組みを得たいので，いずれにも重なり合わない部分に概念操作上，政治の定義を限定する．

4）　「行政需要」と「行政ニーズ」の区別については，西尾勝によって「政治体系が対応すべき行政需要として認定したものを行政ニーズとよぶ」と区別されている［西尾 1990：265］．

5）　「ポンチ絵」は，工業分野における「ラフ・スケッチ」の意味で使われる場合もあるが，官公庁の用語としてはマイクロソフトの Power Point 等のオフィスソフトで政策や施策，事業等の説明を一枚絵に図示したものである．政治家や利害関係者，組織の上司等のアクターに説明する際に用いられ，各方面に配慮した表記がなされている点が特徴である．概算要求や各種の評価文書にも用いられる．日本の行政プロセスの特徴でもあると考えられるが，行政学において十分な研究が進んでいるとはいえない．これについても今後検討を進める必要がある．

第 4 章 | 評価管理の理論

╬ 1．評価の組織活動に関する理論

「評価は真空地帯で行われない．評価システムは，組織および組織が組織文化のあれこれで形作り形作られるやり方のなかに埋め込まれる」と世界銀行で評価実務に携わる E. Raimond は述べた［Raimond 2018：26］．これは評価を考える際に，組織とその文化，とりわけ組織の生理・病理も考慮する必要があることを示唆する．評価が組織に組み込まれる際，一種のシステムとして評価を考える重要性，すなわち「評価システム（evaluation system）」の重要性が主張されている．

評価管理（evaluation management）は，この「評価システム」の行政管理を意味する．この管理活動を考えるためには，評価システムの運用を定める「何か」を探る必要がある．そこで，評価システムを組織内部における個別活動の集積であると考え，第 2 章で議論したアカウンタビリティ・メカニズムを第 3 章で議論した行政プロセスの集合として把握する．評価の各行政プロセスを管理できれば，評価システム全体の管理に道筋を付けることができると考えるのである．

この際，ODA 評価を参照しながら，運用方針を通じて評価文書のフローを管理している実例を示す（なお，ODA 評価の基本的事項については，第 6 章を参照）．最後に，この運用方針の類型を評価ポリシー（evaluation policy）の理論と分類から検討する．

アカウンタビリティを確保するメカニズムとして評価の実態を観察すると，それは最終的には各種報告書の作成作業であることがみえてくる．前章で議論したようなアカウンタビリティのバランスを取るためには，これを手がかりと

した理論視角，そのアプローチについて検討する必要がある．

　評価は端的には報告書の作成業務であると考えることもできるが，その場合，行政組織におけるルーティンワークになった評価活動は，POSDCORB における 'Reporting' にあたる側面があると考えられている［Bovens 2007：202］．POSDCORB とは，L. H. Gulick が特定した計画（Planning），組織（Organizing），人事（Staffing），指導（Directing），調整（Co-ordinating），報告（Reporting），予算編成（Budgeting）の諸活動の頭文字である［Gulick 1937：13］．Gulick は L. Urwick とともに1937年「行政管理に関する大統領委員会」の報告書を作り，能率と節約の原則の下で行政長官（上級管理者）が果たすべき管理機能を示したが，「行政」の活動をひと言で説明する言葉を求めた．

　もっとも，一度限りの 'ad-hoc' で特別なイベントである評価活動と，日常的な行政の管理ないしマネジメント活動で繰り広げられる評価活動とでは，対応する組織メカニズムが異なる．当初，政治的な要求によって行政機関における評価の制度化がすすめられたとしても，年月が経つにつれて次第に日常的な活動になる．ようするに，評価もまたルーティンワークになることを意味する．ルーティン化された評価活動が，突如として新規なアイデアですすめられるのは例外的である．やはり Raimond［2018］の言及にもあるように，これまで慣れ親しんだ評価活動の組織活動プログラムに合わせた運用方針を作成する．

　E. Vedung は，各国の評価の多様性は，4つの「波」が各国の行政改革に影響を及ぼし，それらが渾然一体と「堆積」した結果だと考えている［Vedung 2010］．すなわち，国際的には1960年代に，① 科学主義の波（science-driven wave）が訪れ，そこでは政策は科学的に作られるべきだと信じられた．その最たる例は PPBS や政策分析（policy analysis）などの手法であった［Vedung 2010：265］．次の1970年代初頭には，② 対話志向の波（dialogue-oriented wave）が訪れた．利害関係者が参加する場を設け，より民主的な評価を志向した時期である．さらに1980年代，③ 新自由主義の波（neo-liberal wave）が到来し，顧客志向と市場に対する信頼を是とした改革が進行した［Vedung 2010：270］．NPM の目標管理型のパフォーマンス測定，効率重視をはじめとするいくつかの要請がここに関係する．そして最後に1995年から2000年ごろにかけて生じた潮流が，④ エビデンスの波（evidence wave）であった．

　Vedung の「波」というメタファーが重要である．すなわち「波」は，各国各政府の置かれた状況や環境によって異なるタイミングで訪れ，それぞれに

違った波跡を残す．あるいは寄せては返す「波」の如く，ある年月を経過した後にも繰り返し訪れる．波跡は混じり合いながらも積み重なり，層を成して「堆積」する．この「堆積物の共存した集積」という表現が示唆を与える［Vedung 2010 : 275］．すなわち，実務においては理論がなにか1つ選択されて利用されるのではなく，当時の潮流の波が寄せては引くなかでその都度，組織内部に少しずつ蓄積して複雑な実践を作り上げる．まさしく時間の流れと偶然の産物であり，1つのシンプルな理論では説明が困難なものとなる[3]．

評価システムは，歴史的に残存した評価の運用に関する「回し方」の痕跡が混在するシステムである[4]．Raimond［2018］の述べるところによれば，評価を実施する組織は真空ではなく，いろいろな痕跡と歴史的経緯が満たされているシステムだということになる．それぞれの評価には異なる歴史，背景，経緯があるので，評価報告書は相互に言及しあい，全体として複雑な系を成す．これらが「渾然一体」というほどに完全に溶け合って1つの系になるならばまだしも，実際にはうまく溶け合うことは少ない．この歴史的な痕跡が矛盾や齟齬を招くのである．

評価システムは，1つのフレームワークによって運用されるのでなく，さまざまな制度，手法，概念の集合体である．後述する外務省や JICA における ODA 評価もそのような評価システムである．世界銀行の実務家である A. Liverani と OECD の DAC 評価会合で事務局を担う H. E. Lundgren は，ピア・レビューの分析から評価システムの変化を論じた［Liverani and Lundgren 2007］．

日本においても，南島和久が『政策評価の行政学』において，評価に関する制度運用の議論の必要性を提示した．南島は，C. Hood のグリッド・グループ理論を応用し，組織やそこに属する個人がどのような「モード」にあるかによって，評価の制度運用の方法が変化すると考えている［南島 2020］．異なる背景をもつ人びとが評価に異なる期待をもつ要因を説明したものであり，文化的な側面に着目して評価が多様化する前提条件を語っている．

評価理論や評価実践の数だけ新しい評価の運用方法が生まれるのだが，その多くは実験的に一度だけ実施されるのであって，組織に定着するものは一部である．組織実務の複雑な事情を考慮しない理論であれば一層難しい．しかし，実務担当者が必ずしも評価の専門家であるとは限らないので，実務担当者の配属が変わるたびに評価理論の流行り廃りに振り回されてしまうケースは少なくない．現場の努力と苦労の末，評価理論における幾ばくかの要素が実務に残っ

ていく．これが Vedung のいう「堆積物」であり，その痕跡を探る必要があ
る．

　1つの手がかりは，評価理論の流行り廃り（と実務家の努力と苦労）は，歴史
的産物である評価実践の記録（ようするに，評価報告書）に残されている点である．
こうした評価実践の記録から評価の流行り廃りを理解し，評価の失敗例を把握
するための枠組みが評価システム（evaluation system）をみるアプローチである．

　評価システムのアプローチが登場する以前は評価の制度を個別に説明してき
たが，それには限界もあった．この限界は評価の国際比較で明らかになった．
2002年に出版された *International Atlas of Evaluation* である．ここでは日本
を含む21の国と３つの機関を対象にした国際比較が行われた［Furubo, Rist and
Sandahl eds. 2002］．それぞれの国の評価は各々が特徴的であり，厳密な意味で
の比較は困難であった．2000年代前半までには OECD 加盟国をはじめ，ほと
んどすべての先進国で政策評価は広まったが，同時に評価をめぐる議論や実践
も多様化した．それによって，比較するための方法論的な困難が生じた．

　しかし，より複雑に入り組んだ評価活動を体系的に把握するために，評価学
と行政学の交差点において理論的な視角が生み出す努力は続いてきた．とくに
北ヨーロッパの研究者たちを中心に，この枠組みを用いた評価に関する研究が
すすめられてきた［Hanberger 2011；Højlund 2014；Martinaitis, Christenko and
Kraučiūnienė 2018；Raimondo 2018］．

　この国際比較が契機となって著された *From Studies to Stream* が評価シス
テムの議論の基礎となっていく［Rist and Stame 2006］．彼らは，単一の評価を
対象にした研究が生み出す知見は，他の場面では応用が効かないという問題を
提示した．そして，単一の評価ではない，流れ（stream）として体系的な評価
の実態を研究すべきであるという主張を展開した．その副題である「評価のシ
ステム（evaluative system）」とは，評価を体系的に把握する必要があることを
示すための言葉であった．

　R. C. Rist と N. Stame が喚起した議論を受けて，その後 F. L. Leeuw と J. E.
Furubo によって理論的に提唱された視角が，「評価システム（evaluation sys-
tem）」である．具体的には，次の４つの特徴を満たすものが評価システムであ
ると定義された［Leeuw and Furubo 2008：159-160］．

　第1の「特有の認識論的な側面（a distinctive epistemological perspective）」は，
組織の構成員が他とは異なった独自の評価を行っているのだと認識しているこ

とである．具体的には，テキスト，ガイドラインあるいはウェブサイトといった評価に対する共通理解を生み出すものによって把握できると考えられた．また，評価を通じてどのような知識を生み出すかもこの特徴にかかわる．たとえば，ODA 評価が他の政策評価とは異なるのは，ODA 評価を体系づけている国際的な共通理解とその歴史的な伝統があるからである．そのため，同じ伝統や体系的な共通理解をもたない政策評価制度は，異なる評価だと認識されることとなる．

第2の「組織的な責任（organizational responsibility）」は，組織的に評価が行われていることを指す．1人の評価者だけによって評価が行われている状態ではないことを意味する．また，制度上は存在するものの実態として組織的に活動が行われていないものも除外される．評価システムには少なくとも1つ以上の組織が必要となる．

第3の「永続性（permanence）」は，現在進行系で評価が行われている，あるいは行う予定があり，今後も継続することを指す．たとえば，実験的で 'ad-hoc' な評価は，評価システムの条件を満たさない．定期的な刊行物やマスメディアとの関係，あるいは日本評価学会のような専門的な学会とのつながりがあるかといった視点から，この永続性があるかを把握できる．

第4の「評価の意図された利用への焦点（a focus on the intended use of evaluations）」は，評価の利用（evaluation use）の議論である．すなわち，政策過程に対するフィードバックや，アカウンタビリティの確保が意図されて，評価の情報が作られていることである．

以上の4要件は，官僚制組織における評価活動に関心をもつ点で行政学の視点に近しい．とくに組織的な評価活動の実施を重視しており，官房系統組織がどのように活動しているかを考える必要がある．さらに，永続性の観点も，組織における評価のルーティンワークを意図している．ここが評価システムの焦点である．官僚制組織とその組織文化のなかで組織活動がどのように行われるかという行政学特有の着眼点がみられる．

これに加えて，評価活動の結果が政策過程にどのように関係するかに関心がある点が重要となる．評価結果のフィードバックは，政策過程における政策改善や政策管理の議論にも関係する．評価が生み出す情報の流れが，どのように官僚制組織の内外に及んでいるのかを含めて評価システムの検討対象となる．また，ある評価が他の評価活動を行ううえで必要な情報を提供する場合も考え

られる．このとき，評価システムが志向するアカウンタビリティの種類と組み合わせに依拠して類型することもできる．なぜなら，評価が生み出す情報とはアカウンタビリティ・メカニズムにおける回答と正当化プロセスの実態でもあるからである（第2章を参照）．

ただし，評価システムの理論的視角に対しては一部の批判もある．たとえば'Real World Evaluation' の議論を展開する C. Palfrey らは，各時代に制約された評価の「型」を意味する「評価パラダイム」や各地域，各時代に流行した「評価トレンド」とはどこが違うのかと疑問を呈している［Palfrey, Thomas and Phillips 2012：37-38］．しかし Leeuw らの議論を擁護するならば，評価システムと評価パラダイムなどの他概念とは，その組織的な性格の説明によって差異が見いだせる．つまり評価システムとは，評価パラダイムや評価トレンドに影響された評価実践が，経年的あるいは歴史的に組織に「堆積」［Vedung 2010：265］したものだと考えられるだろう．評価システムは時代を画したパラダイムでもなく，流行のトレンドでもなく，実践と試行錯誤の体系であるというべきかもしれない．

こうした評価システムの機能に注目して，多様な類型論も展開されてきた．この評価システムの理論的類型については，次のような先行研究がある．たとえば，「パフォーマンス・モニタリング」，「パフォーマンスの監査，監察および監視」，「（準）実験的評価とエビデンスに基づく政策の動向」，「認証（accreditation）と評価」，「M&E」のシステムの5類型が考えられている［Leeuw and Furubo 2008：161］．ほかにも，評価の利用（evaluation use）から分類する研究など，さまざまな評価システムの類型化が試みられている［Højlund 2014：432；Martinaitis, Christenko and Kraučiūnienė 2018：5］．

┼ 2．評価の組織活動プログラム

この評価に関するペーパー・フローを官僚制組織において実現している組織活動プログラムの在りかたとその管理活動を検討すれば，評価管理の全体像がみえてくるだろう．評価にかかわる「行政プロセス」の「束」と考えることもできる．それでは，個々の評価の行政プロセスはどのように考えられるか．まずは，第2章で説明したアカウンタビリティのメカニズムの運用を考え，単純なモデルを ODA 評価の複雑な実態に近づけながら説明を行いたい．

　アカウンタビリティの定義は第 2 章で整理したとおりであるが，現実の行政プロセスはより複雑な様相を示している．本人と代理人は，政府と人びと（あるいは，その代表者たる国会）の関係が理想であるものの，実態としては政府の内部でアカウンタビリティ・メカニズムの制度化が進められてきた．その結果，繰り返された評価活動が組織に根付き，ルーティン化が進んだ．

　こうしたルーティンの反復，複雑化によって評価システムを考える必要が生じる．評価システムが組織的に実施されている点を考慮すれば，ルーティン化した評価活動を運用するためには，その予見可能性が必要となる．このため，評価活動の実施にも管理が必要となる．本書が焦点を当てる評価の管理はここにある．たとえば，外務省における ODA 評価の例をあげれば次のようになる．

　外務省の ODA 評価では，外部評価の形式がとられている[5]．すなわち，外務省大臣官房 ODA 評価室は評価者（evaluator）を公募し，応募してきたコンサルタント業者を入札にかけ，選定する．これを受注した者，たとえばコンサルタント業者や大学などが実際に評価を実施する．この実施中にも，外務省大臣官房 ODA 評価室の手によって評価の管理が進められ，進捗の管理も逐次行われることになる．

　重要であるのは，評価活動を発注した後でも，評価の行政プロセスを進めるうえで評価業務を受注したコンサルタントと外務省の両者が逐次関与する点である．コンサルタントは外務省が決定する政策本体から遠い位置にあるため，評価をめぐるハイレベルの情報源を豊富にもっているわけではない．そのため，政策により近い現場から評価活動を進めるためのハイレベル情報を受け取る必要がある．より実態に即していえば，ODA 政策を実施する JICA や，外務省の地域局，在外公館などから情報を得て，報告書に取りまとめることとなる．評価システムを成り立たせる行政プロセスにアプローチすると，評価の管理がどのように行われているか，その実態に迫ることができる．また，評価報告書の変化をみれば評価が何に管理されているのか，時系列での変化に関する事実が明らかになる．

　この評価の行政プロセスを定めるものは何か．評価がルーティンワークとして運用されるならば，そのための SOP（標準作業手続）や組織活動プログラムが必要になる．運用方針は，情報提供ツールである評価が，外部にどのような評価の結果情報を出していくべきかについて説明し，公表するからであり，この意味で有機的に行政プロセスを結びつけて評価システムを成立させている．

　評価学の世界では，この評価の運用方針（評価ポリシー）に関する研究が進んでいる（以下，三上［2020］参照）．その成立は評価実践が始まった初期から見られ，古くはアメリカの連邦政府における有名な実務文書 *Federal Evaluation Policy* にまで遡ることができる［Wholey, Scanlon and Duffy et al. 1970］．北ヨーロッパ諸国で「評価システム」の研究が進むのと同時並行的に，この運用方針・評価ポリシーに関する議論がアメリカ評価学会を中心に活発になっていった．アメリカ評価学会が2007年6月に The Evaluation Policy Taskforce を設置したのが，その象徴的なイベントである[6]．

　このタスクフォースを設置して以来，アメリカ評価学会を中心に定義に関する議論が進んだ．W. M. K. Trochim は「評価を行うときに決定や行動をガイドするため集団や組織が使うあらゆるルールや原理原則」と定義を試みた［Trochim 2009：16][7]．しかし，Trochim の定義は広い範囲を設けたために実態の把握において応用が難しい課題もある．

　この特集号では，評価システムの研究に関与している Leeuw がオランダにおける評価ポリシーを題材にした研究を行っている［Leeuw 2009］．また，E. Chelimsky は，評価が成功するには政治的な文脈との折り合いをうまくつける必要があり，そのために評価ポリシーが役立つと考えている［Chelimsky 2009］．

　2010年代にも評価ポリシーの研究は続いており，近年では，J. Schoenefeld と A. Jordan が評価ポリシーに注目し，評価のガバナンスに関する議論を展開した［Schoenefeld and Jordan 2017］．2022年には再び *New Directions for Evaluation* において特集が組まれた．

　日本においても山谷は，この「評価ポリシー」[8]の概念にふれてきた．すなわち，「情報を求める人のニーズに応じて分析，分類，比較，順位・等級づけた情報を，どんなタイミングで，いかに出すのか，その評価ポリシーが整理方針になる」と述べていた［山谷 2012：83］．ただし，この定義には，それが何であるかを十分に論じ切れていないという限界がある．

　しかし，こうした先行研究から評価ポリシーは行政組織における評価活動のプログラム，評価を運用する考え方を順序立てて説明する文書を示すものだと考えられるだろう．具体的には，次の図で示されるような関係で評価の実施と運用を規定すると考えられる（図4-1を参照）．だが，この評価ポリシーは突如として発生するものではなく，組織のなかで文書の形式で作成され，整備され，修正されるなかで培われていく．この評価ポリシーの記述や体系を誰が，どの

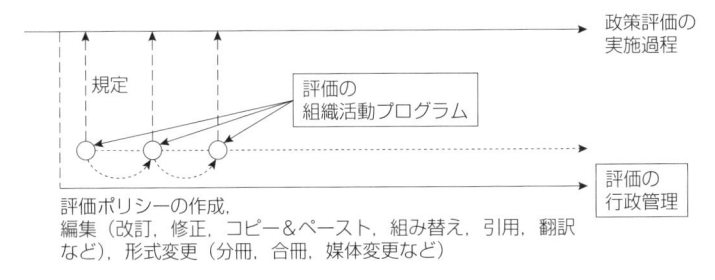

図 4 - 1　評価の行政管理メカニズム

出典：筆者作成.

ように管理しているか，ここに目を向けることで評価の管理に迫ることができると考えてみたい.

＋ 3．評価ポリシーの理論類型

そこで，評価の管理の実態に迫るために，組織のなかで明文化された文書に焦点を絞って分類を試みる．評価の方針文書が織りなす体系を通して，評価のプログラムを規定する論理を析出するのが次の作業となる.

まず，評価の運用にかかわる文書の実際を説明するために，政策評価の場合を考えてみたい．日本の政策評価制度では各府省共通の「政策評価に関する基本方針」が据えられている．この基本方針をもとに，政策評価を実施するための各種計画が策定されている．すなわち，外務省であれば「外務省における政策評価の基本計画」と「外務省政策評価実施計画」の2つである．この基本計画と実施計画に沿った実施が進められている．なお，このような基本方針の整備については，古くは通商産業省が1999年12月に『政策立案・評価ガイドライン』［通商産業省 1999］を作成していた頃まで遡ることができる.

ODA 評価は，悉皆的な政策評価制度に比べ，評価の内容にまでふみ込んだ方針体系が重層的に整備されている．その理由は，ODA 評価が政策評価に比べて調査（research）的な要素が強いためであり，その実施には官民関係や国内・国際間関係，外務省と援助実施機関，そして外部のコンサルタントなどが複雑にかかわるからである.

日本の例をあげると，外務省が2003年に「ODA 評価ガイドライン[9)]」を作成したほか，国内の援助実施機関もそうした文書を作成してきた．すなわち

JICA は「事業評価ガイドライン[10]」や「事業評価ハンドブック[11]」を作成，改定してきた．かつての JBIC も円借款事業に向けた評価ハンドブックを作成していた[12]．

評価を導く方針文書とその体系的な整備は，なぜ行われているのか．それは，その必要性が国際的に共有されているからであり，ここには国際行政の影響すなわち，OECD-DAC や世界銀行の活動が影響している（第7章で言及）．評価を導く方針文書の整備がなされていたのは，OECD-DAC に報告のあった51組織のうち，2010年は70％であったものが，2016年調査では83％，2021年調査で88％へと増えていった［OECD 2023：29］．

評価ガイドラインをはじめとする各種の内部管理文書は，日本の外務省のみならず各国各組織で整備されており，その体系化にはある程度の共通理解があると考えられるだろう．そこで，OECD-DAC のデータベースから加盟国の評価ポリシーの文書群を収集した．これらを参照しながら，その役割に注目して分類を行い，どのような関係になっているかを考えてみたい．

まず，評価にどのような役割を期待するかである．これについては，評価を実施する際に実務者（評価を知らない市民も含んで考えたい）が直面する疑問を順に考えると明らかになるはずである．以下で6つ，彼ら彼女らが抱えると想定される疑問を示して説明しよう．

第1に，何のために評価を実施するか．すなわち，評価の目的に関する問いである．評価を取り入れた組織の多くには，アカウンタビリティ確保やマネジメント支援の方針を提示して，自身のガバナンスにおける評価の位置づけを示す文書が存在する．具体的には次のようなものである．米国の USAID[13] を筆頭に，デンマーク DANIDA[14]，イギリスの旧 DFID[15]，ドイツの GIZ[16]，フランスの AFD[17]，オーストラリア外務貿易省[18]（Department of Foreign Affairs and Trade，以下 DFAT），スイス連邦外務省[19]（Federal Department of Foreign Affairs），ニュージーランド外務貿易省（Ministry of Foreign Affairs and Trade）などに自らのガバナンスにおける評価の位置づけを示す文書事例がある．また，ベルギー外務省の特別評価室[20]（Dienst Bijzondere Evaluatie）にもこうした文書が整備されている．国際機関では，たとえば UNDP でも作成されており，UNDP 独立評価部[21]（UNDP Independent Evaluation Office）はこれに従って評価を実施する[22]．日本は明示的に作成していないものの，開発協力大綱の一部がその役割を担っている[23]．「① 評価政策」のグループがこれである．

　第 2 に，どのように評価を実施するか．評価の規準や基準，活用，評価実施組織のデマケーションを規定する文書であり，日本における「ODA 評価ガイドライン」が該当する．諸外国ではたとえば，DANIDA を実施するデンマーク外務省の評価部は，"Evaluation Guidelines" を整備している[24]．ノルウェー開発協力庁（Norwegian Agency for Development Cooperation）もガイドラインを公表している[25]．また，フィンランドでは "Evaluation Guidelines: Between Past and Future" の作成例がある[26]．ただし，かつての CIDA では "Evaluation Guide" を作成していた[27]ように[28]，「ガイドライン」以外の名称である場合もある．いずれにせよ，これらは評価実施のあり方を方向付ける役割を果たしている．その指針的性格から「② 評価指針」のグループと考えたい．

　もっとも，① 評価政策と，② 評価指針の境界線はケースごとに曖昧である．たとえば，オランダ外務省の IOB は[29]，"Evaluation Policy and Guidelines for Evaluations" と両者を 1 つの文書に作成している[30]．重要なことは，それらが区別されて認識されている点である．政府のガバナンスに評価を位置づける評価政策は，評価指針よりも規範的特徴が強く，抽象度も高い．この意味で UNEG の "Norms and Standards for Evaluation" にみられる評価規範や評価原則も，評価政策の 1 つに含まれるだろう[31]．

　第 3 に，具体的にどのような手法や方法で評価を実施するか．この疑問に答えるため，評価の手法や方法，ノウハウ，手続きなど技術的な事柄を整理した文書が作成されている．日本でも「ODA 評価ガイドライン」から分冊された「ODA 評価ハンドブック」が公表されている[32]．USAID や GIZ などは ‘toolkit’ や ‘toolbox’ といった名前を付けて評価の実施方法に関する情報を整理している．これらの文書は実務における技術的な手引きの役割を担う評価の方針文書であり，これを「③ 評価手引き」のグループと考えることができる．

　第 4 に，どのような手順で評価を実施するか．評価の実施について，より具体的で詳細な手順を記した文書がある．たとえば，Sida が整備した "Looking Back, Moving Forward Evaluation Manual" は代表的な評価マニュアルである[33][34]．この文書には評価ポリシーや評価指針の側面もあり，2020年にはガイドラインと統合された[35]．この手順的性格の強いグループを「④ 評価手順」とよぶ．評価手順は評価手引きよりも裁量の幅を狭める性格がある[36]．

　第 5 に，どのような計画で評価を実施するか．これは「実施計画」的側面が強い文書のことである．手順を定めただけでは実施に至らず，実際に評価を組

織的に実施するためには評価対象やスケジュール，具体的なデマーケーションなどを策定する必要があるため，毎年度ないし数年にわたる期間で「実施計画」を作成する必要がある．たとえば，USAID における "Annual Evaluation Plan" が会計年度ごとに作成されているのはその典型であろう[37]．そのスパンは会計年度に限られず，DFID の "Evaluation Strategy" のようにさらに上位に５年単位の実施計画や運用方針を策定する場合もある[38]．また，ODA の第三者評価を実施する予定案件とこの案件にかかわる入札情報，調達情報が計画的な側面をもつ．たとえば，2022年度の外務省 ODA 評価では，ラオス国別評価，タジキスタン国別評価，トルコ国別評価の政策レベル評価を実施すること，2015年度から2021年度までの過去の ODA 評価のレビューを実施すること，対キューバ無償資金協力に対するプロジェクトレベル評価を実施することがあらかじめ公表され，調達情報が公表されている[39]．このような評価の実施に関する計画が「⑤ 評価計画（evaluation plan）」である．

　第 6 に，どのような評価の実施に役立つ情報があるか．そのために各種情報を収集して整理した文書が作成されている．イギリス大蔵省（HM Treasury）[40]の *Magenta Book* がその代表例である[41]．開発援助や国際協力における評価の国際行政では，OECD の DAC 評価会合が強制の低いガイダンスを通じた方向付けを行っている．また，合同評価や統合評価の結果などもその役割を担う．これらをまとめ，「⑥ 評価ガイダンス」とよぶことができるだろう．

　それぞれの文書は，次のような関係にあるのではないかと考えられる．まず，評価政策は，日本の ODA にかかわる政治と行政の関係における ODA 評価の位置づけを規定する．大綱の方向性に従い，実務の要請と調整しながら評価指針が作成される．この際，大臣・副大臣・政務官，与党関係議員たちからの指摘，各組織の事情の考慮，相手国／地域への配慮，社会経済環境の変化をふまえた政策の方向性などをみすえ，調整を行いながら作成や改訂を進める．

　次にこの評価指針のもとで，より具体的な評価の方法や手続きを実務の現状を考えつつアップデートするために改訂されるのが評価手引きである．これは，後に「ODA 評価ハンドブック」として分離した「ODA 評価ガイドライン」内のハンドブック部が改訂を繰り返していた経緯から，その流れと評価技術の変遷をたどることができる．具体的には第三者評価によって外部委託する場合，受託したコンサルタントが実施する評価の質を確保するために，評価実施手順を入札時に示した評価手順書が整備される．これら文書を参照しながら評価の

実施が進むが，そのスケジュールや評価対象，入札公示などは毎年度策定される評価計画に規定される.

　最終的に，評価を通じて作られる評価報告書も評価ガイダンスの形式に総合される. とくに評価の結果を国際的に発信する場合，統合評価や合同評価が重要な役割を果たすと考えられる［三上 2022a］.

　注
1 ）　Gulick の考え方は政治行政二分論の代表的なものとされ，これに対して政治行政融合論が展開されるようになった. 本書では，政治と行政の一般的な関係における政治行政融合論を否定するものではないが，評価やアカウンタビリティに関する組織的な活動を把握する際には，政治行政二分論的な視点はいまだ有用であると考える.
2 ）　周知のように PPBS は失敗し，事前に行われる政策分析は事後的な分析に戦略的撤退を図り，それに入れ替わる形で期待が高まったのが政策評価だったことはよく知られていた. この状況は A. Schick の "From Analysis to Evaluation" に描出されたとおりである［Schick 1971］.
3 ）　筆者にとっては，この複雑さが魅力的である. 本書が因果推論型の研究を採用しないのも，このためである. すなわち，何か 1 つの要因があるというよりは，偶然や誤解，時間（スケジュールやタイミング），解釈の些細な違い. そういった累積と組み合わせが行政における生理・病理現象を招く，と考える. 以上の方法論的な議論については，第 1 章ですでにふれた.
4 ）　'system' を日本語に訳す試みは明治時代にまで遡り，当時は「系，制度，系統」などが対応する日本語であると考えられていた［井上・有賀 1884：123］. この翻訳は，自然科学等で採用される一般システム理論が登場した1945年より半世紀以上も古い.
　　なお一般システム理論では，""systems," i.e., complexes of elements standing in interaction" と定義されている［von Bertalanffy 1968：33］. 訳語にあたる体系とシステムは区別されずに使われる場合もあるが，体系の語はシステムよりも多義的である. 体系には 'system' と 'organization' が対応する.
5 ）　「外部評価」の行政プロセスを考えれば，入札以降も外務省大臣官房 ODA 評価室の関与が続くため，独立性と外部性を有して「客観的」であるかは疑問をもつ者もいるかもしれない. アカウンタビリティがもつ外部性の喪失を実務的にある程度許容するとしても，少なくとも内部的に作成される報告書を外部からのアカウンタビリティ要求に上手に対応させることが必要となるのはこのためである.
6 ）　タスクフォースの経緯については，以下を参照. American Evaluation Association ［2022］ "The Evaluation Policy Task Force" アメリカ評価学会ウェブサイト（https://www.eval.org/Policy-Advocacy/Evaluation-Policy-Taskforce, 2022年11月10日閲覧）.
7 ）　タスクフォースにおける議論については，以下を参照. American Evaluation Asso-

ciation［2009］"Evaluation Policy Task Force Charge（Updates at July 2009）" アメリカ評価学会ウェブサイト（アーカイブ）(https://web.archive.org/web/20130808015959/http://www.eval.org/p/cm/ld/fid=151, 2020年9月6日閲覧).

8) 本書では，この評価の政策を「評価ポリシー」(evaluation policy) という語で表す．'policy' を「政策」と対応させて「評価政策」とあえて訳さない理由は，その性格が組織内部における運用方針に留まるためであり，問題解決的な意味をもつ政策体系と区別する必要があるからである．セキュリティ・ポリシーやマネジメント・ポリシーのような用語法を念頭においている．

9) 実務関係者に配布された初版の原本は A5 サイズのコンパクトな冊子であった．原本の入手は困難であるが，その内容はインターネット上で確認が可能である．外務省経済協力局評価室［2003］「ODA 評価ガイドライン」外務省ウェブサイト（国立国会図書館インターネット資料収集保存事業）(http://warp.ndl.go.jp/info:ndljp/pid/1368915/www.mofa.go.jp/mofaj/gaiko/oda/kaikaku/hyoka/pdfs/guideline.pdf, 2020年2月18日閲覧).　なお，第2版の原本は A4 サイズになった．この第2版と第4版はインターネット上では入手困難である．

10) 初版に「新」と書いてある理由は，これ以前にも作成され，書籍や冊子の形式で配布されていたからである．

　　第1版は以下を参照．独立行政法人国際協力機構評価部［2010］「新 JICA 事業評価ガイドライン 第1版」JICA ウェブサイト（国立国会図書館インターネット資料収集保存事業）(https://warp.ndl.go.jp/info:ndljp/pid/3509042/www.jica.go.jp/activities/evaluation/guideline/pdf/guideline.pdf, 2020年9月2日閲覧).

　　第2版についても以下から確認できる．独立行政法人国際協力機構評価部［2014］「JICA 事業評価ガイドライン（第2版）」JICA ウェブサイト (https://www.jica.go.jp/activities/evaluation/guideline/ku57pq00001pln38-att/guideline_ver.02.pdf, 2020年9月6日閲覧).

11) 独立行政法人国際協力機構評価部［2015］「JICA 事業評価ハンドブック（Ver.1）」JICA ウェブサイト（国立国会図書館インターネット資料収集保存事業）(https://warp.ndl.go.jp/info:ndljp/pid/9518126/www.jica.go.jp/activities/evaluation/guideline/ku57pq00001pln38-att/handbook_ver01.pdf, 2020年9月2日閲覧).

　　これに続く改訂版は以下を参照．独立行政法人国際協力機構評価部［2016］「JICA 事業評価ハンドブック（Ver.1.1）」JICA ウェブサイト (https://www.jica.go.jp/activities/evaluation/guideline/ku57pq00001pln38-att/handbook_ver01.pdf, 2020年9月2日閲覧).　なお，初版と改訂版が同じ URL にて上書きアップロードされているため，国立国会図書館のアーカイブから発見する必要がある．

12) Development Assistance Operations Evaluation Office, Project Development Department, JBIC［2008］"Evaluation Handbook for ODA Loan Projects" JICA ウェブサイト (https://www.jica.go.jp/english/our_work/evaluation/tech_and_grant/guides/

pdf/evaluationtext.pdf, 2022年11月10日閲覧).

13) USAID［2020］"USAID Evaluation Policy October 2020: Evaluation Learning from Experience" USAID ウェブサイト（https://www.usaid.gov/sites/default/files/documents/Evaluation_Policy_Update_OCT2020_Final.pdf, 2022年11月10日閲覧).

14) DANIDA［2016］"Evaluation Policy for Danish Development Cooperation" デンマーク外務省ウェブサイト（https://amg.um.dk/~/media/amg/documents/tools/evaluation/evaluation%20policy%20for%20danish%20development%20cooperation2016.pdf?la=en, 2021年11月10日閲覧).
　ところで，DANIDA は組織名ではなくデンマーク外務省が実施する開発援助のブランド名ないしサービス名である．かつて同じ略称のデンマーク国際開発庁（Danish International Development Agency）が存在したが，1990年代には外務省に一元化された．この経緯については以下を参照．DANIDA［2022］"History" デンマーク外務省ウェブサイト（https://um.dk/en/danida/about-danida/history, 2022年11月18日閲覧).

15) DFID［2013］"International Development Evaluation Policy" イギリス政府ウェブサイト（https://assets.publishing.service.gov.uk/government/uploads/system/uploads/attachment_data/file/204119/DFID-Evaluation-Policy-2013.pdf, 2022年11月10日閲覧).
　なお，この DFID は長らく開発援助に関する有名なアクターであったが，2020年に外務・英連邦省と統合し，外務・英連邦・開発省（FCDO）になった．

16) Evaluation Unit, GIZ［2018］"Principles, Guidelines and Requirements of Our Evaluation Practice: GIZ's Evaluation Policy" Deutsche Digitale Bibliothek ウェブサイト（https://www.deutsche-digitale-bibliothek.de/item/NXJZ2ROVWINLAJHAFFDMX3P56SVCLI3S, 2022年11月10日閲覧).

17) Agence Française de Développement［2013］"AFD's Evaluation Policy October 2013" OECD ウェブサイト（https://www.oecd.org/derec/france/AFD-evaluation-policy-eng.pdf, 2022年11月10日閲覧).

18) Department of Foreign Affairs and Trade, Australia［2021］"DFAT Development Evaluation Policy 2020（Updated December 2021）" オーストラリア外務貿易省ウェブサイト（https://www.dfat.gov.au/sites/default/files/dfat-development-evaluation-policy.pdf, 2022年11月10日閲覧). かつてオーストラリアの援助実施機関であった AusAid は，DFAT に統合された．

19) Federal Department of Foreign Affairs, Swiss［2018］"Evaluation Policy: Swiss Agency for Development and Cooperation SDC（Revised in March 2018）" スイス連邦外務省ウェブサイト（https://zewo.ch/wp-content/uploads/2019/10/20180906-evaluationspolitik-maerz-2018_EN.pdf, 2022年11月10日閲覧).

20) 英語では SEO（Special Evaluation Office）である．本書では，報告書や各種公表文書等で利用されるオランダ語（フラマン語）の略称を優先する．

21) オランダ語（フラマン語）では 'evaluatiebeleid' と表記され，英語の 'evaluation pol-

icy' に対応する.

22）UNDP［2019］"The Revised UNDP Evaluation Policy" UNDP ウェブサイト（http://web.undp.org/evaluation/documents/policy/2019/DP_2019_29_E.pdf, 2022年11月10日閲覧）.

23）日本評価学会第20回全国大会（2019年12月7日,於高知大学）にて,当時の外務省大臣官房 ODA 評価室長の村岡敬一氏にインタビューした.

24）Evaluation Department, Ministry of Foreign Affairs, Denmark［2006］"Evaluation Guidelines（November 2006）" OECD ウェブサイト（https://www.oecd.org/derec/denmark/38141125.pdf, 2022年4月23日閲覧）.

25）Norad［2022］"Guidelines for the Evaluation Process and for Preparing Reports for the Department for Evaluation（Last Updated 04.08.2022）" Norad ウェブサイト（https://www.norad.no/evaluationguidelines, 2022年11月10日閲覧）.

26）Ministry for Foreign Affairs, Finland［2007］"Evaluation Guidelines Between Past and Future" OECD ウェブサイト（https://www.oecd.org/derec/finland/47384551.pdf, 2022年11月12日閲覧）.

27）CIDA は,2013年にグローバル連携省（Global Affairs Canada）に再編された.

28）Evaluation Division Performance Review Branch, Canadian International Development Agency［2004］"CIDA Evaluation Guide" OECD ウェブサイト（https://www.oecd.org/derec/canada/35135136.pdf, 2022年11月12日閲覧）.

29）「政策活動評価部」という翻訳には違和感があるかもしれないので,若干の補足説明をしておきたい. IOB の当時の名称は 'Inspectie Ontwikkelingssamenwerking en Beleidsevaluatie'（オランダ語）であった. 英語の表記とオランダ語表記で大きく違いがあり,外務省や JICA,シンクタンクなどの実務資料間でも,どちらを採用するかによって日本語翻訳表記が揺れているようである. ここでは英語表記（Policy and Operations Evaluation Department）をもとに翻訳している外務省の表記法を採用した. その一例は,以下の第三者評価報告書にある. 国際開発センター［2014］「平成26年度外務省 ODA 評価　過去の ODA 評価案件（2003～2013年度）のレビュー（第三者評価）報告書」外務省ウェブサイト（https://www.mofa.go.jp/mofaj/gaiko/oda/files/000076538.pdf, 2022年11月16日閲覧）,添付1‐6. この IOB は,評価の国際行政では,合同評価や統合評価のあり方に影響を与えてきた. IOB の歴史は,van Beurden and Gewald［2004］によく整理されている. オランダにおいては,組織活動の拡大と変化に合わせて,開発協力の行政監察（オランダ語：inspectie）を国際的な調査研究（オランダ語：Internationaal onderzoek）に拡げた. 実は,この海外援助の監察官を担当したのが,外交官からベアトリクス女王の王配（つまり,女王の配偶者）となった Claus van Amsberg であった［van Beurden and Gewald 2004］. ただし,オランダのいう 'inspection' は英語よりも若干広い意味で用いられており,注意が必要である. このことは,2000年11月に OECD の DAC 評価会合第33回会合でなされた国際的な用

語の標準化に際して行われた次の主張からもわかる．"A management function in which a special on-tile-spot investigation is done, sometimes unexpectedly, in order to resolve problems, which may or may not have been detected earlier"〔OECD 2000：49〕．

30）　Ministry of Foreign Affairs, the Netherlands〔2009〕"Evaluation Policy and Guidelines for Evaluations: October 2009" OECD ウェブサイト（https://www.oecd.org/dac/evaluation/iob-evaluation-policy-and-guidelines-for-evaluations.pdf, 2022 年 11 月12日閲覧）．

31）　United Nations Evaluation Group〔2016〕"Norms and Standards for Evaluation" United Nations Evaluation Group ウェブサイト（http://www.unevaluation.org/document/download/2787, 2022年11月12日閲覧）．

32）　ODA 評価ハンドブックは ODA 評価ガイドラインよりも高頻度に改訂されている．最初の版は2021年 6 月に公表された．外務省大臣官房 ODA 評価室〔2021〕「ODA 評価ハンドブック（令和 3 年（2021年） 6 月）」外務省ウェブサイト（www.mofa.go.jp/mofaj/gaiko/oda/files/100205690.pdf, 2021 年 6 月30日閲覧）．なお国立国会図書館のインターネット資料収集保存事業では現在閲覧ができない．公表後間もなく，翌月に一度目の改訂が行われた．外務省大臣官房 ODA 評価室〔2021〕「ODA 評価ハンドブック（令和 3 年（2021年） 7 月）」外務省ウェブサイト（国立国会図書館インターネット資料収集保存事業）（https://warp.ndl.go.jp/info:ndljp/pid/12098438/www.mofa.go.jp/mofaj/gaiko/oda/files/100205690.pdf, 2022年11月12日閲覧）．その後，2022 年 4 月に改訂した．外務省大臣官房 ODA 評価室〔2022〕「ODA 評価ハンドブック（令和 4 年（2022年） 4 月）」外務省ウェブサイト（国立国会図書館インターネット資料収集保存事業）（https://warp.ndl.go.jp/info:ndljp/pid/12367052/www.mofa.go.jp/mofaj/gaiko/oda/files/100205690.pdf, 2022年11月12日閲覧）．

　　2023年 2 月の改訂版は以下の資料である．外務省大臣官房 ODA 評価室〔2023〕「ODA 評価ハンドブック（令和 5 年（2023年） 2 月）」外務省ウェブサイト（国立国会図書館インターネット資料収集保存事業）（https://warp.ndl.go.jp/info:ndljp/pid/13080014/www.mofa.go.jp/mofaj/gaiko/oda/files/100205690.pdf, 2023 年 12 月 25 日 閲覧）．

　　2023年 5 月の改訂版は以下の資料である．外務省大臣官房 ODA 評価室〔2023〕「ODA 評価ハンドブック（令和 5 年（2023年） 5 月）」外務省ウェブサイト（https://www.mofa.go.jp/mofaj/gaiko/oda/files/100205690.pdf, 2023年12月25日閲覧）．

33）　SIDA と表記しない理由は，Sida は小文字で略称表記される場合が多いからである．

34）　Sida〔2004〕"Looking Back, Moving Forward: Sida Evaluation Manual" ALNAP ウェブサイト（https://www.alnap.org/system/files/content/resource/files/main/sida-looking-back-2007.pdf, 2022年11月12日閲覧）．

35）　Sida〔2020〕"Sida's Evaluation Handbook: Guidelines and Manual for Conducting

Evaluations at Sida（External Version）" Sida ウェブサイト（https://cdn.sida.se/publications/files/sida62282en-sidas-evaluation-handbook.pdf, 2022年11月12日閲覧）.

36） たとえば，評価手順の方針書は，評価主体，評価のタイミング，評価の場について，日本語と英語の両方で作成し，何月何日までに，何部ずつ郵送で送付すること，というように具体的な作業日程を定める.

37） United States Agency for International Development［2021］"Evidence Act Deliverable: Annual Evaluation Plan FY2022" 米国国際開発庁ウェブサイト（https://pdf.usaid.gov/pdf_docs/PA00XBT7.pdf, 2022年11月12日閲覧）.

38） Department for International Development［2014］"DFID Evaluation Strategy 2014-2019" イギリス政府ウェブサイト（https://assets.publishing.service.gov.uk/government/uploads/system/uploads/attachment_data/file/380435/Evaluation-Strategy-June2014a.pdf, 2022年11月12日閲覧）.

39） 外務省［2022］「ODA 評価実施案件（第三者評価）令和 4 年度 ODA 評価（第三者評価）対象案件」外務省ウェブサイト（https://www.mofa.go.jp/mofaj/gaiko/oda/kaikaku/hyoka/yotei_anken.html, 2022年11月12日閲覧）.

40） HM Treasury の読み方は，この文書が公表された時点では 'Her Majesty Treasury' である. 当然ながら略称中の 'H' が示す意味は，その時代の君主が女王か国王かによって変わる. チャールズ 3 世が即位した2022年 9 月 8 日以降は 'His Majesty Treasury' を意味するようになり，イギリス政府のウェブサイトなども順次切り替えられた.

41） HM Treasury［2020］"Magenta Book: Central Government Guidance on Evaluation" イギリス政府ウェブサイト（https://assets.publishing.service.gov.uk/media/5e96cab9d3bf7f412b2264b1/HMT_Magenta_Book.pdf, 2022年11月12日閲覧）.

第 5 章 ‖ 外務省と開発協力行政

┼ 1．ODA の行政プロセス

　本章では，外務省と開発協力に関する政策と行政の基礎的な事項を整理する．まず，想定読者が開発協力の専門家に限られないことから，開発協力と ODA の行政プロセスに関する基本的な事項を確認したい．

　開発協力（development cooperation）は，国際協力の一環として政府や政府機関が実施する，開発途上国や地域の開発を目的とした活動を指す．開発協力大綱は「開発協力」を「開発途上地域の開発を主たる目的とする政府及び政府関係機関による国際協力活動」と定義している[1]．本書は，この定義と実務潮流に従い，なるべく「開発協力」という用語を使う．ただし，「開発援助」という言葉から「開発協力」に移行が進められているが，「援助」や「開発援助」，「ODA」，「経済協力」といった表現も使い続けられている場合がある．これらの用語も文脈に応じて用いる（「ODA 評価」は最たる例である）．

　ODA を含む経済的な国際協力は，「経済協力」とよばれてきた．これは，次のように分類される．すなわち，公的資金（Official Flow），民間資金（Private Flows），非営利団体による贈与に構成される[2]．公的資金は，さらに ODA と政府開発援助以外の政府資金（OOF）に区別される．

　この ODA を形態で区別すると，日本が直接，相手国に援助する場合（二国間（bilateral）援助）と国際機関を経由して援助する場合（多国間（multilateral）援助）とに分けられる．実務ではそれぞれ「バイ」，「マルチ」ともよばれる．

　この二国間援助には，返済が必要な貸付（loan）と返済が不要な贈与（grant）の２つがある．この形態をスキーム（scheme）とよび，大きく分けて３種類がある[3]．貸付としては，①有償資金協力（loan assistance）がある．通常よりも低

い金利で返済期間も長く緩やかな条件で貸付する援助は，開発途上国のオーナーシップ（ownership，自助努力）[4]の意識を高めるための手法であるという理由から，日本の援助の特徴であるとされてきた．かつては，「円借款」とよばれていたが，それは「円」で貸し付けていたからであり，現在では「ドル借款」など多様なオプションがある．これに対して贈与には，②無償資金協力（grant aid）と，③技術協力（technical cooperation）がある．2018年10月に新たなJICA に一元化されるまで，それぞれのスキームごとに異なる行政機関が実施してきた．スキームごとの歴史的経緯は後述する（第8章を参照）．

大前提として，開発協力の中核である ODA の実施には，1府12省庁が関与する．これは他の政策領域，行政プロセスには見られない大きな特徴である．具体的には，内閣府（内閣府本府，警察庁，金融庁），総務省，法務省，外務省，財務省，文部科学省，厚生労働省，農林水産省，経済産業省，国土交通省，環境省が関与している（外務省の ODA 予算集計表記の順）．ここでの「関与」とはODA 予算とそれに付随する行政プロセスを有していることを意味する．

ODA 予算には，一般会計予算と事業予算がある．事業予算は，一般会計予算に特別会計，出資・拠出国債，財政投融資資金を加えたものとなっている．一般会計予算の場合，1998年度予算以降は「政府開発援助」の表記を先頭に有する費目が基本的には該当する[5]．たとえば，外務省であれば，地域別外交費の「政府開発援助職員旅費」や「政府開発援助庁費」が該当する．また，所管する独立行政法人の運営費交付金も，国際交流基金であれば「政府開発援助独立行政法人国際交流基金運営費交付金」と「独立行政法人国際交流基金運営費交付金」の2つを分けて計上しており，これが ODA 予算であるか否かの判断基準となっている．JICA であれば，外務省の「政府開発援助独立行政法人国際協力機構運営費交付金」や，財務省からの「政府開発援助独立行政法人国際協力機構有償資金協力部門出資金」が該当する．この予算の流れに基づく行政プロセスの議論は歴史的な経緯によるものである（第8章で詳細に説明する）．

他方，特別会計予算の場合は必ずしも名称規則があるわけではないので，個別の判断が必要になる．会計検査院の報告によれば，外務省から各省がもつ特別会計について「作業依頼」[6]を行い，報告を求めるプロセスがある，といい，ここで報告されたものが特別会計予算となる．

それでは，何が ODA 予算の対象になるか否かを区別するのか．この統計業務に関する厳密な定義は OECD-DAC が定めており，この改定に伴って ODA

そのものの定義も変化し続けている．原則的な定義は次のとおりである．すなわち「ODA とは，OECD-DAC が定める援助受取国・地域リストに載る発展途上国と地域，あるいは多国間援助を担う国際機関を対象とする公的資金のうち，OECD-DAC が統計指示書（reporting directive）において示す3要件を満たすもの」であり，この3要件とは，① 公的機関（国および地方政府）またはその実施機関によって供与されること，② 開発途上国の経済開発や福祉の向上を主目的とすること，③ 譲許的（concessional）性格を有すること，である[7]．

第3の要件の譲許的性格とは，たとえば有償資金協力の場合に貸付条件（金利や償還期間など）が被援助国にとって有利に設定されていることである．この援助条件の緩やかさは，グラント・エレメント（grant element）とその計算式によって厳密に設定されている．具体的には，商業的な金利10%を超える場合に0%となり，完全な贈与の場合に100%となるような計算式が定められている．2013年に策定された統計指示書が使われるようになるまでは，被援助国・機関を問わず，グラント・エレメント25%以上が ODA に計上されるための条件であった[8]．

2016年版以降の統計指示書では，この条件が変更され，被援助国・機関の状況によってグラント・エレメントの数値が場合分けされるようになった．具体的には，OECD-DAC は1人あたり国民総所得（GNI）を基に国や地域をリスト上で分類しており，この分類に応じて条件が変わるようになった．2018年版の統計指示書では，後発開発途上国（Least Developed Country）や低所得国（Low Income Country）では45%以上，低中所得国（Lower Middle Income Country）では15%以上，高中所得国（Upper Middle Income Country）では10%以上，多国間援助を担う国際機関に対しては10%以上のグラント・エレメントが条件として設定された[9]．

こうした ODA のルールを定める OECD-DAC の統計指示書は1962年に策定された後，改訂を続けてきた．たとえば，難民や留学生の受け入れ経費をどのように ODA として認めるかの基準についても説明している．つまり，ODA の実態は，OECD-DAC の基準に沿って各行政機関の各予算を積算した数字であり，これに付随する行政プロセスの集積である．この点が行政学的には重要である．

開発協力における政策体系を見てみたい．開発協力における政策が体系的に考えられるようになった始まりは，1992年6月に ODA 大綱が閣議決定された

時点であった．2003年8月に新ODA大綱に改定されると，政策体系の根幹にある要請主義が見直され，政策における「国益」重視の観点が体系の最上部で強調された．2015年2月には開発協力大綱に改定，改称されたが，この背景には本章第4節や第9章で言及する国家安全保障戦略の決定があった．ODAから開発協力と改称されたことで，SDGsを念頭に置きつつ，ODAに該当しない活動との連携を進めることとなった．非軍事目的に限るという条件を維持しつつも，軍事的な方向での支援が可能になったのもこのタイミングである．

開発協力大綱が示す方向性を具体化するのが，各国別の方針となる「国別開発協力方針[10]」である．たとえば，「対フィリピン国別開発協力方針[11]」や「対ベトナム社会主義共和国国別開発協力方針[12]」のように各国ごとに作成されている．国別開発協力方針の構成は，表現に多少の違いがあるものの，「開発協力のねらい」，「日本にとってのODAの基本方針（大目標）」，「中目標」，「留意事項[13]」と統一されている．この国別開発協力方針には，相手国の開発計画（先述のフィリピンにおける「フィリピン開発計画2017-2022年」が一例[14]）との対応関係を示す役割もある．

国別開発協力方針をさらに具体化するのが，事業展開計画である．事業展開計画は，およそ5年単位のスパンを想定しており，国別開発協力方針の資料としても添付されている．事業展開計画では，「基本方針（大目標）」のもと，「重点分野（中目標）」，「開発課題（小目標）」が定められ，各小目標に対応して数個の協力プログラムが設定されている．協力プログラムは，個別案件すなわちスキーム単位の事業が集まったものとして表現される．このスキームに応じて予算のプロセスや担当部局が分かれることとなる（したがって，本書でいう「行政プロセス」はこのスキームごとにある）．ただし，すべての国にこの方針を整備しているわけではなく，政情不安がある国や援助量が少ない国については事業展開計画のみが策定されている．たとえば，例外の1つであるアルバニアでは「対アルバニア共和国事業展開計画[15]」のみが公表されている．こうした国別開発協力方針や事業展開計画の策定には，企画・立案を担う外務省本省に加えて，実施の現場に近い現地ODAタスクフォース（後述）が携わっている．

それではODAは，どのような行政プロセスで実施に向かうか．まず，ODAの実施を始めるためには，基本的に相手国政府から要請を受ける手順をふむ必要がある．これはかつて「要請主義」とよばれていたが，日本が理念を押しつけてアジア地域を侵略すると受け取られないための手続きであったと考

えられている［佐藤 2024：103］．

　開発協力の行政プロセスには，大まかに次のような外交文書ないし行政文書がかかわる．技術協力の場合は，国際約束を経た後で日本側の実施機関であるJICA と相手国関係機関との間で案件の進め方に関する詳細な計画を協議し，その結果をまとめた「討議議事録（R/D）」を作成する．有償資金協力の場合は，日本政府と相手国政府の間で交換公文（E/N）の署名を行い，具体的な「借款契約（L/A）」を締結する．無償資金協力の場合は，L/A の代わりに「贈与契約（G/A）」（2009年度以降のプロジェクト）を締結する[16]．

　ただし，実際には要請の準備段階から各種の調整や交渉が進められている．開発協力の企画立案・実施・評価のプロセスには，「現地 ODA タスクフォース[17]」が携わっており，ここには在外公館，JICA 事務所，JBIC 事務所，JETRO 事務所などが参加する．企画立案・実施・評価のプロセスには，このタスクフォースをはじめ，さまざまなネットワークが携わっているほか，各プロジェクトの特性に合わせた開発コンサルタントも多数登場する．そのため，必ずしも実施前段階の交渉過程や案件調査過程が表面に出てくるわけではない点には注意が必要である．

　具体的なペーパー・フローには個々個別の案件で違いがあるのだが，その一例として技術協力スキームを使った科学技術政策である地球規模課題対応国際科学技術協力（SATREPS）を説明してみたい（以下，三上［2023：19-21］を参考）．これは，科学技術政策と開発協力政策の連携であり，JST や AMED と連携する（この背景にある科学技術外交等の経緯については三上［2023］を参照）．

　案件の形成段階では，次のような行政プロセスが進む（図5-1）．まず，在外公館と現地 ODA タスクフォースによる検討を経て，日本の外務省と JICA本部に「要請書」が送付される．この要請に関する開発協力特有の国際的なプロセスに先立って日本側の実施機関の行政プロセスも進む[18]．

　JICA は ODA 評価の観点から事前評価を開始し，その結果をもとに詳細計画を策定する．これが技術協力スキームにおける詳細計画策定調査であり，調査団を派遣して相手国側の機関と協議が進められる．この協議内容を取りまとめた文書が「協議議事録（M/M）」である．

　この詳細計画調査に並行して，実施過程が始まったあとモニタリングやプロジェクト・マネジメントを円滑に進めるための各種文書を作ることとなる．図5-2は，この手続きを示している．具体的には，活動計画表（Plan of Opera-

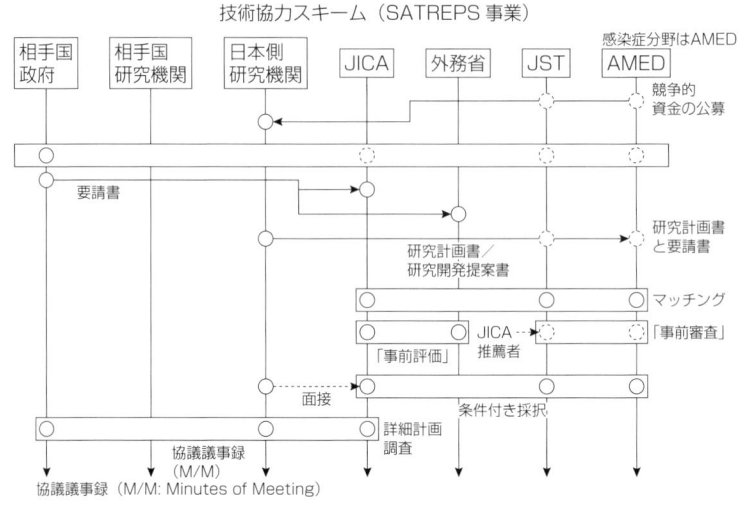

図 5 - 1 　ODA 行政プロセスの一例（形成段階）

出典：三上［2023：20（図２）］.

tion）やプロジェクト・デザイン・マトリックス（PDM）が作成される[19].　JICA では，詳細計画策定調査の結果をふまえて，「事業事前評価表」を作成するが，この事前評価表は外務省に送付され，外務省がODA評価の観点から確認することとなる.　JICAと相手国実施機関の間で合意文書であるR/Dが作成される[20].　この討議議事録の添付文書として利用されるのが活動計画表やPDMである.　以上の手続きによって，討議議事録を締結した時点でプロジェクトの実施準備が整ったことになる[21].

　こうしてプロジェクトが開始した後も，想定したとおりに実施できているかを確認するための評価とこれに基づく管理活動が行われる.　JICAは，PDMや活動計画表に基づいたモニタリングシートを使って実施管理を進め，カウンターパート機関と合同で，日本側研究機関は「モニタリングシート」を作成する.　このモニタリングシートに対してJICAがフィードバックを行った内容は日本側実施機関とも共有している[22].

　そしてプロジェクトが終了する前に終了時評価が行われる（SATREPSの場合であれば，JSTとAMEDによって日本側研究機関の評価を行う）.　この終了時評価の結果を反映しつつ，相手国のカウンターパート機関と合同で事業完了報告書案を

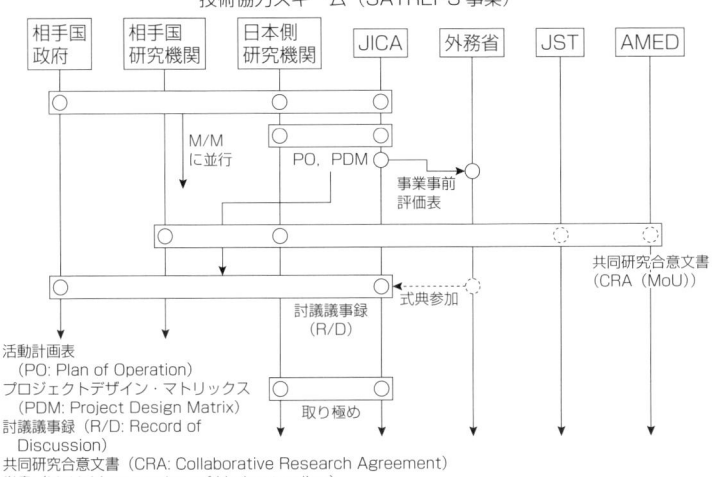

図5-2 ODA行政プロセスの一例（R/D締結まで）

出典：三上［2023：21（図3）］.

作成して，JICA在外事務所に提出する[23]．以上のように実施機関であるJICAと外務省，相手国政府，相手国受入機関，日本側の技術協力機関との間で行政プロセス間の複雑な連携がある（図5-3）．重要であるのは，その行政プロセスの各所で多様な形態の「評価」が顔を覗かせる点である．

有償資金協力や無償資金協力の場合には，金融的側面が大きくなり，これとは少し異なる行政プロセスとなる．むしろ，不良債権にならないかといった視点が用いられるのだが，これについては第8章で歴史的経緯とともに検討する．

さて，2023年6月に改定された開発協力大綱において「オファー型協力」の活用が盛り込まれ，従来の方式から転機を迎えた．9月15日には，戦略文書「オファー型協力を通じて戦略的に取り組む分野と協力の進め方『パートナーとの共創のためのオファー型協力』」が公表された[24]．「国際情勢や外交課題は刻々と変化するものであり，毎年一度をめどとして，本戦略の見直しを行う[25]」と記述されているように，この戦略文書は毎年度の修正を行う短期的な戦略であると考えられる．戦略文書内には，分野別の開発協力目標と開発シナリオを記してあり，これに沿った案件を対象国に提案することとなっている．2023年9月の戦略文書は，① 気候変動対策・GX，② 経済強靭化，③ デジタル化の

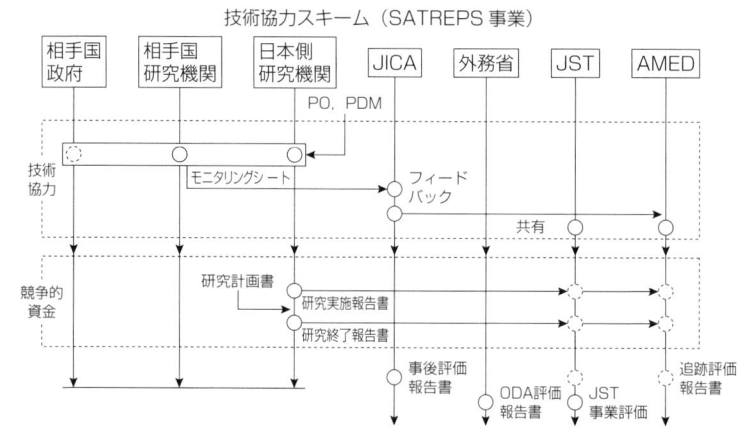

図5‑3 ODA行政プロセスの一例（実施時から事後まで）
出典：三上［2023：21（図4）］.

促進・DXの3目標に各々2種類の開発シナリオを設定していた[26]．これは，経協インフラ戦略会議が2024年6月5日に決定した「2030年を見据えた新戦略骨子」とも関連している．このオファー型協力を担う組織として，2024年8月に国際協力局に開発協力連携室が設置された[27]．

─┼─ 2．外務省の創設史

　さて，本書で焦点を当てる外務省大臣官房ODA評価室は，組織再編を繰り返しながら経済協力局，国際協力局，大臣官房を経て設置されたものである（この改革過程については，第9章で整理する）．それでは，この経済協力局に至るまでのルーツは何か．外務省の前史とともに歴史的経緯を整理しておきたい（表5‑1を参照）．

　江戸時代末期から明治時代の初期までの日本には，外務省は存在しなかった．外務省百年史編纂委員会編［1969a］によれば，次のような経緯をたどった．まず，徳川慶喜によって大政奉還がなされて間もない段階では，外交の担当を江戸幕府が続けていた．これに対して，明治新政府は外交権を手に入れるべく，王政復古の大号令に際して，外交の窓口が明治政府に変わったことを外国に周知する仕事を進めていた．しかし，この時期にはいまだ専任の組織だった外交

表 5‑1　外務省前史から経済協力局の成立（1868年から1951年）

年　月	出来事
1868年正月	嘉彰親王に外国事務総裁の宣下，「外国事務取調掛」を任命（達：「外国事務掛」）
1868年正月	三職分課の達，総裁の下に外国事務課
1868年 2 月	太政官代に総裁，神祇，内国，外国，軍防，会計，刑法，制度の 7 事務局設置
1868年閏 4 月	「政体書」頒布，議政官，行政官，神祇官，会計官，軍務官，外国官，刑法官
1869年 7 月	職員令により外国官を廃し，外務省を創設．外務省規則制定
1886年 2 月	内閣制度発足に合わせて勅令第二号，外務省大臣官房，総務局，通商局，取調局，翻訳局，記録局，会計局を設置
1943年11月	「行政機構整備実施ノ為ニスル外務省官制中改正ノ件」（勅令第803号） 外務省通商局を戦時経済局に改組，旅券事務を大臣官房に移管
1945年 8 月	終戦に伴い，外務省戦時経済局を経済局に改称
1946年 2 月	外務省経済局を廃止し，総務局設置
1947年 4 月	総務局に経済課設置
1949年 6 月	国家行政組織法施行，外務省官制を廃止，外務省設置法と外務省組織規定を施行 総務局を政務局に改組．総務局経済課は政務局経済課へ
1950年12月	政務局経済課は，経済第一課（多国間担当）と経済第二課（二国間担当）に分課
1951年 6 月	政務局経済第一課と経済第二課を分離し，国際経済局を設置
1951年12月	新たな外務省設置法を施行，アジア局，欧米局，国際協力局を新設．国際経済局を経済局に改称

注：年月の斜体は旧暦.
出典：外務省百年史編纂委員会［1969a：3，44，51；1969b：10，763，770，773］および三上［2022b］をもとに作成.

機関はなかった.

　明治政府初の官制として三職（総裁，議定，参与）が設けられると，鳥羽伏見の戦いの最中，1868年正月（旧暦）に征討大将軍であった嘉彰親王に「外国事務総裁」の宣下があり，これに併せて「外国事務取調掛」が任命された．この「達（たっし）」の文中において用いられた表現が「外国事務掛」であった．さらに，数日の後「三職分課」の達が出され，三職の 1 つ「総裁」に該当する「外国事務総裁」の下に体系だった組織が設けられた．これが「外国事務課」であった.

　さらに1868年 2 月（旧暦）には，太政官代（京都の二条城）に 7 つの事務局を設置した．すなわち，総裁，神祇，内国，外国，軍防，会計，刑法，制度であり，このうち「外国事務局」が外務省のルーツとなる．さらに，同年閏 4 月

（旧暦）には，「政体書」が頒布され，議政官，行政官，神祇官，会計官，外国官，刑法官が置かれる．この外国官の時代には，まだ現在の大使館のような場所がなく，代わりに京都の寺院を用いていた（南禅寺や相国寺など）．

1869年7月（旧暦）には「職員令」が出され，外国官を廃し，外務省を創設した．同時に，外務省規則を制定し，組織化を進めていった．これが，現代にまで続く外務省が創設されたタイミングであったと考えられている．

時代は下り，内閣制度が発足すると組織再編が求められることとなった．1886年2月の勅令第二号によって，外務省に以下の部局が設置された．すなわち，大臣官房，総務局，通商局，取調局，翻訳局，記録局，会計局である．「大臣官房」というのは，この時代に登場したことがわかる．また，経済協力局のルーツとなるのは，この「通商局」であり，第二次世界大戦の戦時下まで存続し続けた（以上の歴史的経緯は，『外務省の百年』上巻［外務省百年史編纂委員会編1969a］を参考とした．以下は，『外務省の百年』下巻［外務省百年史編纂委員会編 1969b］を参考としている）．

第二次世界大戦の戦時下では，「行政機構整備実施ノ為ニスル外務省官制中改正ノ件」（勅令第803号）」によって，外務省通商局は戦時経済局に改組された．終戦を迎えると，外務省戦時経済局は，経済局に改称され（1945年8月），外交から連合国最高司令官総司令部の占領統治下における管理活動に組織目的を変えることとなった．1946年2月には，経済局は廃止となり，この代わりに総務局が設置されるが，翌年4月には経済課が設置された．1949年6月に国家行政組織法が施行されると，外務省官制は廃止され，外務省設置法と外務省組織規定を施行する．これに合わせて，総務局が政務局に改組され，総務局経済課は政務局経済課に改められることとなった．

そして，1950年12月に政務局経済課は，多国間経済課題を担当する「経済第一課」と二国間経済課題を担当する「経済第二課」に分課される．1951年6月には，この2つの課を政務局から分離し，新たに国際経済局が設置された．同年12月には，新たな外務省設置法が施行され，アジア局，欧米局，国際協力局を新設した．このとき，国際経済局は経済局に改称された（この時期の賠償や準賠償に関する議論は，実施機関に関連して第8章で説明する）．

この1950年代になると，少しずつ日本は賠償から準賠償，そして国際協力にシフトしていった．インドへの円借款を皮切りに本格的な経済協力が始まると，1959年4月には外務省経済局に経済協力部が設置された．経済協力部は，アジ

ア局，アメリカ局，欧亜局に分散していた経済協力事務を統合した組織であった（これ以降の歴史的経緯については，実施機関との関係が深くなるため第 8 章第 1 節を参照）．

1962年 5 月には，この経済協力局経済協力部を外務省経済協力局に昇格した．その 2 年後には，アジア局賠償部を廃止し，その業務も経済協力局に移管した．1969年 1 月には，経済局と経済協力局の二国間関係事務を各地域局に移管し，経済協力局経済協力課を経済協力第一課と改称，有償経済協力担当課として整備した．同様に，経済協力局賠償課を経済協力第二課と改称，無償経済協力担当課に整備した（以上は，下巻の外務省百年史編纂委員会編［1969b］を参考とした）．

こうして，日本の ODA を長らく支えてきた経済協力局の組織体制が整備された．以上が外務省と大臣官房 ODA 評価室に関する議論の前史である（これに続く歴史的経緯は第 9 章を参照）．

╋ 3．外務省の行政学研究

以上の経緯で創設された外務省は「外務行政」を担っており，邦人が海外に旅行や出張をすれば，旅券の交付に始まり，現地安全情報の提供や保護を行うほか，査証の交付や，国連外交，儀典，そして ODA に至るまで多様な政策を実施する行政活動に携わっている．日本における外務省の任務は，外務省設置法第三条によると次のように定められている．

> 「外務省は，平和で安全な国際社会の維持に寄与するとともに主体的かつ積極的な取組を通じて良好な国際環境の整備を図ること並びに調和ある対外関係を維持し発展させつつ，国際社会における日本国及び日本国民の利益の増進を図ることを任務とする[28]」．

外務省に相当する省や組織は，およそあらゆる国に存在する[29]．なぜなら国境がある限り，その境界線に応じて内外に関する所掌が分かれるからであり，国の外側ないし外側との交流にかかわる活動を担う外務省は，政府の基本的な要素の 1 つである（逆に，文字通り内側をつかさどるのが「内務省」である．日本における内務省は現存しないが，その系譜にある組織の重要性は強調してもしすぎることはない）．この意味で，外務省はおよそ国境を越えるような国際性ある政策には，何かしらの形で関与する[30]．そのため，外務省は行政学においても古典的な問題関心の

1つとなる.

開発協力政策においては，外務省は実施に関与する府省庁の全体調整を担っ
ている[31]．外務省の特徴としては，地域局と機能局の2種類の組織をもつ点であ
る．地域局とは地域ごとに分類された担当部局編成の1つであり，機能局とは
事項別の担当部局である．地域局にはアジア大洋州局，北米局，中南米局，欧
州局，中東アフリカ局の5つがあり，機能局には経済局，国際協力局，国際法
局，領事局の4つがある．ある政策課題があれば，この地域局と機能局の2つ
が連携を取りながら対応に当たることになる．この意味で，「行政プロセス」
（第3章を参照）の集積である．

総合的・中長期的観点から政策立案を担い，これら地域局や機能局を省全体
で総括・調整するのが総合外交政策局だということになっている[32]．総合外交政
策局が設置された背景には，1991年の湾岸戦争における日本の対応に向けられ
た批判があった[33]．局内には，国際平和・安全保障協力室や宇宙・海洋安全保障
政策室，女性参画推進室などの重要課題を総括，調整する組織が置かれている
ほか，国際科学協力室や国際原子力協力室などを擁する軍縮不拡散・科学部も
おかれている．

大臣官房では，他府省と同様に総務的事項を担当する．この大臣官房をみる
とき，外交機関としての外務省ではなく，行政機関としての外務省の姿が現れ
てくる．すなわち，外務省大臣官房には，官房3課（総務課，人事課，会計課）が
あり，基本的には他府省と共通する組織構造をもつ．総務課内には，考査・政
策評価室，国際機関評価室（考査・政策評価室と兼ねており，内線番号も同じ），
ODA評価室と「評価」を冠する組織が3つある．この大臣官房の活動に本書
は焦点を当て，開発協力の評価やアカウンタビリティ確保に深くかかわる大臣
官房ODA評価室を重点的に扱う．

また，外務省の特徴として，世界各地に在外公館がある点があげられる．
2024年時点で在外公館は273存在し，195の大使館，67の総領事館，11の政府代
表部で構成される[34]．多くの現場やポストを各地にもっている点が外務省の人事
における強みでもある[35]．在外公館は，国際協力の実施過程でも各地でJICAや
JETROなどと連携をとる役割や霞ヶ関の外務本省との連絡窓口の役割を果た
している．

開発協力の実施を担うのがJICAである．外務省に地域局があるのと同様に
JICAにも地域ごとの部がある．東南アジア・大洋州部，東・中央アジア部，

南アジア部，中南米部，アフリカ部，中東・欧州部であるが，外務省の地域局とは分類が少し異なる．また総務系の部には，総務部，人事部，財務部，評価部などがある．

　なお，外務省を大きく地域局，機能局，大臣官房と分けたとしても，実際の組織は入れ子構造になっている．たとえば，国際協力局の前身である経済協力局には政策課のなかに評価・広報課があった．また，機能局の中にも地域別の区分がある．たとえば，国際協力局の国別開発協力第一課は東アジア，東南アジア，大洋州を担当し，国別開発協力第二課は南西アジア，中南米，中央アジア，コーカサスを担当する．国別開発協力第三課は欧州，中東，アフガニスタン，アフリカを担当する．

　ところで，この外務省は中央省庁等改革の直接的な影響を受けなかった省であった．ただし，1990年代から冷戦終結後の国際環境の変化に対応するべく組織改革は行われてきた．第 2 次海部内閣の下で開かれた「臨時行政改革推進審議会（第三次行革審）」の一次答申「国際化対応・国民生活重視の行政改革に関する第 1 次答申」(1991年 7 月) は，「我が国の国際化を推進し国力にふさわしい国際的責務を果たしていく」という時代の要請に合致するように「外交実施体制の見直し」を提言し，同年 9 月に外交強化懇談会が開催されることとなった[36]．こうして1993年 8 月 1 日に総合外交政策局が新設された．

　この総合外交政策局の新設以後に外務省に注目した先行研究がある．外務省を対象とした行政学の先行研究と本書の関係についても整理しておきたい．城山英明と坪内淳は，『中央省庁の政策形成過程』において外務省の政策形成過程を渉外型に分類し［城山・坪内 1999：255-56］，外務省では官房系統組織による統制が弱く，受け身の政策形成を行っているのだと考えた．城山・坪内［1999：255］は，全省レベルでは大臣官房がすべてを仕切っているわけではなく，筆頭局である総合外交政策局が取り仕切っているわけでもないことを示した．また右翼課が各局をコントロールしているかといえば，それほど強いものではない[37]ものの，大臣官房や総合外交政策局による一定の調整機能は存在する，と考えた[38]［城山・坪内 1999：256］．

　外務省の調整機能に関する先行研究には，さらに官房系統組織に注目した政策評価論の研究がある．外務省で経済協力局評価室長や大臣官房考査・政策評価官を経験した山谷清志は，省内に調整機能を担う存在として総合外交政策局と大臣官房の 2 者が共存しており，両者の間にデマケーションの錯綜がある[39]と

指摘している［山谷 2005］．こうした調整の二重構造は，大臣官房で処理しきれない課題を補充強化するために総合外交政策局が新設された経緯から生じた．

十 4．外務省の環境変化
——政治主導と大臣官房評価業務の増加——

しかし先行研究が行われた当時からみると，外務省をとりまく状況や背景は大きく変わった．第1に，政治主導の潮流[40]によって，2000年中期以降，戦略策定と司令塔機能を担う閣僚レベルの会議が次々と新設・廃止された．第2に，政策の方針を大枠で定める大綱も改定され，さらに国家安全保障戦略の手段として開発協力政策を位置づけるようになっていった．当然，外務省と開発協力の環境は大きく変化したが，環境変化のなかで「評価」という処方箋に解決策を求めていったことで，外務省においても大臣官房の業務が増えていった（年表等については，第9章を参照）．

この環境変化の時期に初めて設置された「司令塔（control tower）[41]」は，2006年4月に第3次小泉改造内閣で，内閣に設置された海外経済協力会議であった．議長を内閣総理大臣とし，内閣官房長官，外務大臣，財務大臣，経済産業大臣が重要事項を審議する場であった．外務省においては，この麻生太郎外務大臣の下に国際協力企画立案本部が設けられ，そこで国際協力局や地域担当局が国際協力の方針や地域別課題，重点課題への対応策などを協議する形をとっていた．

しかし司令塔であるにもかかわらず，海外経済協力会議は長くは存続しなかった．2009年9月の民主党政権交代以後，この会議が開催されたのは1度のみとなり，2011年10月21日に野田内閣は国家戦略会議の設置を閣議決定し，これに伴って海外経済協力会議は廃止となった．ただし，この国家戦略会議もまた，2012年12月に再び政権交代が起こり，第2次安倍内閣が発足すると同時に廃止された．

安倍内閣は「アベノミクス」の名の下に，いわゆる「三本の矢」を掲げた成長戦略を発表したが，この成長戦略においてODAの役割が再検討されることとなった[42]．これに先立ち，安倍内閣は2013年3月12日に経協インフラ戦略会議[43]を設置した．議長は内閣官房長官，構成員は副総理兼財務大臣，総務大臣，外務大臣，経済産業大臣，国土交通大臣，経済再生担当大臣兼内閣府特命担当

大臣（経済財政政策）とされ，ここで採択された「インフラシステム輸出戦略[44)]」にODAの実施過程は影響されるようになった．

　さらに安倍内閣は，この経協インフラ戦略会議に加え，国家安全保障会議を2013年12月14日に設置した．そして，12月17日には「国家安全保障戦略について」（以下，「国家安全保障戦略（2013年）[45)]」）を国家安全保障会議と閣議で決定した．その結果，この戦略がODAの上位指針として据えられることとなった．「国家安全保障戦略（2013年）」には次のように記されていた．

　　「本戦略は，国家安全保障に関する基本方針として，海洋，宇宙，サイバー，政府開発援助（ODA），エネルギー等国家安全保障に関連する分野の政策に指針を与えるものである[46)]」．

　「国家安全保障戦略（2013年）」は，当時の重要方針であった積極的平和主義の手段にODAを位置づけた．次の記述に明示されるとおりである．

　　「今後，国際協調主義に基づく積極的平和主義の立場から，我が国に対する国際社会からの評価や期待も踏まえ，PKO等に一層積極的に協力する．その際，ODA事業との連携を図るなど活動の効果的な実施に努める．
　　　また，ODAや能力構築支援の更なる戦略的活用やNGOとの連携を含め，安全保障関連分野でのシームレスな支援を実施するため，これまでのスキームでは十分対応できない機関への支援も実施できる体制を整備する[47)]」．

　この上位方針の変化に伴い，2014年3月に岸田文雄外務大臣によって政府開発援助大綱の見直しを進めることが発表され，翌年2月10日には開発協力大綱が閣議決定された．この大綱の特徴は国家安全保障戦略を具体化する方針の1つとしてODAを位置づけた点にあり，政府によるODAのみならず民間活力やそのほかの政府資金を含めた多様な手段を総合的に運用することが求められた．

　ODAの位置づけが変わったことで，防衛・軍事関連活動との関係も変化した．従来どおりに「軍事的用途及び国際紛争助長への使用を回避」しつつも「民生目的，災害救助等非軍事目的の開発協力に相手国の軍又は軍籍を有する者が関係する場合には，その実質的意義に着目し，個別具体的に検討する」と要件を緩和した[48)]．これによって，海上保安能力構築支援や巡視船の供与が行わ[49)]

れるようになった．霞ヶ関用語の「政治」，すなわち与党の幹部や外交関係議員からの要求によって，ODAに対する「国益」の追求が強調されはじめ，また政府中枢の国家安全保障会議と内閣官房が外交政策に関与する機会が増えるようになった．

さらに第2次岸田改造内閣において，2022年9月には次期大綱改定に向けた「開発協力大綱の改定に関する有識者懇談会」が林芳正外務大臣の下に設置された．改定の方向性として「自由で開かれたインド太平洋（FOIP）」の理念が強調されたほか，ODAの戦略性の強化が示された．これと並走して「国家安全保障戦略（2022年12月16日閣議決定）」が改定され，政府安全保障能力強化支援（OSA）の導入方針が示された．ODAと関連するのは，「Ⅵ　我が国が優先する戦略的なアプローチ」「２　戦略的なアプローチとそれを構成する主な方策」「⑴危機を未然に防ぎ，平和で安定した国際環境を能動的に創出し，自由で開かれた国際秩序を強化するための外交を中心とした取組の展開」における以下の部分である．

キ　ODAを始めとする国際協力の戦略的な活用
「同志国との安全保障上の協力を深化させるために，開発途上国の経済社会開発等を目的としたODAとは別に，同志国の安全保障上の能力・抑止力の向上を目的として，同志国に対して，装備品・物資の提供やインフラの整備等を行う，軍等が裨益者となる新たな協力の枠組みを設ける．これは，総合的な防衛体制の強化のための取組の一つである」．

このように大綱が変化するなかで，開発協力大綱が「評価」に期待する役割も次のように変化してきた．1992年の「政府開発援助大綱」では，「４．政府開発援助の効果的実施のための方策」において次のように示されていた．

「⑽適切な案件を採択できるよう案件発掘・形成のための協力及び調査を充実する．また，今後の協力にも資するよう第三者による評価及び他の国との合同評価を含めた評価活動を充実する．
⑾開発途上国に関する地域研究，開発政策研究，政府開発援助の総合評価等を推進する」．

ほぼ10年後の2003年8月に改定された政府開発援助大綱（以下，新ODA大綱）では，透明性を求め，情報公開と公報機能を評価に期待したほか，より具体的

な表現で評価の実施に関する方針が示された．とくに「⑴評価の充実」には次のように記述された．

　「事前から中間，事後と一貫した評価及び政策，プログラム，プロジェクトを対象とした評価を実施する．また，ODA の成果を測定・分析し，客観的に判断すべく，専門的知識を有する第三者による評価を充実させるとともに政府自身による政策評価を実施する．さらに，評価結果をその後のODA 政策の立案及び効率的・効果的な実施に反映させる[56]」．

　この新 ODA 大綱における「評価結果をその後の ODA 政策の立案及び効率的・効果的な実施に反映させる」という文言が，2013年の閣議決定で名称を「開発協力大綱」に変えた大綱においては，「戦略性の確保」に紐付けられるようになった．

　「我が国の開発協力の効果を最大化するためには，政府・実施機関が一体となり，様々な関係主体とも連携しつつ，我が国の有する様々な資源を結集して，開発協力の政策立案，実施，評価のサイクルに一貫して取り組むという戦略性を確保することが重要である[57]」．

　こうして「大綱」は，改定が進むなかで，さまざまな評価の役割や実施方針を示す役割も果たす存在になった．たとえば，開発協力政策の効果や効率性の向上，日本国民に対するアカウンタビリティの確保，政策決定過程や政策実施過程に対するフィードバック，情報公開の促進といった複数の目的を示すようになった[58]．

　安倍内閣時代に一般化した「政治主導」は，ODA 評価のあり方にも影響を与えた．すなわち，ODA 評価についても開発協力大綱の記載に伴い，「外交の視点からの評価[59]」が正式に運用されるようになったのである．その開発協力大綱における記述は次のとおりである．

　「評価については，協力の効果・効率性の向上に加え，国民への説明責任を果たす観点からも重要であることを踏まえ，政策や事業レベルでの評価を行い，評価結果を政策決定過程や事業実施に適切にフィードバックする．その際，成果を重視しつつも，対象の特殊性やそれぞれの事情を考慮した上で評価を行う．また，外交的視点からの評価の実施にも努める[60]」．

　政治主導を進めるに際して，外務大臣を始め，内閣を形成する国会議員幹部が官僚や行政職員に対するコントロールを次々と模索した結果，政治家らはさまざまな報告書を要求するようになった[61]．つまり，情報の集約を志向し，その具体的な手段として評価の実施報告を求めた．

　開発協力大綱が示す各種の評価制度の多くを実際に担うのは，外務省大臣官房であった．これが示唆するのは，政治主導の潮流による大臣官房業務の増加であり，行政機関側もこの状況に対応していった．具体的には，外務省大臣官房は，３つの評価室を設けて対応した．すなわち，先述の考査・政策評価室，国際機関評価室，ODA評価室の３つである．考査・政策評価室は，政策評価制度と独立行政法人評価を担う[62]．2018年には，国際機関評価室[63]が考査・政策評価室と兼ねる形で新設され，組織活動のデマケーションを探り，具体的な評価方法を模索することとなった．この国際機関評価の実施を要求したのも開発協力大綱である[64]．この背景には，二国間援助から国際機関を通じた多国間援助へと開発協力の重心が移りつつある変化もあった．新たな評価室の登場によってODA評価室はODA評価に専念できるようになったのである．

　外務省においてはこれらの評価に加え，行政事業レビュー[65]も実施されている．主として担うのは大臣官房会計課である．行政事業レビューは，民主党政権の発足時に導入された「事業仕分け」の後継となる活動であり，政策評価とセットで行われ，政策評価の論理を予算編成業務に反映させるために有効なツールとして重要な役割を担っている．いわば，政策評価と予算編成を融合させる仕組み・仕掛けである．

　以上の状況に鑑みれば，政治主導が招く「評価の氾濫」というべき状態が生じているといえよう．まさに第2章で議論したような複数のアカウンタビリティが次々と求められている様子であり（第2章を参照），それぞれの連携や調整を上手に進める必要がある．

注
1 ）　外務省［2015］「開発協力大綱について（閣議決定）」外務省ウェブサイト（https://www.mofa.go.jp/mofaj/gaiko/oda/files/000072774.pdf, 2022年11月10日閲覧），1頁.
　　なお，ODAと「開発協力」の差異は，安倍内閣において次のように示されている（井坂信彦衆議院議員による質問に対する国会答弁）．

　　（質問）「従来の「ODA大綱」から「開発協力大綱」へと名称が変更されたが，

ODA と「開発協力」の違いは具体的にどのように異なるのか.」（衆議院議員　井坂信彦，平成二十七年二月二十日提出　質問第九三号）.

（答弁）「大綱（平成二十七年二月十日閣議決定. 以下「新大綱」という.）において，従来の政府開発援助大綱（平成十五年八月二十九日閣議決定. 以下「旧大綱」という.）から名称を変更しているが，これは，経済協力開発機構の開発援助委員会の定める政府開発援助の対象国に含まれない国であっても，島嶼国等の特別な脆弱性を抱える国々等に対して協力を実施する等協力の範囲を広げること，民間の資金・活動等との連携を強化すること及び開発途上国に対する一方的な援助ではなく対等なパートナーシップによる協力関係の構築を目指すことを端的に示すためである.」（内閣総理大臣　安倍晋三，内閣衆質一八九第九三号　平成二十七年三月三日）.

　衆議院［2015］「開発協力大綱に関する質問主意書（平成二十七年二月二十日提出　質問第九三号）」衆議院ウェブサイト（https://www.shugiin.go.jp/internet/itdb_shitsumon_pdf_s.nsf/html/shitsumon/pdfS/a189093.pdf/$File/a189093.pdf, 2024年9月13日閲覧），"一"頁（pdfの2頁目に相当）.

　衆議院［2015］「衆議院議員井坂信彦君提出開発協力大綱に関する質問に対する答弁書（内閣衆質一八九第九三号　平成二十七年三月三日）」衆議院ウェブサイト（https://www.shugiin.go.jp/internet/itdb_shitsumon_pdf_t.nsf/html/shitsumon/pdfT/b189093.pdf/$File/b189093.pdf, 2024年9月13日閲覧），"一"頁（pdfの2頁目に相当）.

2）　外務省［2011］「ODAとは？」外務省ウェブサイト（国立国会図書館インターネット資料収集保存事業）（https://warp.ndl.go.jp/info:ndljp/pid/1938578/www.mofa.go.jp/mofaj/gaiko/oda/about/oda/oda.html, 2022年11月12日閲覧）.

3）　円借款は有償資金協力の一形態である. かつては，おもに「円借款」とよばれていたが，借款の際に利用される通貨が円に限らない「ドル借款」なども実施されるようになっている.

4）　開発援助の用語として「オーナーシップ」と表記される. おおよそ自助努力や自主性を指すのだが，その詳細な定義は文脈によってケースバイケースでもある.「援助効果向上に関するパリ宣言（Paris Declaration on Aid Effectiveness）」における援助効果向上の5原則（「① オーナーシップ（Ownership），② アラインメント（Alignment），③ 援助の調和化（Harmonization），④ 成果マネジメント（Managing for Results），⑤ 相互説明責任（Mutual Accountability）」）の1つでもある. なお，各項目の英語と日本語は以下の資料から得た. OECD［2005］*"Paris Declaration on Aid Effectiveness*, Paris: OECD Publishing" OECD ウェブサイト（http://dx.doi.org/10.1787/9789264098084-en, 2024年1月6日閲覧）. また日本語訳については JBIC による翻訳がOECD によって公表されている. OECD［2005］「援助効果にかかるパリ宣言」OECD

ウェブサイト（https://www.oecd.org/dac/effectiveness/36477834.pdf, 2024年1月6日閲覧）.

5） 会計検査院［2008］「国会からの検査要請事項に関する報告（検査要請）——文部科学省，厚生労働省，農林水産省，経済産業省及び国土交通省所管の政府開発援助に関する会計検査の結果について——」会計検査院ウェブサイト（https://report.jbaudit.go.jp/org/h19/YOUSEI3/2007-h19-8006-0.htm, 2024年9月9日閲覧）.

6） 会計検査院［2014］「国会及び内閣に対する報告（随時報告）平成26年10月——各省庁が所管する政府開発援助（技術協力）の実施状況について（外務省が所管する技術協力を除く.）——」会計検査院ウェブサイト（https://report.jbaudit.go.jp/org/h25/ZUIJI7/2013-h25-Z7008-0.htm, 2024年9月11日閲覧）.

7） OECD-DAC［2016］「Converged Statistical Reporting Directives for the Creditor Reporting System（CRS）and the Annual DAC Questionnaire（Chapter1-6）」OECD ウェブサイト（https://www.oecd.org/dac/financing-sustainable-development/development-finance-standards/DCDDAC（2016）3FINAL.pdf, 2022年11月12日閲覧），17頁. および, OECD-DAC Working Party on Development Finance Statistics［2018］"Converged Statistical Reporting Directives for the Creditor Reporting System（CRS）and the Annual DAC Questionnaire（Chapter1-6）" OECD ウェブサイト（https://one.oecd.org/document/DCD/DAC/STAT（2018）9/FINAL/en/pdf, 2022年11月12日閲覧），17-18頁. 以上の原文をもとに，2017年版開発協力白書［外務省2018］と照らし合わせて修正した.

8） OECD-DAC［2013］"Converged Statistical Reporting Directives for the Creditor Reporting System（CRS）and the Annual DAC Questionnaire（Chapter1-6）" OECD ウェブサイト（https://one.oecd.org/document/DCD/DAC（2013）15/FINAL/en/pdf, 2022年11月12日閲覧），13頁.

9） OECD-DAC Working Party on Development Finance Statistics［2018］"Converged Statistical Reporting Directives for the Creditor Reporting System（CRS）and the Annual DAC Questionnaire（Chapter1-6）" OECD ウェブサイト（https://one.oecd.org/document/DCD/DAC/STAT（2018）9/FINAL/en/pdf, 2022年11月12日閲覧）.

10） 2010年6月の「ODA のあり方に関する検討　最終とりまとめ」を受けて「国別援助計画」から「国別援助方針」に名称を変更した. さらに2015年2月に「開発協力大綱」が閣議決定されたことで「国別開発協力方針」に改められた.

11） 外務省［2018］「対フィリピン国別開発協力方針」外務省ウェブサイト（https://www.mofa.go.jp/mofaj/gaiko/oda/files/000072244.pdf, 2022年11月12日閲覧）.

12） 外務省［2017］「対ベトナム社会主義共和国　国別開発協力方針」外務省ウェブサイト（https://www.mofa.go.jp/mofaj/gaiko/oda/files/000072247.pdf, 2022年11月12日閲覧）.

13)　留意事項には，現地の安全情報のほか ODA 評価が実施済みであるかどうかの情報
　　も表記される．たとえば前述の「対ベトナム社会主義共和国　国別開発協力方針」で
　　は，平成27年度外務省 ODA 評価「ベトナム国別評価」の実施情報が示されている．

14)　「対フィリピン国別開発協力方針」を参照．

15)　外務省［2021］「対アルバニア共和国　事業展開計画」外務省ウェブサイト（https://
　　www.mofa.go.jp/mofaj/gaiko/oda/files/000072650.pdf, 2022年11月13日閲覧）.

16)　JICA［2020］「ODA 見える化サイト　事業の種類について」JICA ウェブサイト
　　（外務省と協力作成），（https://www.jica.go.jp/oda/guide/index.html, 2024年10月 4 日
　　閲覧）.

17)　外交官の紀谷昌彦によれば，2001年ごろから始まったバングラデシュにおける大使
　　館，JICA 事務所，JBIC 事務所の連携の試行錯誤が ODA タスクフォースの原型とな
　　り，JETRO を加える形で「4J（Japanese Embassy, JICA, JBIC, JETRO）体制」に
　　拡大したという経緯がある［紀谷 2007：1-2］．紀谷昌彦［2007］「ODA の現地機能強
　　化を推進するために──バングラデシュ現地 ODA タスクフォースの実践と教訓──」
　　GRIPS ウェブサイト（https://www.grips.ac.jp/forum/pdf07/dp17.pdf, 2022年11月19
　　日閲覧），1 - 2 頁.

18)　SATREPS の場合であれば，JST（感染症分野の場合は AMED）を通じて，競争的
　　研究資金を公募する国内のプロセスが進められる．この競争的資金に応募した「研究
　　計画書」と「要請書」のマッチング作業が行われ，JICA，JST，AMED の 3 者による
　　書類選考と面接選考を経て，条件付き採択が行われる［独立行政法人国際協力機構国
　　際科学技術協力室 2018：4］.

19)　独立行政法人国際協力機構国際科学技術協力室［2018］「研究代表機関及び共同研究
　　機関向け参考資料　地球規模課題対応国際科学技術協力（SATREPS）プロジェクト実
　　施の手引き（間接経費を支給する場合）」（https://www.jica.go.jp/activities/schemes/
　　science/form/ku57pq00000nj5mf-att/general_02.pdf, 2022年12月20日閲覧），14頁.

20)　独立行政法人国際協力機構国際科学技術協力室［2018］「研究代表機関及び共同研究
　　機関向け参考資料　地球規模課題対応国際科学技術協力（SATREPS）プロジェクト実
　　施の手引き（間接経費を支給する場合）」，5 頁.

21)　このプロセスに合わせて，JST と AMED も JICA と相手国実施機関の締結タイミン
　　グを調整しながら活動を進めている．具体的には，日本と相手国の研究機関間で研究
　　上の調整を行うための「共同研究合意文書（Collaborative Research Agreement）」を
　　締結する［独立行政法人国際協力機構国際科学技術協力室 2018：5］．最後に JICA と
　　研究代表機関の間で「取り極め」を交わし，事業契約を結ぶ［独立行政法人国際協力
　　機構国際科学技術協力室 2018：49］.

22)　なお，JST はこの ODA の行政プロセスとは別に，研究開発の視点からモニタリン
　　グを進めている．すなわち，日本側研究機関は事業年度ごとに研究実施報告書を JST
　　に送付する必要がある［国立研究開発法人科学技術振興機構国際部 2021：34］.

23）　独立行政法人国際協力機構国際科学技術協力室［2018］「研究代表機関及び共同研究機関向け参考資料　地球規模課題対応国際科学技術協力（SATREPS）プロジェクト実施の手引き（間接経費を支給する場合）」，22頁.

24）　外務省［2023］「オファー型協力を通じて戦略的に取り組む分野と協力の進め方『パートナーとの共創のためのオファー型協力』」（https://www.mofa.go.jp/mofaj/files/100553362.pdf, 2024年10月9日閲覧）外務省ウェブサイト.

25）　外務省［2023］「オファー型協力を通じて戦略的に取り組む分野と協力の進め方『パートナーとの共創のためのオファー型協力』」，2頁.

26）　外務省［2023］「オファー型協力を通じて戦略的に取り組む分野と協力の進め方『パートナーとの共創のためのオファー型協力』」，5‑8頁.

27）　外務省［2024］「組織案内　国際協力局（2024年8月1日時点）」外務省ウェブサイト（https://www.mofa.go.jp/mofaj/annai/honsho/sosiki/keikyo.html, 2024年10月9日）.

28）　「外務省設置法　法律第九十四号（平一一・七・一六）」衆議院ウェブサイト（https://www.shugiin.go.jp/internet/itdb_housei.nsf/html/housei/h145094.htm, 2024年10月11日閲覧）.

29）　「およそ」と書いたのは前節に記したように明治期まもなくの日本には存在しなかったからである．また，国によって外務省の具体的名称や所掌には違いがある．たとえば，オーストラリア外務貿易省があげられるように，必ずしも「外務省」と単独で表記されるわけではない.

30）　日本では，他府省の官僚が政策に関する調査で外国に赴く際には航空券や宿泊先の手配などは外務省が行う場合がある．政府全体における，いわゆる「ロジ（logistics）」の役割を担っている側面もあると考えられる．このロジとは「兵站」に由来する言葉であり，実質的な業務を進めるための補助的な業務である．反対に実質的な政策に関与する業務を指して，「サブ（substance）」とよぶ場合がある．この役割からも他府省庁が国際的な政策を進める際には外務省が関与する.

31）　中央省庁等改革以前には「4省庁体制」とよび，ODA の複雑さを表現していた．円借款の実施1つをとっても，外務省，大蔵省，通商産業省，経済企画庁が協議する必要があった状況を指していた.

32）　総合外交政策局を機能局に分類する場合もある［城山・坪内 1999：254］.

33）　湾岸戦争時に日本に向けられた "too little, too late" の批判が有名である．支出した金額とタイミング，また部隊派遣を実施しなかった点が批判された.

34）　2024年時点で，大使館は実館が155，兼館が40の延べ数である．総領事館は67あるが，すべて実館である．政府代表部は11の実館と1の兼館である．そのほか，サイパンなどに20の領事事務所等がある．なお，2022年時点と比べると，大使館の実館数を微増したり，北大西洋条約機構をベルギー大使館から切り離して実館を設けたりするなど，その構成と数は都度変化していることがわかる．この在外公館の数だけ外務省はポス

トを有しているわけで，これが府省庁間のパワーバランスに影響を与えていると考えられる．詳細は以下のウェブサイトを参照．外務省大臣官房総務課［2022］「在外公館設置状況」外務省ウェブサイト（https://www.mofa.go.jp/mofaj/files/000047796.pdf，2022年11月12日閲覧）．外務省大臣官房総務課［2024］「在外公館設置状況」外務省ウェブサイト（https://www.mofa.go.jp/mofaj/files/000047796.pdf，2024年9月14日閲覧）．

35）　在外公館には，外務本省から異動してきた官僚のほかにも，専門調査員や派遣員など事務職員や専門職員がいる．専門調査員には，地域研究や現地言語，国際政治学などを修めてきた専門人材がおり，彼ら彼女らが実質的な評価業務に携わっているケースもある（在セルビア日本国大使館の専門調査員などが一例）．そのほか，現地の事情に詳しい現地職員もいる．さらに現地では，国土交通省や農林水産省，総務省といった外務省以外の各府省からの出向者も活躍している．こうした各専門分野に精通した人材は，「アタッシェ（attaché／女性形で文書に表れる場合は attachée，フランス語）」とよばれ，在外公館において外交官たちと共同で業務を進めている．

36）　外務省［1991］「外交青書 1991年度　第5章　外交体制」外務省ウェブサイト（https://www.mofa.go.jp/mofaj/gaiko/bluebook/1991/h03-5.htm，2022年11月10日閲覧）．

37）　「右翼課」とは，組織図において最も右にある各局内の筆頭課である．

38）　これ以前に，城山は現場型と官房型の区別を試みていた．通商産業省や建設省のように省庁に応じて音頭をとる担当が変わると指摘している［城山 1997a］．

39）　デマケーション（demarcation，霞ヶ関用語のいわゆる「デマケ」）とは，組織間の役割分担である．

40）　外務省の政官関係については，行政学者の牧原出による言及もある．牧原は，次のような歴史的経緯を説明する．すなわち，第一次世界大戦後にパリ講和会議に参加した若手外交官らの手で，「革新同志会」が結成され，組織の改革が唱えられ，1930年代以降には軍部に同調する「革新派」が現れた．牧原は，この歴史的経緯から，戦後の外務省は自ら政治に介入するのではなく，専門性を高めて，政治とは距離を置く関係を築いてきた「自己抑制者」だと考えている［牧原 2018：119］．

41）　「司令塔」に関する研究については，科学技術政策の文脈で村上［2015］が重要である．

42）　成長戦略のなかでは，「経済分野での国際展開の支援，好ましい国際環境の構築及び人間の安全保障の推進の3本柱を踏まえた戦略的 ODA を展開する」と記述された．内閣官房［2013］「日本再興戦略── JAPAN is BACK ──（閣議決定）」内閣官房ウェブサイト（https://www.cas.go.jp/jp/seisaku/seicho/pdf/saikou_jpn.pdf，2022年11月10日閲覧），90頁．

43）　設置根拠である「経協インフラ戦略会議の開催について」では，「海外経済協力」を省略して「経協」とよび，会議名称が「経協インフラ戦略会議」であることが確認できる．内閣官房［2013］「経協インフラ戦略会議の開催について」首相官邸ウェブサイ

ト（https://www.kantei.go.jp/jp/singi/keikyou/pdf/konkyo.pdf, 2022 年 11 月 10 日 閲覧）．

44）　内閣官房［2013］「インフラシステム輸出戦略」首相官邸ウェブサイト（https://www.kantei.go.jp/jp/singi/keikyou/dai4/kettei.pdf, 2022年11月10日閲覧）．

45）　内閣官房［2013］「国家安全保障戦略について」内閣官房ウェブサイト（https://www.cas.go.jp/jp/siryou/131217anzenhoshou/nss-j.pdf, 2022年11月10日閲覧）．

46）　内閣官房［2013］「国家安全保障戦略について」，１頁．

47）　内閣官房［2013］「国家安全保障戦略について」，26頁．

48）　外務省［2015］「開発協力大綱について（閣議決定）」外務省ウェブサイト（https://www.mofa.go.jp/mofaj/gaiko/oda/files/000072774.pdf, 2022年11月10日閲覧），９．

49）　この巡視船供与に先だって，2013年８月にベトナムは海上警察を国防省管轄下から独立した司令部を有する「沿岸警備隊」に格上げした．ODA 大綱は軍事的用途への使用を禁じているため，国防省管轄下のベトナム海上警察には供与できなかったが，これを転換することとなった．その後，フィリピン，マレーシア，インドネシアなどに巡視船や海上保安機材，研修の専門家派遣を実施した［外務省 2018：6-7］．

50）　「国益」とは何かについて，官僚と政治家などさまざまな立場で解釈が異なる場合がある．このためカギ括弧を付している．

51）　外務省［2022］「開発協力大綱の改定について（改定の方向性）」外務省ウェブサイト（https://www.mofa.go.jp/mofaj/files/100390705.pdf, 2022年11月10日閲覧）．

52）　内閣官房［2022］「国家安全保障戦略について（令和４年12月16日閣議決定）」内閣官房ウェブサイト（https://www.cas.go.jp/jp/siryou/221216anzenhoshou/nss-j.pdf, 2024年10月９日閲覧）．

53）　OSA の実施にあたっては，「政府安全保障能力強化支援の実施方針」に依拠しており，国家安全保障局，外務省，防衛省等の連携が謳われている．この OSA についても，以下のように評価・モニタリングを実施する旨が決定されており，実務における知見の蓄積と並行して研究者も学術的な検討を進める必要が生じている．

　　　「イ　評価・モニタリングの実施とその結果についての情報開示
　　　支援の適正性を確保するとともに，効果的・効率的な支援を行っていく観点から，
　　　支援対象国の可能な範囲での協力も得つつ，評価・モニタリングを適切に実施し，
　　　その結果を適切な形で公表する」（筆者，傍点追加）

　　この「OSA 評価」は，「ODA 評価」とは性格が異なるものである以上，分けて議論する必要がある．これを検討するうえでは，相手国の「軍」が援助対象になる点，無償資金協力のスキームに相当する点が重要となる．したがって，日本側の連携対象である防衛省や防衛装備庁の行政プロセスを検討する必要があるが，日本の行政学においては廣瀬［1989］『官僚と軍人──文民統制の限界──』以来，本格的な研究蓄積が進んでいない．今後は，防衛省研究などと合わせて議論を進める必要があるかもしれ

ない．同様に，その理解のためには過去に防衛省や防衛装備庁が実施してきた評価，あるいは米国国務省の活動も整理する必要がある．

　外務省［2023］「政府安全保障能力強化支援の実施方針（国家安全保障会議決定）」（https://www.mofa.go.jp/mofaj/files/100553362.pdf, 2024年10月9日閲覧）外務省ウェブサイト．

54）　内閣官房［2022］「国家安全保障戦略について（閣議決定）」，16頁．

55）　外務省［2004］「2　旧・政府開発援助大綱（1992年6月閣議決定）」外務省ウェブサイト（https://www.mofa.go.jp/mofaj/gaiko/oda/shiryo/hakusyo/04_hakusho/ODA2004/html/honpen/hp203020000.htm, 2022年11月10日閲覧）．この大綱において，日本の援助方針として，人道的考慮，相互依存関係の認識，環境の保全，開発途上国の離陸に向けての自助努力の支援の4点が示された．

56）　外務省［2003］「政府開発援助大綱の改定について」外務省ウェブサイト（https://www.mofa.go.jp/mofaj/gaiko/oda/seisaku/taikou/taiko_030829.html, 2022年11月10日閲覧）．

57）　外務省［2015］「開発協力大綱について（閣議決定）」外務省ウェブサイト（https://www.mofa.go.jp/mofaj/gaiko/oda/files/000072774.pdf, 2022年11月10日閲覧），7頁．

58）　外務省［2015］「開発協力大綱について（閣議決定）」外務省ウェブサイト（https://www.mofa.go.jp/mofaj/gaiko/oda/files/000072774.pdf, 2022年11月10日閲覧），12頁．

59）　ただし，「外交の視点からの評価」は，開発協力大綱以前からも実務的には試行されていた．この評価を導入することとなった経緯については第9章を参照．

60）　外務省［2015］「開発協力大綱について（閣議決定）」外務省ウェブサイト（https://www.mofa.go.jp/mofaj/gaiko/oda/files/000072774.pdf, 2022年11月10日閲覧），8頁．

61）　アカウンタビリティが報告書の作成（Reporting）と密接である点は第2章を参照．

62）　外務省政策評価である．第6章第2節で説明する．

63）　JICA に対する独立行政法人評価である．第6章第3節で説明する．

64）　外務省［2015］「開発協力大綱について（閣議決定）」外務省ウェブサイト（https://www.mofa.go.jp/mofaj/gaiko/oda/files/000072774.pdf, 2022年11月10日閲覧），11頁．

65）　行政事業レビューについては第6章第4節で説明する．

第6章 外務省における評価制度

＋ 1．ODA 評価

　日本は，2000年代初頭の評価の国際比較において先進国で最下位だった［Fu-
rubo, Rist and Sandahl eds. 2002］が，その10年後の再検証が行われた際に急速に
成熟度を高めた国に位置づけられた［Jacob, Speer and Furubo 2015：13］．国際比
較におけるランキングが上昇した理由の１つは，政府における評価の制度化
(institutionalization of evaluation) が急速に進行したとみなされたからである．

　日本の外務省でもさまざまな評価が行われており，評価活動は経年的に変化
し，複雑化し続けてきた．第6章では，外務省における評価の実施体制を説明
する．山谷は，2003年度末時点の外務省で実施されていた評価として，次の6
つの政策評価，すなわち「政策評価」，「ODA 評価」，「独立行政法人評価」，
「行政評価」，「個別評価」，「外交政策評価パネル」を指摘し［山谷 2006：62-3］，
「政策評価」，「ODA 評価」，「独立行政法人評価」の関係を考察している［山谷
2006：257］．この山谷の言及は，日本に政策評価制度が導入された当初から，
すでに複数の評価活動が存在していたことを示唆する．このうち現存する制度
のなかでも国の政策評価制度で実施される政策評価，ODA 評価，外務省が所
管する独立行政法人評価の区別が必要である．なお，国際機関評価は，外務省
が拠出する国際機関の評価であり，たとえば，「国連宇宙部拠出金」の評価の
ように評価シートを用いた運用がなされている．ただし，実務的な蓄積がまだ
十分ではないため，詳細な議論は今後の課題である．

　ODA 評価は，最先端の評価理論と評価実践が試される一大領域である．他
の評価と一線を画している理由は，国際社会で標準化している評価の方法・考
え方を受け継いでいる点，国際的な評価の会合に参加して定期的に方法や考え

表6‐1　ODA 評価の組織的な実施の始まり

時期	国・組織
1970年	カナダ・ドイツ
1971年	ベルギー・スウェーデン
1973年	世界銀行
1975年	日本（OECF 事後評価開始）
1977年	オランダ
1981年	日本（外務省経済協力局経済協力評価委員会，OECF 業務管理室，JICA 評価検討委員会）
1982年	デンマーク
1984年	日本（外務省経済協力局調査計画課）
1988年	日本（JICA 企画部評価室）

出典：van Beurden and Gewald［2004：24］に日本の状況を反映して筆者作成．

方を見直す努力を重ねている点にある．

　日本の ODA 評価の端緒を開いたのは，大蔵省と外務省の共管だった OECF が1975年に実施した個別プロジェクトの事後評価であった．1981年には，外務省も経済協力局に委員会を設置して事後評価を開始し，その翌年 JICA も事後評価を始めた［牟田 2001：1］．

　日本における ODA 評価の組織的な実施は，援助評価に関する国際的な潮流[3]に沿ったものでもあった（表6‐1を参照）．1970年代以降，カナダやドイツ，ベルギー，スウェーデン，オランダ，デンマークと立て続けに組織的な援助評価を実施するようになった．

　こうした ODA 評価が国際的に実施されるようになった背景には，評価を実施する人や組織の国際的な繋がりがある（第7章を参照）．ただし，各国各組織が全く同じ評価を以前から行っていたわけではない．援助評価の基礎となった活動と，その経緯や歴史は異なるからである．たとえば，世界銀行の場合にはアメリカ連邦政府で1960年代に採用され，流行した PPBS で使われた分析手法がベースで，ここにプログラム評価が加わった．アメリカで PPBS の導入を進めたマクナマラが総裁に就いたあと，援助評価の実施と組織化が進んだが，その背景には PPBS の挫折とその反省があった［Grasso, Wasty, and Weaving eds. 2003］．このような国際的な背景を意識しながら，日本の援助評価，ODA 評価

に関する議論を進める必要がある（なお，各国各組織の多様な援助評価の歴史を比較し，ODA評価の新たな可能性を探る必要があるが，本書では部分的にしか扱えていない．本書を起点とした国際比較は今後の課題にする）．

　まず，研究上の基礎的な作業として，外務省やJICAが公表する評価報告書に注目し，ODA評価の経年変化を概観してみたい．評価システムのあり方は「報告書の形式」に反映されるからである．大きく分ければ，評価報告書は3段階の変化を遂げた．情報量の多い本格的な資料の段階，カラー刷りで写真や図表を多用して分かりやすさを重視する段階，インターネットによる公表を主眼においた段階である．

　第1段階は，ODA評価の前身である経済協力評価の時代である．この段階では，『経済協力評価報告書』として，B5版白黒印刷の冊子を公表していた．その分量は，1992年度版が429頁，1993年度版には574頁，1998年度版は386頁であった．この頃の記述はODAと評価それぞれに関する入門的内容と専門的内容の複合であった．とくに1992年版は序論「評価とは何か」からはじまり，日本のODA評価の現状，組織体制，JICAとの関係，評価規準と評価ガイドラインについて丁寧な説明を行っていた．この報告書の第2部総論をみれば，当時から多様な評価実践がなされていた点に気づく．すなわち，国別評価，セクター評価，合同評価，有識者による評価，国際専門家による評価，JICAによる評価，OECFによる評価の各実践であった．第3部では，380頁ほどを使って第2部で語られた評価の実践例を紹介し，現場の状況を詳しく説明していた．第1段階の報告書は，ODAの研究を志す人にとって，宝の山であった．

　第2段階は，10年ほど経過した21世紀初頭である．経済協力評価報告書のページ数は大幅に減り（2003年3月刊行の2002年版は106頁），薄くなった分だけ入門的な記述は簡素化された．写真や図表に彩られた点もこの段階の特徴であった．他方，当時のODA改革動向，評価実施体制の詳細な記述，評価専門家の氏名と肩書きなど，ODA評価の研究者にとって役立つ情報が増えていた．

　この第2段階は，さらに3つの時期に分かれる．すなわち，経済協力局が報告書を刊行した時期，国際協力局に組織改編された後の報告書の時期，そしてODA評価の独立性を担保するため大臣官房に評価部門が移った時期（2011年以降）である（この組織変遷と評価の変化については，第9章を参照）．なお，局長や官房長，あるいは室長が記す「はじめに」は，こうした3つの時代状況を知るために重要である．

　第3段階は2018年度以降，紙の冊子媒体での一般配布を行わなくなった段階である．インターネットによる公表を前提として，評価報告書がPDFの形式で公開されるようになった．物理的な限界に囚われなくなったともいえるだろう．以上のように，評価報告書のあり方も変化していった．当然，その内容や視点も時代を通じて変化し続けてきた．

　次に，以上の変化を遂げてきたODA評価システムはどのような現状にあるのかを整理する．ODA評価の主たる実施主体は，ODA政策の企画・立案を担う外務省と実施を担うJICAである．他府省もここには関与しており（ただし，2024年1月版のガイドラインでは記述が消えた．第9章第5節を参照），ODAに関連して1府12省庁が作成した評価報告書は，外務省によってODA評価報告書に取りまとめられている．

　なお，ODA評価ガイドラインでは，外務省が担う評価は「外務省ODA評価」，JICAが担う評価は「JICA事業評価」とよび，区別される．JICAが行う評価活動の名称は事業評価であるが，外務省が行う評価活動とセットで「ODA評価（国際的なスタンダードとしての援助評価という意味である）」と外務省大臣官房ODA評価室は位置づけていた時期もあった（この微妙な変遷については第9章および本書巻末の参考資料の資料-3を参照）．

　外務省ODA評価とJICA事業評価では評価するレベルが異なる．したがって，それぞれ異なる評価ポリシーが整備されており，異なる評価報告書が作成されている．開発協力白書や政策評価書なども含めて図示すれば，次のような体系的な関係がみえてくる（図6-1を参照）．

　政策体系には，政策，プログラム，プロジェクトの3段階があるが，外務省ODA評価は，おもに政策レベルとプログラムレベルを扱っている．政策レベルの評価では，国別（地域別）評価，課題・スキーム別評価が行われている．外務省が実施する無償資金協力については，外務省自らプロジェクトレベルの評価を実施している．また，その他の評価や被援助政府・機関による評価がある[5]．

　これに対して，JICA事業評価はおもにプロジェクトレベルを扱う．内部評価は事業を所管する部局で実施され，プロジェクトレベルのうち外部評価を通じた事後評価はJICA評価部が担い，事前評価と内部評価の事後評価は事業実施部門が評価を実施している[6]．JICAもプログラムレベル評価を実施しており，複数のプロジェクトを総合的かつ横断的に評価・分析を行うテーマ別評価（the-

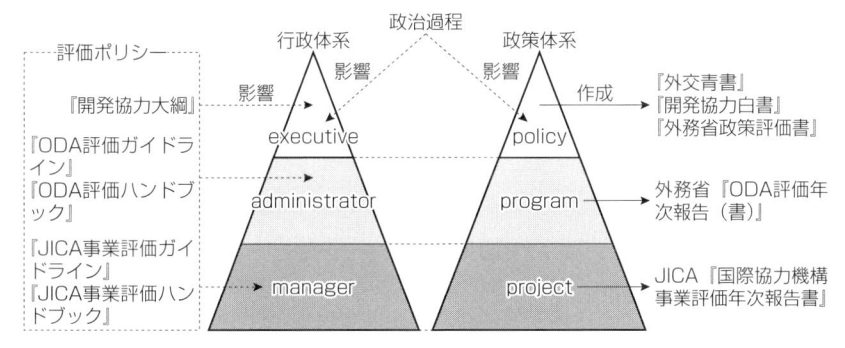

図 6‑1 評価と各体系の関係

出典：三上［2021b：249（図11‑1）］を修正.

matic evaluation）や JICA 協力プログラム[7]を対象とした評価がある.

外務省 ODA 評価には大きく 2 種類の区別がある. 1 つは, 国や地域ごとに策定されている国別開発協力方針をもとに目標体系図を作る評価, 「国別（地域別）評価」である. たとえば「ペルー国別評価」や「インド国別評価」というように特定の被援助国単位で評価を行う. もう 1 つは, 分野ごとの方針や援助形態に合わせた目標体系図を作る評価, 「課題・スキーム別評価」である. この 2 つは, いくつかの評価を整理した結果である. 「スキーム別評価（schematic evaluation）」は, 有償資金協力や無償資金協力, 技術協力といった援助形態の単位から評価を行う. この分け方で評価をする理由は, 3 つのスキームごとに組織内で予算が分かれているからであり, 予算単位の評価である. また, かつて特定の国や地域を特定の分野でとらえる評価の「セクター別評価」があった. たとえば, タイの産業人材育成分野に注目する評価がある. そのほか, 「被援助国政府・機関等による評価」や被援助国と NGO との合同評価もあった.

こうした外務省 ODA 評価の目的には次の 2 点がある. すなわち, 「一般への情報公開を含む, 説明責任の確保」および「知見と教訓の創出とフィードバックを通じた, 学習の支援」である. それは, アカウンタビリティの確保と ODA の政策実施過程へのフィードバックである. このフィードバックは他府省と同様に「PDCA サイクル」[8]に位置づけられている[9].

なお, 評価の目的に関する細かな表現や優先順位は少しずつ変わっており, 直近では2019年の OECD-DAC が公表した「DAC 新評価基準」によって変更

された（変更経緯については第7章を参照）．さらに，ODA 評価はアカウンタビリ
ティやマネジメントのほか，その他の情報提供による知的貢献も担っている．
専門分野に貢献するための評価研究などは政策評価のルーツの1つでもある
［山谷 1997：38］．

　こうした外務省 ODA 評価は，第三者評価の形式で実施される．第三者評価
とは，外部の独立した評価者による評価である．外務省が指定した入札指示書
（ToR）を基準とした入札を通じて，民間コンサルタント業者や大学などに委託
されている．

　前述の外務省政策評価と ODA 評価の比較は，「ODA 評価ガイドライン」に
よれば次のとおりである．すなわち，外務省政策評価を担当するのが大臣官房
考査・政策評価室であるのに対して，ODA 評価は外務省大臣官房 ODA 評価
室が担当する（なお，外務省の ODA 評価は，かつて経済協力局内で実施されていた．大
臣官房に移った組織変遷については第9章で歴史的に追跡，整理している）．

　それぞれの評価を実施する根拠も異なる．ODA 評価は政策評価と異なり，
外務省組織令や開発協力大綱である．外務省組織令の第三条には次のように示
されている．

　　外務省組織令第三条（大臣官房の所掌事務）
　　十八　外務省の所掌事務に関する政策の評価に関すること．
　　十九　外務省の所掌に係る経済協力に関する評価に関すること（前号に掲
　　　　　げるものを除く．）．

　外務省 ODA 評価は，後述するように「開発の視点からの評価」と「外交の
視点からの評価」の2視点から実施されており，それぞれ評価基準が異なって
いる．前者の「開発の視点からの評価」は，OECD-DAC 評価基準が示す妥当
性（relevance），整合性（coherence），有効性（effectiveness），インパクト（impact），
効率性（efficiency），持続性（sustainability）に従った評価である．これらについ
ては，OECD-DAC によってそれぞれ定義が置かれている（表6‐2を参照）．

　評価の実施にあたって，この OECD-DAC の基準を外務省大臣官房 ODA 評
価室は次の3つに「翻訳」している．第1に，政策の妥当性（relevance of poli-
cies）である．すなわち，介入が上位体系にある政策と整合性がとれているか
を確かめる観点である．基本的には政策評価におけるセオリー評価と同様であ
るが，ODA の場合は日本の上位政策のみならず，相手国政府の開発政策，

表 6 - 2　ODA 評価の 6 基準（OECD-DAC 評価基準）

基　準	定　義
妥当性	介入の目的やデザインが，受益者・世界・国・パートナー／機関のニーズ，政策，優先事項に対応し，状況の変化に応じて対応し続ける度合い
整合性	国，セクター，組織に対する当該介入と他の介入との適合性
有効性	介入の目的と結果の達成又は達成見込みの度合い（諸集団の異なる帰結を含む）
効率性	経済的かつタイムリーな方法で結果を生む又は生むような介入実施の度合い
インパクト	介入により生じた又は生じると予期される，重要な正又は負の，意図された又は意図されない，高次の効果の度合い
持続性（自立発展性）	介入の純便益が継続する又は継続する可能性の度合い

出典：「ODA 評価ガイドライン（令和 6 年（2024 年）1 月）」6 - 7 頁をもとに筆者作成.

SDGs などの国際的な上位政策との関係をみる必要がある．第 2 に，結果の有効性（effectiveness of results）である．すなわち，政策の効果が当初想定されていた計画どおりに達成されたかを確かめる観点である．第 3 に，プロセスの適切性（appropriateness of processes）である．これは，前 2 項目が達成されるようなプロセスが適切にとられていたかを確かめる観点となる．

　先に述べたように，外務省 ODA 評価では，2 つの視点から評価が行われている．すなわち，「開発の視点からの評価」と「外交の視点からの評価」である．両者は，言葉のとおり，基本的性格が全く異なっている．開発の視点からの評価が介入の効果と有効性を確認する作業であるのに対し，外交の視点からの評価は介入が日本の「国益」に資するかを問う作業となる．したがって，両者はアカウンタビリティを果たす相手も異なる．前者は，国際社会に対するアカウンタビリティや，現地の被援助国民に対するアカウンタビリティである．これに対して後者の外交の視点からの評価は，日本国内における住民に対するアカウンタビリティを強調する．両者の視点の調和は難しく苦労する．

　たとえば，「平成 30 年度インドネシア国別評価書」では，次のような外交の視点からの評価項目を検討している[12]．開発の視点からの評価は，政策の妥当性，結果の有効性，プロセスの適切性に焦点を当てている．他方，外交の視点からの評価は，「外交」そのものを評価する「外交評価」ではなく，外交的な重要性（Diplomatic Importance）と外交的な波及効果（Diplomatic Impact）に着目した

記述的な評価である．ここではおもに，国別開発協力方針との整合性が確認されているのであり，対外交渉や外交儀礼といった外交官の活動自体を評価対象にするわけではない点が重要である．前者は日本の「国益」に対する貢献の期待と位置づけを，後者は日本の「国益」実現にどのように貢献したかを，それぞれ確認する作業となる．ここで使われる「国益」の定義は，開発協力大綱と国家安全保障戦略の2つを参照しており，それを使って実務では運用されてきた[13]．開発協力の政策体系は第5章で整理した経緯で変化しており，その影響が評価の運用にも表れていると考えられる[14]．

実際にはODA評価を実施する評価チームに対して，評価対象政策が展開される地域の原課・原局が当該政策領域における「国益」とは何かをレクチャーする．「外交の視点からの評価」は，検証ツールとして統計やインタビュー，メディアに限らず，政府資料を再利用している点で興味深い．再利用される資料には，外交青書や外務省政策評価書，政策評価制度における事前評価や事後評価結果などが含まれる．本書が外務省が公表する一連の資料，報告書を使うのも同じ発想からであり，毎年公表される政府資料（政策評価報告書やODA評価報告書）は国民に対するアカウンタビリティの資料であるとともに，評価を運営し，管理する際のツールにもなっている．ODA評価が他の評価結果と連携する一例でもある．

┼ 2．政 策 評 価

本節では政策評価を説明する．外務省における政策評価は，国の政策評価制度の枠組みで実施する評価である．外務省の政策体系に沿った評価が実施されている．この説明を行う準備として，山谷［2012］を参照して日本の政策評価制度の沿革を概観しておきたい．

地方自治体においては，北海道庁が1996年に行った「時のアセスメント」が評価の有用性についてイメージを広める契機となった．そして，三重県の北川正恭知事が推し進めた「さわやか運動」のスローガンの下，1996年には事務事業の目標管理と進行管理を進めるために事務事業評価制度が導入された[15]．これに続くように各地方自治体では政策評価の導入が進んだ．岩手県では条例化がなされ，現在でも政策評価が実施されている．

国においても，政策評価制度は第2次橋本内閣における中央省庁等改革の1

つの柱だと考えられた．「行政改革会議最終報告[16]」（1997年12月 3 日）において，「評価機能の充実強化」が必要であると示され，政策評価を制度化する機運が昂じた．具体的には，次のような言及がなされた．

> 「従来，わが国の行政においては，法律の制定や予算の獲得等に重点が置かれ，その効果やその後の社会経済情勢の変化に基づき政策を積極的に見直すといった評価機能は軽視されがちであった」（「行政改革会議最終報告」）．

2001年 6 月22日には，「行政機関が行う政策の評価に関する法律」（いわゆる「政策評価法」）が参議院を全会一致で通過，成立し，29日には公布された．2002年 4 月 1 日に施行されたことで，政策評価制度が国の府省に公式に導入された．本書では，この制度を指して「政策評価制度」とよぶ．ただし，地方自治体が行っている「政策評価」も存在しているが，この政策評価法に根拠をもっている活動ではないので，本書では異なるものとして扱う．

日本の中央政府では，法律に基づいて政策評価と独立行政法人評価の制度化が進み，評価活動は日本政府の行政における基本的な活動の 1 つとなった．そしてこれらの評価よりも以前から実施され続けてきた ODA 評価は，評価活動の増加に伴い，連携や代替可能性が模索されてきた．

ところで，外務省の政策評価の実施を方向付けるのは「外務省における政策評価の基本計画[17]」である．これは「政策評価法」の第六条に基づき，「政策評価に関する基本方針」をふまえて作成されるものである．この基本計画では，外務省が行う政策評価の目的，実施にあたっての基本的な考え方や実施体制，フィードバック，情報公開等の基本的事項を整理している．

外務省における政策評価の目的は，次に掲げる 3 点を「外交政策の企画立案及び実施において確保することによって，将来のよりよい外交政策の企画立案及び実施につなげ，もって，国際社会における日本国及び日本国民の利益の増進を図ること」である（「外務省における政策評価の基本計画」）．

(1)中長期的な日本国及び日本国民の利益という観点を含めた成果重視の外交政策を取り進めること
(2)効果的かつ効率的な外交政策の推進に資すること
(3)外交政策の企画立案及び実施について国民に対する説明責任を徹底すること[18]

　こうした政策評価の観点は，必要性・有効性・効率性の３点である．３つの観点のうち，とくに必要性について外務省は独自の視点を有している．すなわち，「政策の目的が国際社会における日本国及び日本国民の利益の増進という観点から妥当か．行政関与の在り方から見て国がその企画立案及び実施の主体となる必要があるか」を検討する観点である[19].

　政策評価は当初，事後評価として始められ，事前評価はとくに政策評価法で定めていた対象について行う考えであった．したがって，この事前評価の対象には評価手法が整備されていた研究開発，公共事業，ODA がまず定められ，その後に規制，租税特別措置等の３つを示していた[20]．規制の事前評価と租税特別措置等の事前評価は，次のようなものである．外務省の該当事例をもとに説明すると，規制の事前・事後評価としては旅券の運用に関する事前評価が行われているが[21]，この場合では規制の新設や改廃を所管する領事局旅券課が評価担当部局となる．作成された評価報告書に基づいて，大臣官房考査・政策評価室長が内容を審査する．こうした具体的な実施の詳細方法については，「規制の政策評価の実施に関するガイドライン[22]」が定めている．

　また租税特別措置等に係る事前評価には，外務省の事例では，特定非営利活動法人の税制上の特例措置を対象とした政策評価があるが[23]，この場合では国際協力局の民間援助連携室が評価担当部局となる．規制の政策評価と同様に，作成された評価書は大臣官房考査・政策評価室長に送付され，評価内容に関する審査が進められる．評価の実施の詳細については，「租税特別措置等に係る政策評価の実施に関するガイドライン[24]」が定めている．

　ところで，政策評価制度における ODA の事前評価はすべての事業に対して行われるのではなく，E/N 供与限度額が150億円以上の有償資金協力プロジェクトと E/N 供与限度額が10億円以上の無償資金協力プロジェクトが対象となる．たとえば，ブータンに対する無償資金協力案件「王立感染症研究センター[25]」を対象とした事前評価やベトナムに対する有償資金協力案件「衛星情報の活用による災害・気候変動対策計画（第二期）[26]」の事前評価がある．いずれも国際協力局の国別開発協力各課長が評価責任者を担っており，大臣官房考査・政策評価室長と協議のうえで評価書の作成を進めている．この政策評価を実施するための情報源として，「ベトナム国別評価報告書（2015年度・第三者評価）」のような ODA 評価の報告書が利用される[27]．外務省の報告書のみが参照されるのではなく，たとえばパキスタンの無償資金協力に対する事前評価では，

JICA 協力準備調査報告書や相手国政府の要請書が利用されている[28].

　政策評価法に基づく制度では，各府省ともに事後評価は実績評価方式を基本にした評価が行われ，必要な場合には総合評価方式が採用される．規制や租税特別措置等に関する評価では，事前評価と同様の各ガイドラインが利用される．規制の事後評価には，外務省ではたとえば「子の親権に関する情報提供義務に関する事後評価[29]」があり，これについては領事局ハーグ条約室が評価を担当した（というのは，条約実施の政策が規制という形で行われる場合があるからである．国際人権法と政策実施の議論にも政策評価が関与するのだが，これは別の機会に議論する）．

　外務省がどの政策を具体的な評価対象とするかは事後評価の実施計画において示される．大臣官房考査・政策評価室が，この実施計画を原課・原局の意見を取りまとめながら年度初めに作成する．たとえば，「令和4年度政策評価実施計画[30]」や「平成16年度外務省事後評価実施計画[31]」のような計画が作られ，この実施計画に沿って，大臣官房考査・政策評価室は，総合外交政策局の総務課と政策企画室，大臣官房の総務課と会計課とともに，原課・原局が作成した評価書を総合的に審査している．

　外務省政策評価の評価対象は「外務省政策評価体系」として示される．基本目標はⅠからⅥまで6つある．すなわち，Ⅰ地域別外交，Ⅱ分野別外交，Ⅲ広報，文化交流及び報道対策，Ⅳ領事政策，Ⅴ外交実施体制の整備・強化，Ⅵ経済協力である[32]．基本目標Ⅵの経済協力では，ODA 評価の対象と重複する部分が多い．

　こうした基本目標の下に施策が設けられており，たとえば地域別外交の下には，アジア大洋州地域外交，北米地域外交，中南米地域外交などと組織の区別に対応した項目が作成されている．2021年度では，Ⅵの経済協力を対象としており[33]，2022年度では，基本目標Ⅲ[34]，Ⅳ，Ⅴを評価対象としている[35]．すべてが評価対象というわけではなく，施策をグループ分けし，数年周期で評価を実施している[36]．

　事後評価ではさらに，未着手・未了案件の評価が実施される．未着手案件とは，政策評価法によれば，政策決定後5年を経過した時点でも貸付契約が締結されていない案件，あるいは貸付の実行が始まっていないなどの条件を満たす案件である．たとえば，南スーダンにおける未着手案件「ジュバ市内橋梁建設計画」の評価報告書がある[37]．これも事前評価と同様に国際協力局の国別開発協力各課長が評価を担っている．ここでの視点は，「社会ニーズの現状」や「事

業遅延に関する経緯・現状」である．南スーダンの事例では，閣議決定後に武力衝突が発生し，実施中の無償資金協力事業がすべて中断したこと，新たな暫定政府が樹立し，治安が改善したため無償資金協力事業が再開したことなどが記述されている（前述の「ジュバ市内橋梁建設計画」の評価報告書）．こうした詳細な情報はJICAの事業化調査報告書[38]を使って記述されているが，この事業化調査報告書はJICAの協力準備調査報告書をもとにして作成されている．

　未了案件とは，政策決定後10年を経過した時点でも貸付の実行が未了であるなどの条件を満たす案件である．たとえば，インドネシアにおける未了案件「カモジャン地熱発電所拡張計画（E/S）[39]」の評価報告書やカメルーンに対する「送配電網強化・拡充計画[40]」の評価報告書がある[41]．こうした未着手・未了案件の評価については，南島［2020］が検討を加えている．

　以上のような外務省政策評価の実施や評価書のあり方は，公式には外務省内部で決められているわけではなく，2003年度より「外務省政策評価アドバイザリー・グループ」の意見を受けることとなっている．このアドバイザリー・グループは，外交や政策評価，行政学に関する外部有識者によって構成されている．

3．独立行政法人評価

　次にODA政策に深く関わる独立行政法人評価について詳細に言及したい．外務省が所管する独立行政法人[42]は，国際協力機構（JICA）と独立行政法人国際交流基金であり，いずれも中期目標管理法人である．以下，ODA評価に深く関わるJICAに対する独立行政法人評価制度とその関係事項について説明する．

　国際協力機構が採用した独立行政法人制度，とくに特殊法人・国際協力事業団から独立行政法人の国際協力機構への転換・改変時の評価制度に関する考え，そのスキルについては，そのはじまりから，制度の適用，独立行政法人制度運用を通じて，以下のようにまとめることができるだろう［山谷 2021：17-20］．

　まず，1990年代後半以降の日本においては伝統的な行政管理（administrative management）の考えから外れ，行政管理と民間企業の経営管理との違いをなくす思想・動向であるNPMが（遅れて）流行し，ここで行政管理の意味が劇的に変わった（本書の用語法でいえば「マネジメント」の流行．第1章第3節を参照）．すなわち，'public administration' の権力的部分（法律の理解・予算配分・達成目標の

設定）は執政幹部と中間管理者が握ったままに，そのほかの部分が民間企業の経営である 'private management' に接近した．評価の運用についてもやはり NPM の動向が与えた影響は色濃く，業績測定（performance measurement）が重視されるようになった．

日本では中央省庁等改革，とくに「橋本行革」（1996年から1998年）や「小泉構造改革」（2001年から2006年）を通じて，この NPM 路線に沿った改革が進められた．とくに小泉構造改革では経済財政諮問会議が示す「骨太の方針」による改革が進んだ．

2001年6月に閣議決定された「今後の経済財政運営及び経済社会の構造改革に関する基本方針」では，NPM が取り上げられた.[43] すなわち，① 効率的で質の高いサービスの提供，② 徹底した競争原理の導入（民営化・独立行政法人化・民間活力の活用），③ 業績・成果の評価（業績目標・成果指標・業績予算），④ 政策の企画と実施の分業（政策の企画立案は中央府省，実施については独立行政法人や地方自治体が担当．ここでは発生主義の公会計の導入も検討）が求められた．また，⑤ 府省が作った政策を実施する地方自治体においては，政策の良し悪しを判断する政策評価ではなく，総務省の指導で実施の効率性や節約をみる行政評価（実態は後述する業績測定）が定着し，効率の追求が進んだ．JICA が独立行政法人化された背景には，当然この中央省庁等改革と構造改革があった．上記の②と③，④である．

なお，この「骨太の方針」は毎年示されるようになるとともに，骨太の方針には，時の政権の意向が反映されるようになった.[44] このような日本の改革の特徴は，結果的に次の(1)から(7)のように要約できるだろう．

(1)新自由主義が主導するグローバリゼーションの正当化．この方向から構造改革や政府改革が実施された．

(2)市場の機能の活用．効率（efficiency）がすべての公共部門で主流化したため，福祉や労働，教育の現場（といったコスト計算が向かない政策領域）にもコストの計算が入るようになった．財政赤字の危機を主張する政治過程で大きな影響力をもち，選挙の争点となるようにもなった．

(3)政策の立案・企画と執行・実施の区別．前者には政策評価，後者には独立行政法人化した組織にパフォーマンス測定（業務実績評価とよぶ）を導入した．ただ，この制度導入には評価と測定の専門知識が十分に反映さ

れなかったので，評価の作業負担が現場にのしかかる「評価疲れ」を伴うこととなった．

⑷「小さな政府」を実現する手法の流行．公会計制度や独立行政法人・国立大学法人，指定管理者制度などのアウトソーシング，PFI（Private Finance Initiative）などがあげられる．しかし，新しい手法に慣れない現場の業務は混乱し，その長所を生かしきれなかった．

⑸アウトカム（成果）に関するアカウンタビリティ追及．実態としてはインプット（経費・人件費）の削減が求められた．結果として，有効性よりも節約の規準が重視されるようになった．

⑹企業マインドの重視．NPM では，伝統的な「行政」を改める意識改革として顧客志向，目標管理，報酬や賃金のシステムの柔軟性が求められ，それに対応する評価が導入された．組織管理が組織評価，人事管理が人事評価になり，予算管理の手段に PDCA サイクルにおけるマネジメント・サイクル型評価を組み込んだ．その実態は，パフォーマンスの測定となった．

⑺公共サービスの顧客（client）主義的な発想．納税者（tax payer）たる市民を顧客として考えるようになった．

　この独立行政法人制度化の結果として出現したのは評価を使った効率重視のコントロールである．たとえば，独立行政法人評価，企業会計方式導入による財務諸表（貸借対照表・損益計算書・キャッシュフロー計算書）の整備，内部管理統制と外部監査の強化，目標管理と人事評価の結合,「お手盛り評価」をさせないための多重チェックなど，多くの評価がそれ自体の有用性，役割分業体制を[45]吟味されないままに導入された．これも，まさに評価の多様化・多元化である．

　独立行政法人である JICA においても，事業評価をはじめとする従来のさまざまな評価に加え，会計検査や業務監査が行われている．さらに外務省に提供される事業事前調査や独立行政法人の年度評価，中期目標期間移管する評価，外務省の国別評価に対する協力業務，現地調査も従来どおり数多く行われている．この結果，JICA をはじめ多くの独立行政法人では，膨大な量の，さまざまな評価作業に追われるようになった．評価の目的であるアカウンタビリティの確保のために時間がとられ，本来業務（JICA の場合，国際協力の実施活動）に使う時間が圧迫されていった．本業が疎かになりながらも，無責任状態を回避す

る努力が続けられるなかで，「アカウンタビリティのジレンマ」（第2章を参照）
が生じ，さらには「評価疲れ」が発生していると考えられている［山谷 2006］．

　そもそも2014年に実施する独立行政法人評価までは，外務省独立行政法人評
価委員会が業務実績評価を実施していた．この独立行政法人評価委員会は，外
部有識者から構成され，「外務省所管独立行政法人の業務実績評価に係る基本
方針」が定める基準に従い，評価を実施していた．ここには事業年度単位で中
期目標の実施状況を調査する事業年度評価と，中期目標期間終了にあたって期
間内の実績を評価する中期目標評価がある．具体的には，2回の中期目標評価
が行われてきた[47]．

　2015年以降は，主務大臣による独立行政法人評価が行われることになり，外
務大臣，財務大臣，農林水産大臣，経済産業大臣が評価者として評価報告書に
名を連ねることとなった．たとえば，2015年に実施された業務実績評価では，
主務大臣ごとに共管部分はどこかを提示したうえで評価を実施している[48]．中期
目標評価も継続されているが，たとえば第4期中期目標期間評価では2017年度
の運営費交付金の予算執行管理において，いわゆる「資金ショート[49]」が発生し
かけた問題について言及があった[50]．

　こうした独立行政法人評価の特徴（すなわち，他の評価との差異）は，組織運営
上の課題に関心を寄せる点にある．評定表の項目をみると，「国民に対して提
供するサービスその他の業務の質の向上に関する事項」，「業務運営の効率化に
関する事項」，「財務内容の改善に関する事項」，「安全管理に関する事項」，「そ
の他業務運営に関する重要事項」が大項目である[51]．その他業務運営に関する重
要事項としては，たとえば人事や内部統制（コンプライアンスや組織規定，情報セ
キュリティ，法人文書管理，ハラスメント対策など）があげられている．このような
視点は，国の政策評価制度やODA評価とは異なるものである．

┼ 4．行政事業レビュー

　本節では，政策評価と深く関連がある行政事業レビューについて説明する．
　行政事業レビューの基礎は，民主党政権の行政刷新会議による「事業仕分
け」である．2009年9月には政府予算を対象とした「事業仕分け第一弾」が行
われた．続く「事業仕分け第二弾」では，前半が2010年4月に独立行政法人の
事業を対象として，後半が同年5月に政府系公益法人を対象にして実施された．

およそ半年後には「事業仕分け第三弾」が行われ，特別会計を対象とした仕分け（10月）と再仕分け（11月）が行われた．その後，こうした事業仕分けは「行政事業レビュー」に変化を遂げた．

　行政事業レビューは「行政事業レビュー実施要領」⁵²⁾に従って進められている．外務省の場合は「行政事業レビュー行動計画」⁵³⁾が策定されている．この行動計画に沿って，行政事業レビュー推進チームが実施する．このチームの統括責任者は官房長であり，副統括責任者は会計課長と総務課長である．行政事業レビュー実施要領は会計課長と政策評価担当課長を副統括責任者として示しているが，外務省の場合，総務課長が政策評価担当課長に該当するからである．行政事業レビュー推進チームのメンバーとしては，人事課長，在外公館課長，考査・政策評価室長，監察査察室長，必要に応じて各部局のいわゆる右翼課長が参加する．

　推進チームは事業と基金の点検を行う．事業の点検では，事業を所管する部局ごとに事業単位で「行政事業レビューシート」を作成する．このレビューシートは，レビューが実施される年度よりも1年度過去のものとなる．すなわち，2022年に実施される場合，2021年度の事業を対象としたレビューシートが作られる．

　さらに，いくつかの事業を選定して外部有識者によるレビューと公開プロセスが行われている．外部有識者によるレビューの選定基準として実施要領は次のように示している．レビューの前年度に新規に開始した事業，事業の最終実施年度または最終目標年度に当たるもの，前年度のレビューの取組のなかで行政改革推進会議による意見の対象となったものや，翌年度予算の概算要求に向けて事業の継続の是非等を判断する必要があるものである．

　公開プロセスの選定基準として，実施要領は次の5つを示している⁵⁴⁾．すなわち，① 事業の規模が大きく，または政策の優先度が高いもの，② 長期的または継続的に取り組んでいる事業等で，執行方法や制度等の改善余地が大きいと考えられるもの，③ 事業の執行等に関して，④ 国会の審議，会計検査院，総務省行政評価局，マスコミなど内外から問題点を指摘されたもの，行政事業レビューを実施する年度に政策評価における実績評価の対象となる施策に関連するもの，⑤ そのほか公開の場で外部の視点による点検を行うことが有効と判断されるものである．

　レビューシートは政策体系と対応した形で作成され，インターネット上に公

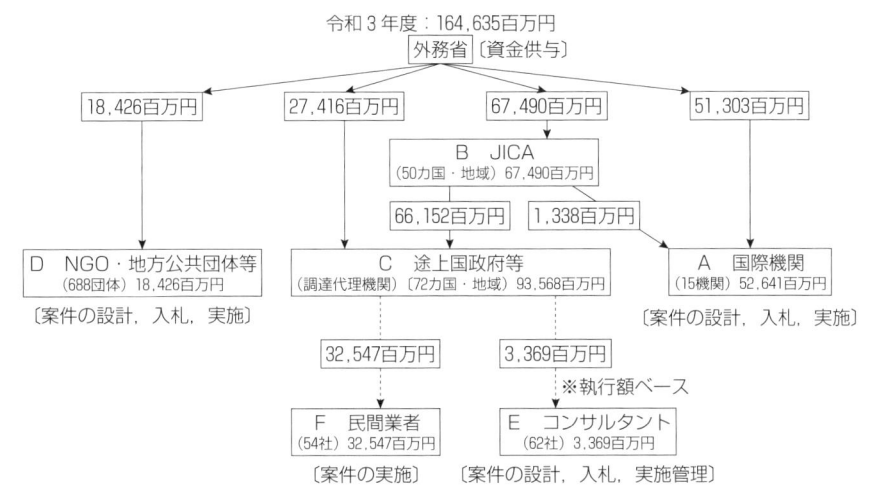

図6‐2　行政事業レビューシートが示す予算の流れ（無償資金協力の例）

出典：令和4年度行政事業レビューシートをもとに筆者作成.

表されている．具体的には，「施策名：VI‐1　経済協力」の下に，「無償資金協力」[55]や「経済協力評価調査」[56]のレビューシートが公表されるように体系化されている．事業だけではなく国際機関に対する拠出金もレビューの対象となっており，たとえば「GAVI[57] ワクチンアライアンス拠出金」[58]がある．

　こうした行政事業レビューの長所は，予算の流れが詳細に描出される点である．たとえば，無償資金協力のレビューシートでは次のような図が描かれている（図6‐2参照）．レビューシートのなかでは，支出先上位の国際機関や案件実施を担う民間業者，コンサルタント業者の社名や金額まで詳細に情報を公表している．行政事業レビューは，アカウンタビリティ追及にはすぐれた仕組みであるといえよう．

　また，行政事業レビューは政策評価をはじめとして，他の評価との連携も試みられている．たとえば，無償資金協力のレビューシート作成には，JICA の2021年度事業評価年次報告書を利用していることが見てとれる[59]．このように，行政事業レビューは複数の評価情報の連携やその結節点として重要な役割を果たすようになりつつある．

　ただし，研究者や実務家は，その評価のネットワークともいうべき全体像をどのように見通して，評価管理をするかという課題に直面することとなる．そ

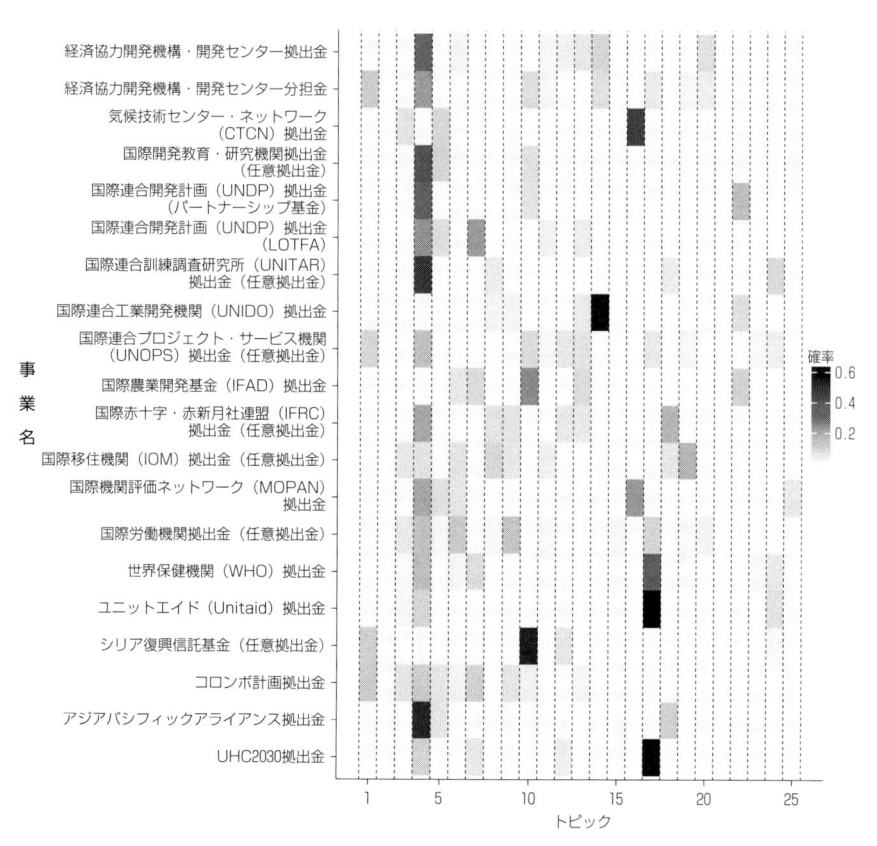

図6-3　外務省分担金・拠出金事業（一部）のヒートマップ

注：数式，手法，データの詳細については三上［2024］を参照.
出典：三上［2024：72（図6）］.

の1つの解決策として，網羅的なチェック作業には量的アプローチや機械学習
アプローチが役立つ可能性もある［三上 2024］．同じ外務省の事業であっても，
記述パターンには（当然ながら）違いが生じていることが確認できる（図6-3参
照，行政事業レビューのデータを機械学習手法でパターン認識したもので，ここでは報告書
の多様さを示す意図で掲載した）．

注
1）　この国際比較が評価システムの議論の契機となった.

2）　外務省［2021］「令和 3 年度 国際機関等への拠出金等に対する評価シート（新規案件）──国連宇宙部拠出金──」外務省ウェブサイト（https://www.mofa.go.jp/mofaj/files/100227874.pdf, 2022年11月10日閲覧）.

3）　援助評価は，広く援助に関する評価を指す言葉である．これに対して ODA 評価は，日本における外務省と JICA が実施する援助評価の制度を指すように若干の違いがある．ODA 評価は援助評価の潮流を反映している部分も多い.

4）　政策体系については，第 1 章の用語と概念の整理を参照.

5）　外務省大臣官房 ODA 評価室［2022］「ODA 評価ハンドブック（令和 4 年（2022年）4 月）」外務省ウェブサイト（https://www.mofa.go.jp/mofaj/gaiko/oda/files/100205690.pdf, 2022年11月12日閲覧），1 - 2 頁.

6）　外務省大臣官房 ODA 評価室［2021］「ODA 評価ガイドライン（令和 3 年（2021年）6 月）」外務省ウェブサイト（https://www.mofa.go.jp/mofaj/gaiko/oda/files/100205689.pdf, 2022年11月14日閲覧），4 - 5 頁.

7）　JICA 協力プログラムとは，「開発途上国の特定の中長期的な開発目標の達成を支援するための戦略的枠組み（＝協力目標とそれを達成するための適切な協力シナリオ）」である．独立行政法人国際協力機構評価部［2021］「JICA 事業評価ハンドブック（Ver.2.0）」JICA ウェブサイト（https://www.jica.go.jp/activities/evaluation/guideline/ku57pq00001pln38-att/handbook_ver.02.pdf, 2022年11月14日閲覧），65頁.

8）　ODA 評価ガイドラインでは，'Action' ではなく 'Act' と動詞に揃えた表記が使われている．外務省大臣官房 ODA 評価室［2021］「ODA 評価ガイドライン（令和 3 年（2021年）6 月）」，2 頁図 1 .

9）　外務省大臣官房 ODA 評価室［2021］「ODA 評価ガイドライン（令和 3 年（2021年）6 月）」，2 頁.

10）　外務省大臣官房 ODA 評価室［2021］「ODA 評価ガイドライン（令和 3 年（2021年）6 月）」，9 頁.

11）　外務省大臣官房 ODA 評価室［2021］「ODA 評価ガイドライン（令和 3 年（2021年）6 月）」外務省ウェブサイト（https://www.mofa.go.jp/mofaj/gaiko/oda/files/100205689.pdf, 2022年11月14日閲覧），7 頁.

12）　国際航業［2019］「平成30年度外務省 ODA 評価　インドネシア国別評価（第三者評価）報告書」外務省ウェブサイト（https://www.mofa.go.jp/mofaj/gaiko/oda/files/000496682.pdf, 2022年11月14日閲覧）. および，その英語版は以下を参照. Kokusai Kogyo Co., Ltd.［2019］「Third Party Evaluation Report 2018 Ministry of Foreign Affairs of Japan, Evaluation of Japan's ODA to the Republic of Indonesia」外務省ウェブサイト（https://www.mofa.go.jp/policy/oda/evaluation/FY2018/pdfs/indonesia.pdf, 2022年11月14日閲覧）.

13）　外務省［2022］「ODA 評価ハンドブック（令和 4 年（2022年）4 月）」外務省ウェブサイト（https://www.mofa.go.jp/mofaj/gaiko/oda/files/100205690.pdf, 2022年11月12

日閲覧), 16-7頁.

14) 国家安全保障戦略 (2013年), 4頁には以下のように記されている.

> 1.「我が国は, 国際社会の平和と安定及び繁栄の確保により一層積極的に貢献することを目的として開発協力を推進する. こうした協力を通じて, 我が国の平和と安全の維持, 更なる繁栄の実現, 安定性及び透明性が高く見通しがつきやすい国際環境の実現, 普遍的価値に基づく国際秩序の維持・擁護といった国益の確保に貢献する」

> 2.「我が国の国益とは, まず, 我が国自身の主権・独立を維持し, 領域を保全し, 我が国国民の生命・身体・財産の安全を確保することであり, 豊かな文化と伝統を継承しつつ, 自由と民主主義を基調とする我が国の平和と安全を維持し, その存立を全うすることである. また, 経済発展を通じて我が国と我が国国民の更なる繁栄を実現し, 我が国の平和と安全をより強固なものとすることである. そのためには, 海洋国家として, 特にアジア太平洋地域において, 自由な交易と競争を通じて経済発展を実現する自由貿易体制を強化し, 安定性及び透明性が高く, 見通しがつきやすい国際環境を実現していくことが不可欠である. さらに, 自由, 民主主義, 基本的人権の尊重, 法の支配といった普遍的価値やルールに基づく国際秩序を維持・擁護することも, 同様に我が国にとっての国益である」

15) 北川 [1998：5] によれば,「サービス・わかりやすさ・やる気・改革」の頭文字をとったスローガンである.

16) 行政改革会議 [1997]「行政改革会議 最終報告」「政府の行政改革」ウェブサイト (https://www.gyoukaku.go.jp/siryou/souron/report-final/index.html, 2022年11月13日閲覧).

17) 外務省 [2018]「外務省における政策評価の基本計画 (平成30年7月1日改定)」外務省ウェブサイト (https://www.mofa.go.jp/mofaj/annai/page25_001230.html, 2022年11月13日閲覧).

18) ここには「説明責任」と表記されているが,「政策評価に関する基本方針」では「説明責任 (アカウンタビリティ)」と表記されている.

19) 外務省 [2018]「外務省における政策評価の基本計画 (平成30年7月1日改定)」3 政策評価の観点に関する事項 (第6条第2項第三号) 項目から引用.

20) 租税特別措置等の正式名称は「国税における租税特別措置及び地方税における税負担軽減措置等」である.

21) 外務省 [2022]「令和3年度 規制の事前評価 報告書」外務省ウェブサイト (https://www.mofa.go.jp/mofaj/files/100304227.pdf, 2022年11月13日閲覧).

22) 総務省 [2017]「規制の政策評価の実施に関するガイドライン (平成29年7月28日一

部改正）」総務省ウェブサイト（https://www.soumu.go.jp/main_content/000499513. pdf, 2022年11月13日閲覧).

23）　たとえば，外務省［2021］「特定非営利活動法人に係る税制上の特例措置　事後評価報告書（令和 3 年 8 月）」外務省ウェブサイト（https://www.mofa.go.jp/mofaj/files/100230333.pdf, 2022年11月13日閲覧).

24）　総務省［2013］「租税特別措置等に係る政策評価の実施に関するガイドライン（平成25年 8 月 5 日一部改正）」総務省ウェブサイト（https://www.soumu.go.jp/main_content/000067742.pdf, 2022年11月13日閲覧).

25）　外務省［2022］「政策評価法に基づく事前評価書　ブータン王国　王立感染症センター建設計画（無償資金協力）」外務省ウェブサイト（https://www.mofa.go.jp/mofaj/gaiko/oda/press/shiryo/page24_000154.html, 2022年11月13日閲覧).

26）　外務省［2022］「政策評価法に基づく事前評価書　ベトナム社会主義共和国　衛星情報の活用による災害・気候変動対策計画（第二期）（有償資金協力)」外務省ウェブサイト（https://www.mofa.go.jp/mofaj/gaiko/oda/press/shiryo/page24_000143.html, 2022年11月13日閲覧).

27）　外務省［2022］「政策評価法に基づく事前評価書　ベトナム社会主義共和国　衛星情報の活用による災害・気候変動対策計画（第二期）（有償資金協力)」「3　事前評価に用いた資料，有識者等の知見の活用」の項目を参照．ほかにも JICA の資料も利用されている．

28）　外務省［2022］「政策評価法に基づく事前評価書　パキスタン・イスラム共和国　ムルタンにおける下水・排水サービス改善計画（無償資金協力)」外務省ウェブサイト（https://www.mofa.go.jp/mofaj/gaiko/oda/press/shiryo/page22_001525.html, 2022 年11月13日閲覧).

29）　外務省［2022］「令和元年度　規制の事後評価　報告書」外務省ウェブサイト（https://www.mofa.go.jp/mofaj/files/000529094.pdf, 2022年11月13日閲覧).

30）　外務省［2022］「令和 4 年度政策評価実施計画」外務省ウェブサイト（https://www.mofa.go.jp/mofaj/ms/pe_ar/page22_003840.html, 2022年11月13日閲覧).

31）　外務省［2004］「平成16年度外務省事後評価実施計画」外務省ウェブサイト（https://www.mofa.go.jp/mofaj/annai/shocho/hyouka/j_keikaku/16/hyoka.html, 2022年11月13日閲覧).

32）　外務省［2022］「外務省政策評価体系（令和 4 年度)」外務省ウェブサイト（https://www.mofa.go.jp/mofaj/files/100325463.pdf, 2022年11月13日閲覧).

33）　外務省［2021］「令和 3 年度外務省政策評価書」外務省ウェブサイト（https://www.mofa.go.jp/mofaj/files/100229002.pdf, 2022年11月13日閲覧).

34）　目標Vの場合，施策V‒1 外交実施体制の整備・強化，施策V‒2 外交情報通信基盤の整備・拡充が対象である．

35）　外務省［2022］「令和 4 年度外務省政策評価書」外務省ウェブサイト（https://www.

mofa.go.jp/mofaj/files/100387147.pdf, 2022年11月13日閲覧).

36) 2022年以降は,評価対象を3つのグループにわけて3年周期で評価を行うように
なった.この変化は次の資料からわかる.外務省［2022］「令和4年度外務省政策評価
書」,4-5頁.

37) 外務省［2022］「外務省 未着手・未了の政策を対象とする政策評価（事後評価）
ジュバ市内橋梁建設計画【南スーダン】（令和4年4月）」外務省ウェブサイト
(https://www.mofa.go.jp/mofaj/gaiko/oda/files/100369738.pdf, 2022年11月13日閲覧).
なお,未着手・未了案件の政策評価については,南島［2020］でも詳細に議論されて
いる.

38) JICA・株式会社建設技研インターナショナル［2021］「南スーダン国ジュバ市内橋
梁建設計画事業化調査報告書（先行公開版）」JICAウェブサイト (https://www.jica.
go.jp/english/our_work/social_environmental/id/africa/south_sudan/fp4rrb
000000rv48-att/fp4rrb000000rv9r.pdf, 2022年11月13日閲覧).

39) E/S (Engineering Service) とは,「調査・設計等のための役務」である.カモジャ
ン地熱発電所拡張計画では,地熱発電所を増設する際の詳細設計や調査である.実務
上の説明としては,たとえば次のような資料に言及をみることができる.外務省
［2021］「日本のODAプロジェクト インドネシア 有償資金協力案件概要」外務省
ウェブサイト (https://www.mofa.go.jp/mofaj/gaiko/oda/data/gaiyou/odaproject/
asia/indonesia/contents_02.html, 2022年11月13日閲覧).

40) 外務省［2016］「外務省 未着手・未了の政策を対象とする政策評価（事後評価）
カモジャン地熱発電所拡張計画（E/S）【インドネシア】（平成28年4月）」外務省ウェ
ブサイト (https://www.mofa.go.jp/mofaj/gaiko/oda/files/000186336.pdf, 2022年11月
13日閲覧).

41) 外務省［2021］「外務省 未着手・未了の政策を対象とする政策評価（事後評価）
送配電網強化・拡充計画【カメルーン】（令和3年4月）」外務省ウェブサイト
(https://www.mofa.go.jp/mofaj/gaiko/oda/files/100191965.pdf, 2022年11月13日閲覧).

42) 独立行政法人は,中期目標管理法人,国立研究開発法人,行政執行法人に分類され
る.独立行政法人制度については西山［2019］を参照.

43) 内閣府［2001］「『今後の経済財政運営及び経済社会の構造改革に関する基本方針』
について」内閣府ウェブサイト (https://www5.cao.go.jp/keizai-shimon/cabinet/
2001/0626kakugikettei.pdf, 2022年11月13日閲覧), 29頁.

44) 「骨太の方針」の名称は,経年的に変化している.2001年では,「今後の経済財政運
営及び経済社会の構造改革に関する基本方針」であり,翌年以降は「経済財政運営と
改革の基本方針」と称されるようになった.例外的に2007年に公表された「骨太の方
針」は名称を短縮し,「経済財政改革の基本方針」とよんだ.（以下を参照.内閣府
［2007］「経済財政改革の基本方針2007について」内閣府ウェブサイト (https://www5.
cao.go.jp/keizai-shimon/cabinet/2007/decision070620.pdf, 2022年11月13日閲覧). ここ

に時の政権の意向を反映する傾向にあり，たとえば以下の2022年公表の「骨太の方針」では，岸田内閣が推進する「新しい資本主義」が登場する．内閣府［2022］「経済財政運営と改革の基本方針2022について」内閣府ウェブサイト（https://www5.cao.go.jp/keizai-shimon/kaigi/cabinet/2022/2022_basicpolicies_ja.pdf, 2022年11月13日閲覧）．

45）　「お手盛り評価」に関する議論は，西出［2020］を参照．

46）　外務省［2010］「外務省所管独立行政法人の業務実績評価に係る基本方針（平成22年 3 月 8 日改訂）」外務省ウェブサイト（https://www.mofa.go.jp/mofaj/annai/shocho/dgh/h_kijyun.html, 2022年11月13日閲覧）．

47）　第 1 期中期目標期間の評価については以下を参照．外務省独立行政法人評価委員会［2007］「第 1 期中期目標期間における外務省所管独立行政法人の業務実績評価について」外務省ウェブサイト（2022年11月13日閲覧，https://www.mofa.go.jp/mofaj/annai/shocho/dgh/01_chuki.html）．なお，第 2 期については以下を参照．外務省独立行政法人評価委員会［2012］「第 2 期中期目標期間における外務省所管独立行政法人の業務実績評価について」外務省ウェブサイト（https://www.mofa.go.jp/mofaj/annai/shocho/dgh/cyuki_hyoka_23.html, 2022年11月13日閲覧）．

48）　外務省・財務省・農林水産省・経済産業省［2015］「独立行政法人 国際協力機構の平成26年度における業務実績評価」外務省ウェブサイト（https://www.mofa.go.jp/mofaj/files/000098658.pdf, 2022年11月13日閲覧）．

49）　資金ショートとは，手元の資金が不足してしまう状況を指す言葉である．JICA は，2017年に一部の技術協力事業の凍結や2018年度への繰り延べをする状況に迫られた．これについては以下に詳しい．独立行政法人国際協力機構予算執行管理強化に関する諮問委員会［2018］「最終報告書」JICA ウェブサイト（https://www.jica.go.jp/about/corp_gov/ku57pq000029u3tv-att/20181203.pdf, 2022年11月13日閲覧）， 1 頁．

50）　外務省・財務省・農林水産省・経済産業省［2022］「独立行政法人 国際協力機構の第 4 期中期目標期間評価」外務省ウェブサイト（https://www.mofa.go.jp/mofaj/files/100387527.pdf, 2022年11月13日閲覧）．

51）　外務省・財務省・農林水産省・経済産業省［2022］「独立行政法人 国際協力機構の第 4 期中期目標期間評価」，'0 - 6'頁．

52）　行政改革推進会議［2016］「行政事業レビュー実施要領（平成28年 3 月29日改正）」内閣官房ウェブサイト（https://www.cas.go.jp/jp/seisaku/gyoukaku/H27_review/H27_Basic_Information001/zyouryou.pdf, 2022年11月13日閲覧）．

53）　外務省［2022］「令和 4 年度　行政事業レビュー行動計画」外務省ウェブサイト（https://www.mofa.go.jp/mofaj/files/100344338.pdf, 2022年11月13日閲覧）．

54）　行政改革推進会議［2016］「行政事業レビュー実施要領（平成28年 3 月29日改正）」，11頁．

55）　外務省［2022］「令和 4 年度行政事業レビューシート　無償資金協力（事業番号：2022-外務-21-0027-01）」外務省ウェブサイト（https://www.mofa.go.jp/mofaj/files/

100405994.xlsx, 2022年11月13日閲覧).

56) 外務省［2022］「令和4年度行政事業レビューシート 経済協力評価調査（事業番号：2022-外務-21-0283-01）」外務省ウェブサイト（https://www.mofa.go.jp/mofaj/files/100406009.xlsx, 2022年11月13日閲覧).

57) GAVIワクチンアライアンス（Gavi, the Vaccine Alliance）とは，低所得国の予防接種率向上を目的として2000年にスイスで設立された官民連携パートナーシップである．旧称はワクチンと予防接種のための世界同盟（GAVI Alliance: the Global Alliance for Vaccines and Immunisation）である［外務省 2015：81］.

58) 外務省［2022］「令和4年度行政事業レビューシート Gaviワクチンアライアンス拠出金（事業番号：2022-外務-21-0317-01）」外務省ウェブサイト（https://www.mofa.go.jp/mofaj/files/100406043.xlsx, 2022年11月13日閲覧).

59) 外務省［2022］「令和4年度行政事業レビューシート 無償資金協力（事業番号：2022-外務-21-0027-01）」.

第 7 章 ┃ 国際行政の評価管理

╋ 1．国際行政学と開発行政学における意味

　開発協力にはそれに対応する組織体系があり，また開発協力の政策体系があった（第 5 章を参照）．さらに，組織体系と政策体系は互いに対応しているが，その対応実態はさらに評価システムにおいて明確にみることができる（第 6 章を参照）．

　この第 7 章では，この評価の在り方をめぐって，国際的な動向と国内的な動向がどのように同期されているのか，その実態を知るために，国際的な組織における評価の管理活動を考察する．その理由は，国際的な組織が展開する評価管理活動が，各国の国内行政，とくに日本の外務省と JICA に及ぼす影響の実際を考える点にある．

　国際的な会合で繰り広げられる評価の議論（後述する「DAC 評価会合」）の影響を受けて，日本国内での ODA 評価の諸基準や評価の考え方が変わる．外務省，JICA，コンサルタント（ODA 評価の業務を受注する），大学教員や評価専門家（途上国に技術支援の目的で評価研修を行う）などが承知している評価諸規準や評価管理の考え方が定期的に変わるというのもまた，グローバル・スタンダードを標榜する ODA 評価の実践の特徴でもある．そのため，外務省における評価管理という国内行政的な諸課題の考察のためにも，どのようなメカニズムや経路によって国際的な影響を受けているかを把握する必要がある．

　その手がかりは，やはり評価管理に関する文書群にある（第 4 章を参照）．ODA 評価における「評価ポリシー」（evaluation policy）や「評価ガイドライン」，「評価マニュアル」は，援助評価（aid evaluation）の国際的なガイダンスや評価基準にたびたび言及してきた．たとえば，日本における ODA 評価ガイドライ

ンは，OECD やその下部組織である OECD-DAC，あるいは世界銀行などの国際機構や国際的な集団が公表する各種のレポートやガイダンスに言及していた．日本だけでなく，デンマーク DANIDA の評価ポリシーも OECD の資料を引用する形で作成されてきた[1]．

　この文脈における ODA 評価や援助評価の先行研究は，国際行政の研究対象としてはじまった．ここで国際行政学について整理しておきたい．日本における国際行政の研究は，蠟山政道による1928年の『國際政治と國際行政』にまで遡る［蠟山 1928］．第一次世界大戦後の1920年に発足した国際連盟（國際聯盟：League of Nations）は，日本も常任理事国だったことでもあり，その機構運営や組織管理に関する研究への関心の高まりが，当時の国際行政学への着目を導く背景にあった．それから下って20世紀末になり，城山はイギリスの行政学者C. Hood が提示する行政活動における基本的資源，すなわち財政的資源，人的資源，オーソリティー，情報に注目し，これらの概念を引用しつつ，そのどれかに国際性がある場合の行政活動が国際行政であると述べる［城山 1997b：1］．そして，「国境を越えた諸活動を確保し相互依存に伴う諸課題を解決するための，さまざまな組織的試みの総体を国際行政と呼ぶことができる」と城山は定義する［城山 2013：3］．また，行政学者の福田耕治は「国際行政とは，国際機構の行政機関あるいは国内行政機関との歯車のかみ合うような『合成』，連携・協力を前提とする『混成システム』においてはじめて機能し，意味をもつ，国際交易の実現のための行政活動と国際公共政策過程である」と定義する［福田 2012：12］．この国際行政学／グローバル行政学は，グローバル化した現代の政治，経済，社会のなかで生じる諸問題を，国際問題と国内問題を一体のものとして包括的に捉え，地球市民社会の一員としての立場から問題解決の方策を考察し，この考察を新たな国際制度の構築や国際公共政策の提言に役立てるという，実践的な性格をもつ新しい学問領域であると考えられている［福田 2003：12；2012：2］．城山と福田の定義に従えば，開発援助や開発協力に関する評価の行政活動も当然この国際行政に含まれ，その研究は国際行政学のカテゴリーに含まれると考えることができる．

　とはいえ，国際行政における評価は新しい研究テーマではなく，これまでにも研究されてきたテーマである．個々の研究は別として，総合的な研究については1993年の『ODA の評価システム——理論と国際比較——』があり，ここでは行政学者と国際政治学者が共同で評価システムに関する総合的な研究を

行っている［行政管理研究センター調査研究部編 1993］．とくにその第 6 章では，OECD 勤務経験をもつ国際政治学者の増島建が OECD-DAC の評価システムを執筆している［増島 1993］．その翌年に刊行された続編の『ODA の評価システム（Ⅱ）』で前出の城山は国連の関係機関や世界銀行の援助評価を取り上げ，その構造，運用について説明している［行政管理研究センター調査研究部編 1994：85-120］．こうした諸研究は城山の『国際援助行政』［城山 2007］や『国際行政論』［城山 2013］においてまとめられ，国際行政学の研究書として，行政学における新たな研究領域の発展に貢献している．

　なお1990年代初頭，福田耕治はその著書において，欧州委員会が実施していた環境影響評価の実際を紹介したうえで，国際社会における意義について言及している［福田 1992：389］．さらにその後，福田は坂根徹とともに，国連システムのガバナンス，国連の諸政策分野を題材に国際行政における評価の重要性を論じている［福田・坂根 2020］．こうした一連の研究成果は，行政学が国際機関における評価を通じて援助行政・開発行政の実態にアプローチし，課題を考える有効なディシプリンであることを明らかにしている．

　このように考えると，国際的かつグローバルな対象としての援助評価やODA 評価の研究は，研究者にとって次の 3 点から重要である．

　第 1 に，評価の理論形成に関するグローバルな展開を知ることができる点である．外務省や JICA あるいは，かつての JBIC といった組織が，日常的に援助評価をめぐる国際的な会合に参加し，国際機関や他国政府と協働しつつ最新の評価理論を作り上げている，この「交錯」や「合成・混成」といった経緯の観察は，国際行政学にとって重要である．

　第 2 に，評価の運用に関する最先端の情報をいち早く研究者として日本国内に持ち帰ることで，国内行政における ODA 評価の制度運用に対する影響を考察できる点である．国際的に通用する理論と実践は，国内でも展開される．これを見通すことは国内行政で運用される評価理論を考えるうえでも必要である．

　第 3 に，政策過程における政府能力の要である評価は，行政学の 3 つのサブディシプリン，国際行政，開発行政，比較行政を総合して考えるための鍵でもあると考えられている［山谷・三上 2023］．とくに途上国においては，グローバルな目的や基準（あるいは，圧力）を取り込みつつ，政府の能力を向上する必要がある．このため，グローバルな基準に照らしあわせて，NEP と指標をいかに整備し，国家開発計画（National Development Plan）を設計，運用するかに関

心が集まっている．このグローバルな管理構造は，途上国に限られるものではなく，日本でもみられる（たとえば，SDGsや人権政策等の条約実施など．国際人権法を研究する棟居徳子によれば，人権指標を通じた「政策アプローチ」があるという［棟居 2013：37]）．

本章ではとくに，OECD-DAC の下部機構である DAC 評価会合に注目する．DAC 評価会合は，援助評価に関する国際的な潮流を作り出している中心的な場の1つだからである．日本の外務省や旧・国際協力事業団，現・国際協力機構や，かつての国際協力銀行も，DAC 評価会合に参加し，そこでの合意にもとづく内容を反映して評価を実施してきたからである．DAC 評価会合の動向に関する整理は，増島［1993]や藤本［2008]によってなされてきた．ここではその後の歴史を整理し，評価管理における役割を考えたい（以下の説明は，OECD-DAC の資料[2]を情報源にしている）．

そこで，この国内行政と国際行政の結節点にあって，冒頭に述べたような「評価ポリシー」や「評価ガイドライン」，「評価マニュアル」等の各種文書群が重要な役割を担っていると考える．そして，それらが日本の外務省，JICA の国内行政に与える影響を考察する準備作業として，国際的なガイダンス形成の代表的な場である OECD-DAC の下部機構である DAC 評価会合の活動と歴史を整理する．すなわち，長年にわたって公表されてきた刊行物や評価報告書，評価ガイダンス，評価マニュアルなどを，会合の議事録を活用しながら再整理する．

なお，以下で議論する OECD-DAC における評価会合の名称は，たびたび変わってきたがその実態に変化はない．そこで先の増島の表記に従い「DAC 評価会合」を使ってこれらの会合の全体を語り，とくに重要な意味があって個別の名称で取り上げる必要があるときには，そのつど注意喚起したい．

＋ 2．DAC 評価会合の歴史的経緯

DAC 評価会合は，どのような活動を行ってきたのか．まずは，OECD-DAC の成立から整理する必要がある．その前身である開発援助グループ（Development Assistance Group）が設立されたのは，1960年1月である．翌年には，この開発援助グループを基礎として OECD-DAC が創設された．このタイミングで日本も原加盟国となる．その組織目的は，途上国に対する援助量の増大と援助

の有効性の向上にある[3].

　OECD-DAC では，レベル別の会合（meeting）が開催されている[4]．閣僚級の参加者によるハイレベル会合（High Level Meeting）は，1年から2年に1回ほどのペースで開催される．主に，コミュニケ（communiqué）の採択を行う場である．日本からの出席者には，たとえば外務大臣や外務省審議官がいる．局長・次長級には，シニアレベル会合（Senior Level Meeting）があり，1年に1回実施される．定例会合には DAC 会合があり，年間計画の策定やピア・レビューの実施などを行う場となっている．さらに具体的なテーマや専門領域別の議論を行うために，複数の下部機構がある．DAC 評価会合もその1つである．

　DAC 評価会合の萌芽は，OECD-DAC が創設された1960年代にみられる．それは，評価者同士の非公式な接触とセミナーの開催である．まず，1966年にドイツのベルリン，次に1970年にオランダのワッセナーで開催され，1972年には OECD-DAC 初の刊行物が公開された[5]．そのフォローアップは，翌年にアムステルダムで開催され，1975年には成果が取りまとめられた．このとき，援助評価をめぐる基本的な方向が決まったと考えられる．ここで扱われた議論の多くは，2020年代にまで続いているからである[6]．同じ1975年，デンマークのコペンハーゲンでもセミナーが開催された．オランダやデンマークは ODA 評価の研究に熱心な国として記憶されている．

　セミナーの度重なる開催に続いて，1979年と1980年のハイレベル会合では援助の有効性（aid effectiveness）の議論がはじまった．そして援助の有効性を確認する評価自体の有効性を明らかにするため，1980年の会合では評価コレスポンデンツ・グループ（DAC Sub-Group of Correspondents on Aid Evaluation）が次の4つの目的のもと創設された[7]．すなわち，①援助の有効性に関する既存の評価結果の確立（establish）とその報告，②政策形成に対するフィードバックにおける論点の検討，③広報を支援しうる評価方法に関する報告，④発展途上国における評価業務をドナーが支援できるような方法の検討，の4つである．

　1982年のハイレベル会合では，とくに①を優先することを決定した[8]．そして，この会合で援助評価専門家会合（Expert Group on Aid Evaluation）の創設が合意された．その際に与えられたマンデート（mandate, 任務や権限の意味）は次の4つである[9]．第1に，交流の強化である．すなわち，各国の評価ユニットと，必要に応じては多国間の評価ユニットとの間で，情報や経験，協力の交流を強化

することである．その目的は，個々のメンバーの評価活動を改善し，手法と概念に関するフレームワークの標準化を促進し，重要な評価研究を計画する際にドナー間で上手に調整が行われるような基礎を築くことである．第2に，プロジェクトやプログラムを計画，デザインする際のオペレーショナルな教訓を評価研究から抽出することである．そして，それによって援助の有効性の向上に貢献することである．第3に，合同（joint）方式や協調（co-ordinated）によって実施される評価の実現可能性を確かめることである．ここでは，農業などの代表的なセクターや特定の被援助国について実施される合同評価が想定されている．第4に，発展途上国の評価キャパシティの発展を促進，支援する方法を見つけることである．

　この1982年マンデートがDAC評価会合の基礎となった．OECD-DAC下部機構をレビューした際に提示された改善案を受けて，1998年には援助評価専門家会合は援助評価作業部会（Working Party on Aid Evaluation）に改称された．ただし，この改革は名称を変更しただけであり，マンデート自体は変らず受け継がれた．2003年には再び組織改革がなされ，援助評価作業部会は開発評価ネットワーク（EvalNet）に改称された．ここでもマンデートは1998年と同様に継承された．

　2012年にはマンデートの修正が行われ，次の３つがDAC評価会合の役割であると定められた[10]．すなわち，①評価におけるベスト・プラクティスに関する知識の提唱（advocate）と共有，②重要な開発トピックにおける評価エビデンスの統合（"synthesise"，原文ママ），③協働（collaboration）の増進と，評価キャパシティの発展の促進と支援とを目的とした発展途上国パートナーとの活動である．

＋ 3．国際行政の活動がもたらす評価管理の標準化

　DAC評価会合は，各国が参加する評価の「場」でもある．歴史的な経緯とその影響力からは，統合評価と合同評価の２つが重要である[11]．統合評価（"synthesise evaluation"，原文ママ）とは各国の評価結果が産み出す情報や教訓，知識を統合する評価である（前節の2012年会合における②に当たる）．合同評価（joint evaluation）とは複数の国や組織が共同で行う評価である．

　DAC評価会合が実施した統合評価には，次の３つのアプローチがあると考

えられている[12]. 第 1 に，特定のセクターやテーマに注目した情報の統合である．オランダは保健・医療に関する77の評価結果を統合した．レポートが公表されたのは1989年である．

　第 2 に，特定のトピックに注目した評価情報の統合である．1985年にデンマークの提案を受けて各国で実施された．その際に選ばれたトピックは，持続性（sustainability），女性に対するインパクト（impact on women），環境に対するインパクト（impact on the environment）である．このトピックの選択は政治的であると一部批判されたため，各国は自発的に試行的な評価を進めることになった．持続性はアメリカ，女性に対するインパクトはカナダ，環境に対するインパクトは事務局がそれぞれ担当した．持続性に対するレポートは「プログラム・マネージャーのためのサマリー・レファレンス」として受け入れられた[13]．持続性の知見は，後の "DAC Principles for Project Appraisal" にも影響を与えた[14].

　第 3 に，他の下部機構と協働する方式の評価である．具体的には，参加型の開発（participatory development）およびグッド・ガバナンス（good governance）[15]の 'ad-hoc' な作業部会と共に実施した統合評価であり，1997年に報告書が公表された[16]．その後，ドイツと UNDP によって，さらに対象を広げた評価が進められ，その成果は2004年に公表された[17]．また，環境やジェンダーといった分野でも統合評価が実施された．たとえば，オーストラリアとオランダが共に実施した統合評価では，ジェンダー平等作業部会（Working Party on Gender Equality）[18]と協働して，評価の問題点を洗い出した．これが評価の質に関する論議の契機となる[19].

　合同評価の促進は，DAC 評価会合の重要な役割の 1 つであり，1980年代に盛んに議論された．ハイレベル会合からの要請を受けた議論が1989年に進められたのだが，合同評価を OECD-DAC が公式に行う必要はないと結論づけられた．だが，1990年代には合同評価が実施されてきた．その代表例は次の 3 つである．第 1 に，カナダ，オランダ，ノルウェーによる WFP の合同評価である[20]．第 2 に，ルワンダの紛争とジェノサイドに対する国際対応への合同評価にデンマークが着手した[21]．第 3 に，欧州連合の食糧援助を対象とした合同評価がイギリスによって取りまとめられた[22].

　2000年代以降，合同評価の数は増加する[23]．日本からも外務省や JICA がこれらの一部に参加している．この時期，人道的支援に対する合同評価が増えた．

たとえば，国内避難民の評価[24]やアフガニスタンの評価[25]，デンマーク主導の津波評価連合（TEC）による統合評価[26]，一般財政支援の合同評価[27]がある．代表的な合同評価を表に整理した（表7-1を参照）．

　統合評価や合同評価を通じて得られた知見や教訓を評価ガイダンス（強制力のない行動指針）として整理することで，DAC評価会合は援助評価を標準化してきた（表7-2，表7-3を参照）．援助評価専門家会合の最初の会合は，1983年3月に開催された．1984年には，イギリス，欧州共同体，オランダ，アメリカによって構成される作業部会の指示のもと事務局によって "Operational Lessons of Evaluation" が作成され，OECD-DACメンバーの援助が同様の失敗を幾度と繰り返していると指摘された[28]．この指摘を受けて，OECD-DACは評価の標準化を進める必要があることを認識するに至った．評価の原則である "Principles for Project Appraisal" の公表（1988年）がその成果である．

　ところでDAC評価会合は，なぜ評価ガイドラインや評価ハンドブックではなく，評価ガイダンスの形式で文書を作成し，公表するのか．評価ガイダンスの形式を使っているのには歴史的な経緯がある．OECDの資料に基づけば，イギリスが第2回の会合において評価の手法や手続きに関する評価ハンドブックの作成を提唱した際の出来事であった[29]．このとき，評価ハンドブックの作成はマンデートの範囲外の業務であると事務局から指摘を受け，また評価の規範を定めることに抵抗したメンバーがいたため，評価手法や手続きに関する既存の情報を収集する代替策を講じたのであった．DACの評価会合は，特定の評価ガイドラインを作成しないことを決定し，参加メンバーが受け入れるかどうかを判断できるような評価ガイダンスの作成に注力し始めたのである．これ以降，各国の援助評価ポリシーを方向付けるために，評価ガイダンスの作成を行うようになった．この経緯からみても，散らばった情報を収集したものが評価ガイダンスである．

　評価の原則や規範，基準，ガイダンスに関する最初の文書は，1985年に承認をうけ，1986年に出版された［OECD 1986］．この頃は，メンバー間で合意が取れない部分も多く，たとえば専門用語の定義をめぐる些細な違いをめぐり，議論が繰り返されていた［OECD 1986］．たとえば，'evaluation' という用語に関する論争は次のようなものであった．「意思決定者に対する情報提供が評価の目的である」という定義案に対して，オランダは「評価の目的は政策や計画，管理の支援である」とコメントを加えた［OECD 1986：65］．あるいは，'control'

表7-1　代表的な合同評価の一覧

公表年	文書名	主導した国，組織
1994年	"Evaluation of the World Food Programme: Final Report"	CIDA, the Netherlands, Norad
1996年	"The International Response to Conflict and Genocide: Lessons from the Rwanda Experience, Synthesis Report"	DANIDA
1996年	"Joint Evaluation of European Union Programme Food Aid"	the Netherlands, ODI
2000年	"Evaluation of European Aid Managed by the Commission, 1995-1999, Room Document No. 3."	France
2000年	"Evaluation Ghana Joint Evaluation of the Road Sub-Sector Programme 1996-2000"	DANIDA
2003年	*Toward Country-led Development-A Multi-Partner Evaluation of the Comprehensive Development Framework: Synthesis Report.*	IBRD
2003年	*Local Solutions to Global Challenges: Towards Effective Partnership in Basic Education Joint Evaluation of External Support to Basic Education in Developing Countries, Final Report.*	the Netherlands
2005年	"A Joint Evaluation: Humanitarian and Reconstruction Assistance to Afghanistan, 2001-05"	DANIDA
2005年	"Joint Evaluation of General Budget Support 1994 -2004: Final Inception Report"	DFID
2005年	*Support to Internally Displaced Persons: Learning from Evaluation.*	DANIDA
2006年	"Joint Evaluation of the International Response to the Indian Ocean Tsunami: Synthesis Report"	DANIDA
2007年	*Evaluating Coordination, Complementarity and Coherence in EU Development Policy: A Synthesis.*	EU, Sweden, the Netherlands
2011年	*The Evaluation of the Paris Declaration, Final Report.*	DANIDA

出典：三上［2022a：17（図表2）］.

表7‑2　代表的な評価ガイダンス的文書（1970年代から1990年代）

公表年	文書名
1972年	*Evaluating Development Assistance.*
1975年	"AID Evaluation: The Experience of Members of the Development Assistance Committee and of International Organisations"
1984年	"Operational Lessons of Evaluation"
1986年	*Methods and Procedures in Aid Evaluation: A Compendium of Donor Practice and Experience.*
1988年	"DAC Principles for Project Appraisal"
1991年	*DAC Principles for Evaluation of Development Assistance.*
1992年	*Development Assistance Manual, DAC Principles for Effective Aid.*
1993年	"A History of the DAC Expert on Aid Evaluation"
1996年	"Evaluation Capacity Building: Donor Support and Experiences"
1996年	DAC, "Shaping the 21st Century: The Contribution of Development Co-operation"
1997年	"Evaluation of Programs Promoting Participatory Development and Good Governance: Synthesis Report"
1999年	"Guidance for Evaluating Humanitarian Assistance in Complex Emergencies"
1999年	"Evaluating Country Programmes: Vienna Workshop, 1999, Evaluation and Aid Effectiveness Series 2"
1999年	"Results Based Management in the Development Co-operation Agencies: A Review of Experience, Executive Summary"

出典：三上［2022a：18（図表4）］.

　という用語に関する議論でも，カナダやオーストラリアは，マネジメント・レビュー（management review）の用語を代わりに使っており，用語の統一を受け入れられないとコメントを加え，オランダも 'control' の意味には財政的な検証（verification）があるとコメントした［OECD 1986：62］．こうした議論の積み重ねが評価ガイダンスとなっていった．援助評価の運用を標準化する潮流の始まりであるといえるだろう．

　1990年代には，評価の基準や原則の統一が進められた．1991年には，OECD-DAC 開発援助の評価原則が作成され，評価の目的として妥当性，有効性，効率性，インパクト，持続性が示された[30]．その結果，日本を含む各国のODA評価やその他の評価制度は，この原則を参考にするようになった．1992

表 7-3　代表的な評価ガイダンス的文書 (2000年代から2020年代)

公表年	文書名
2000年	"Effective Practices in Conducting a Multi-Donor Evaluation, Evaluation and Aid Effectiveness Series 4"
2001年	"Evaluation Feedback for Effective Learning and Accountability, Evaluation and Aid Effectiveness Series 5"
2002年	"Glossary of Key Terms in Evaluation and Result Based Management, Evaluation and Aid Effectiveness Series 6"
2004年	"Lessons Learned on Donor Support to Decentralisation and Local Governance"
2004年	"Strengthening Evaluation Systems in Member Agencies", Discussion Paper.
2005年	"Joint Evaluations: Recent Experiences, Lessons Learned and Options for the Future"
2005年	OECD, *Paris Declaration on Aid Effectiveness*.
2006年	"Evaluation Quality Standards"
2006年	"Guidance for Managing Joint Evaluations, DAC Evaluation Series"
2008年	"Guidance on Evaluating Conflict Prevention and Peacebuilding Activities: Working Draft for Application Period"
2009年	NONIE, *Impact Evaluations and Development: NONIE Guidance on Impact Evaluation*.
2010年	"Quality Standards for Development Evaluation, DAC Guidelines and Reference Series"
2010年	"Evaluating Development Co-operation: Summary of Key Norms and Standards, Second Edition"
2010年	*Evaluation in Development Agencies*, Better Aid.
2012年	*Evaluating Peacebuilding Activities in Settings of Conflict and Fragility: Improving Learning for Results*, DAC Guidelines and References Series.
2013年	*Evaluating Development Activities: 12 Lessons from DAC Peer Review*.
2016年	*Evaluation Systems in Development Co-operation, 2016 Review*.
2019年	"Better Criteria for Better Evaluation: Revised Evaluation Criteria Definitions and Principles for Use"
2021年	*Applying Evaluation Criteria Thoughtfully*.

出典：三上 [2022a：19 (図表 5)].

表7‑4 *DAC Principles for Effective Aid* に統合された文書

公表年	文書名
1986年	Guiding Principles for Aid Co-ordination with Developing Countries
1986年	Good Procurement Practices for Official Development Assistance
1988年	Principles for Project Appraisal
1989年	Guiding Principles on Women in Development
1991年	Principles for New Orientations in Technical Co-operation
1991年	Principles for Programme Assistance
1991年	Good Practices for Environmental Impact Assessment of Development Projects
1991年	Principles of Evaluation of Development Assistance
1991年	Principles for Aid Evaluation
1992年	New Measures in the Field of Tied Aid

出典：三上［2022a：18（図表3）］．

年には，基準や教訓を整理，統合した文書が公表された[31]（表7‑4を参照）．

　1999年9月には用語集の見直しがDAC評価会合で始まり，2000年には取りまとめが行われた[32]．その背景には，1999年当時に流行していた「結果重視マネジメント」（RBM）の議論があった[33]．集大成となる新たな用語集は，2002年に公表され[34]，国際的に専門用語が統一された．

　2000年代に入ると，評価の質（evaluation quality）が求められ始めた．すると，ジェンダー視点からの評価結果を受けて，2006年にはオーストラリアとデンマークが主導した"Evaluation Quality Standards"のドラフト版の評価ガイダンスが提示され，加盟各国はそれぞれの裁量で利用することになった[35]．評価ガイダンスの試行期間を経て，その完成版が2010年に公表された[36]．

　また，評価原則の見直しも進められ，2019年に公表された新たな評価基準"Better Criteria for Better Evaluation Revised Evaluation Criteria Definitions and Principles for Use"では，新たな評価規準である「整合性（coherence）」が追加された[37]．この整合性の解釈をめぐって各国で体制整備が進展した．日本においては「外交の視点からの評価」とのすり合わせが進められていった（この経緯については，第10章を参照）．

　合同評価が生み出す評価ガイダンスも次々と整備されていった．2000年には，アメリカが主導した調査の結果が公表された[38]．その調査結果を受けて，合同評

価の増加に対するフォローアップを行うことを DAC 評価会合は決定した．合同評価に関するメタ評価がデンマーク主導によって進められ，2015年にはその報告書[39]が公表された．この合同評価に関する報告書を集約し，そのノウハウを評価ガイダンスとして取りまとめる作業が進められていった．すなわち，EvalNet の第 4 回会合において，まず事務局が要約としてドラフト版の評価ガイダンスを作成し[40]，2006年には評価ガイダンスとして公開された[41]．これに従って実施されたのが，パリ宣言に対する対応を対象とした大規模な合同評価であった[42]．

　また，個別分野に関する評価ガイダンスの整備も進んだ．ルワンダの合同評価結果から派生した人道的支援の評価に関する評価ガイダンスが1999年に公表された[43]．紛争予防・平和構築（Conflict Prevention and Peacebuilding）の評価についても，EvalNet と紛争と脆弱国際ネットワーク（International Network on Conflict And Fragility）前身組織とが協働する形で作業が進められた．そして，ノルウェー，イギリス，スウェーデン，事務局が主導して，2008年にはドラフト版の紛争予防・平和構築に関する評価ガイダンスが作成された[44]．このドラフト版の評価ガイダンスを使って，南スーダンやコンゴ民主共和国，アフガニスタン，スリランカなどの評価を実践していった[45]．そこで為された試行錯誤に基づく教訓を再び評価ガイダンスの改訂に反映することで正式版の評価ガイダンスを作りあげていった[46]．なお，評価ガイダンスには評価手法をテーマとするものもある．とくに代表的なものがインパクト評価に関する評価ガイダンスであり，DAC 評価会合は NONIE の一員として，この作成過程にも関与してきた[47]．

　DAC 評価会合における議論は，次のルーティンに従っていると考えられる．まず，メンバーや事務局は，アジェンダに従って議論のための文書（discussion paper や room document など）を事前に準備し，報告を行う．各国や各機関が単独またはグループを作って，各々の議題を提案し，各々で行政リソースを負担して報告を行う．次に，その報告に基づいて議論が交わされる．議論のなかで興味を示したメンバーは，報告の担当者に連絡を行い，次回以降に業務の担当を引き受ける場合がある．最後に，「次回にすべきこと（action）」がアジェンダに組み込まれる．この反復を通じて，メンバー間で文書を互いに修正し，内容の充実と合意形成を図っていく．

　DAC 評価会合では一度に複数の議題が同時並行で進行している（これは，研究者の「学会」に似ている）．出席するメンバーごとに担当する議題が異なってお

り，EvalNet では複数のタスクチームが作られている．ようするに，チームの単位で合同評価や協働が促進される仕組みである．その参加はメンバーの意思表明に基づいている．たとえば，第4回会合ではインパクト評価について検討する非公式な集まり"network of networks"の創設が提案された．日本からは JBIC が参加の意思を示していた[48]．これが後の NONIE になる．逆に，EvalNet のメンバーであっても議論に積極的ではない国もある．

　以上のようなルーティンと自発的な活動様式のなかで，合同評価が進展する．そこから，援助評価のグループ化と評価連合（evaluation coalition）の形成が進むという動向がみえてくる．2020年代に入っても，たとえばCOVID-19の対策が各国で十分に進められたかを知るためにも評価が行われている．この合同評価を行うために，COVID-19グローバル評価連合（COVID-19 Global Evaluation Coalition）が形成された．そこでは，TEC とパリ宣言の合同評価グループを手本として評価実務者間の連携が行われてきた．これは振り返れば，カナダのグローバル連携省（Global Affairs Canada）と OECD 事務局が2020年の春に Eval-Net において行った議論がきっかけであった[49]．オランダ，デンマーク，スウェーデンなどが援助評価のあり方に大きな影響を与えている理由の1つは，評価の報告と文書の作成を積極的に行い，グループづくりを進めてきた点にあると考えられる．

注

1） DANIDA［2016］"Evaluation Policy for Danish Development Cooperation" 2頁.

2） OECD［1993］"A History of the DAC Expert Group on Aid Evaluation, Selected Issues in Aid Evaluation, 7" OECD-DAC EvalNet ウェブサイト（https://www.oecd.org/dac/evaluation/40163156.pdf, 2021年11月5日閲覧）．および，OECD［2013］ *"The DAC Network on Development Evaluation: 30 Years of Strengthening Learning in Development,* OECD" EvalNet ウェブサイト（https://www.oecd.org/dac/evaluation/Eval%20history%20booklet%20web.pdf, 2021年11月5日閲覧）．

3） OECD［2006］"DAC in Dates: The History of OECD's Development Assistance *Committee 2006 Edition*" OECD-DAC ウェブサイト（http://www.oecd.org/dac/1896808.pdf, 2021年1月30日閲覧），7頁.

4） 外務省［2019］"OECD 開発援助委員会（DAC: Development Assistance Committee）" 外務省ウェブサイト（https://www.mofa.go.jp/mofaj/gaiko/oda/doukou/dac/dac_gaiyo.html, 2021年1月26日閲覧）.

5） OECD［1993］"A History of the DAC Expert Group on Aid Evaluation, Selected

Issues in Aid Evaluation, 7", 7 頁.

6) OECD ［1975］ "AID Evaluation: The Experience of Members of the Development Assistance Committee and of International Organisations, OECD" EvalNet ウェブサイト（https://www.oecd.org/dac/evaluation/dcdndep/44100614.pdf, 2022年11月19日閲覧）.

7) OECD ［1993］ "A History of the DAC Expert Group on Aid Evaluation, Selected Issues in Aid Evaluation, 7", 6 - 7 頁.

8) OECD ［2013］ "The DAC Network on Development Evaluation: 30 Years of Strengthening Learning in Development, OECD" EvalNet ウェブサイト（https://www.oecd.org/dac/evaluation/Eval%20history%20booklet%20web.pdf, 2021年11月 5 日閲覧）, 6 頁.

9) OECD ［2013］ "The DAC Network on Development Evaluation: 30 Years of Strengthening Learning in Development, OECD", 7 頁.

10) OECD ［2013］ "The DAC Network on Development Evaluation: 30 Years of Strengthening Learning in Development, OECD", 8 頁.

11) 合同評価や統合評価については，増島 ［1993］ や三上 ［2022a］ を参照.

12) OECD ［2013］ "The DAC Network on Development Evaluation: 30 Years of Strengthening Learning in Development, OECD", 11-12頁.

13) OECD ［1993］ "A History of the DAC Expert Group on Aid Evaluation, Selected Issues in Aid Evaluation, 7", 16頁.

14) OECD ［2013］ "The DAC Network on Development Evaluation: 30 Years of Strengthening Learning in Development, OECD" にも言及がある.

15) DAC におけるグッド・ガバナンスの展開については，Masujima ［2004］ に詳しい.

16) DAC Expert Group on Aid Evaluation ［1997］ "Evaluation of Programs Promoting Participatory Development and Good Governance: Synthesis Report" EvalNet ウェブサイト（https://www.oecd.org/dac/evaluation/dcdndep/35019452.pdf, 2021年11月18日閲覧）.

17) OECD ［2004］ *Lessons Learned on Donor Support to Decentralisation and Local Government,* DAC Evaluation Series" EvalNet ウェブサイト（https://www.oecd.org/dac/evaluation/30395116.pdf, 2021年11月19日閲覧）.

18) OECD ［2003］ "Review on Gender and Evaluation, Room Document No. 1." EvalNet ウェブサイト（https://www.oecd.org/dac/evaluation/dcdndep/31736413.pdf, 2021年11月18日閲覧）.

19) OECD ［2013］ "The DAC Network on Development Evaluation: 30 Years of Strengthening Learning in Development, OECD", 12頁.

20) Chr. Michelsen Institute ［1994］ *Evaluation of the World Food Programme: Final Report"* Norad ウェブサイト（https://www.norad.no/globalassets/import-2162015-

80434-am/www.norad.no-ny/filarkiv/vedlegg-til-publikasjoner/historiske-evaluerings rapporter/w_f_p_maine_1994.pdf, 2021年11月23日閲覧).

21) Eriksson, J. [1996] "The International Response to Conflict and Genocide: Lessons from the Rwanda Experience: Synthesis Report" DEReC ウェブサイト (https://www.oecd.org/derec/50189495.pdf, 2021年11月23日閲覧).

22) Clay, E., Dhiri, S., and Benson, C. [1996] *"Joint Evaluation of European Union Programme Food Aid: Summary of Synthesis Report,* Overseas Development Institute" Overseas Development Institute ウェブサイト (https://cdn.odi.org/media/documents/7993.pdf, 2021年11月23日閲覧).

23) たとえば,次のような評価が代表例である.

OECD [2000] "Evaluation of European Aid Managed by the Commission, 1995-1999, Room Document No. 3" EvalNet ウェブサイト (https://www.oecd.org/dac/evaluation/dcdndep/31967641.pdf, 2021年11月23日閲覧).

Netherlands Economic Institute [2000] "Evaluation Ghana Joint Evaluation of the Road Sub-Sector Programme 1996-2000" JICA ウェブサイト (https://www2.jica.go.jp/ja/evaluation/pdf/2000_GH-P12_4_f.pdf, 2021年11月23日閲覧).

Freeman, T., and Faure, S. D. [2003] *"Local Solutions to Global Challenges: Towards Effective Partnership in Basic Education: Final Report,* Sida digital edition" Sida ウェブサイト (https://cdn.sida.se/publications/files/sida61340en-local-solutions-to-global-challenges-towards-effective-partnership-in-basic-education.pdf, 2021年11月23日閲覧). IBRD [2003] *"Toward Country-led Development: A Multi-Partner Evaluation of the Comprehensive Development Framework, Synthesis Report"* 世界銀行ウェブサイト (https://openknowledge.worldbank.org/bitstream/handle/10986/15080/271540PAPER0Country1led0synthesis.pdf, 2021年11月23日閲覧).

European Center for Development Policy Management [2007] "Evaluating Coordination, Complementarity and Coherence in EU Development Policy: A Synthesis" European Center for Development Policy Management ウェブサイト (https://ecdpm.org/wp-content/uploads/CCC-8-2007.pdf, 2021年11月23日閲覧).

24) Borton, J., Buchanan-Smith, M. and Otto, R. [2005] *"Support to Internally Displaced Persons: Learning from Evaluation"* ALNAP ウェブサイト (https://www.alnap.org/system/files/content/resource/files/summary/support-to-internally-displaced-persons-learning-.pdf, 2021年11月23日閲覧).

25) Ministry of Foreign Affairs, Denmark [2005] *"A Joint Evaluation: Humanitarian and Reconstruction Assistance to Afghanistan, 2001-05"* OECD ウェブサイト (https://www.oecd.org/countries/afghanistan/35559322.pdf, 2021年11月23日閲覧).

26) Telford, J., Cosgrave, J., and Houghton, R. [2006] *"Joint Evaluation of the International Response to the Indian Ocean Tsunami: Synthesis Report,* Tsunami Evalu-

ation Coalition" 津波評価連合ウェブサイト（https://www.tsunami-evaluation.org/NR/rdonlyres/2E8A3262-0320-4656-BC81-EE0B46B54CAA/0/SynthRep.pdf, 2021年11月23日閲覧）.

27）　International Development Department, University of Birmingham［2005］*"Joint Evaluation of General Budget Support 1994-2004 : Final Inception Report"* イギリス政府ウェブサイト（https://assets.publishing.service.gov.uk/government/uploads/system/uploads/attachment_data/file/67854/gbs-inception-report.pdf, 2021年11月23日閲覧）.

28）　OECD［2013］"The DAC Network on Development Evaluation: 30 Years of Strengthening Learning in Development, OECD", 11頁.

29）　OECD［2013］"The DAC Network on Development Evaluation: 30 Years of Strengthening Learning in Development, OECD", 32頁.

30）　OECD［1991］*"Principles for Evaluation of Development Assistance,* OECD" EvalNet ウェブサイト（https://www.oecd.org/dac/evaluation/2755284.pdf, 2020年9月1日閲覧）, 5頁.

31）　OECD［1992］*"Development Assistance Manual, DAC Principles for Effective Aid,* OECD" OECD iLibrary ウェブサイト（https://www.oecd-ilibrary.org/development/development-assistance-manual-dac_g2gh14fb-en, 2021年11月21日閲覧）.

32）　OECD［2000］"Glossary of Evaluation and Results Based Management（RBM）Terms" OECD ウェブサイト（https://www.oecd.org/officialdocuments/publicdisplaydocumentpdf/?docLanguage=En&cote=DCD/DAC/EV（2000）6, 2021年11月7日閲覧）, 3頁.

33）　OECD［1999］"Results Based Management in the Development Co-operation Agencies: A Review of Experience, Executive Summary" OECD ウェブサイト（https://www.oecd.org/officialdocuments/publicdisplaydocumentpdf/?docLanguage=En&cote=DCD/DAC/EV（2000）3, 2021年11月5日閲覧）.

34）　OECD［2002］"Glossary of Key Terms in Evaluation and Results Based Management, OECD" EvalNet ウェブサイト（https://www.oecd.org/dac/evaluation/2754804.pdf, 2020年9月6日閲覧）.

35）　OECD［2006］"Evaluation Quality Standards" OECD ウェブサイト（https://www.oecd.org/officialdocuments/publicdisplaydocumentpdf/?docLanguage=En&cote=DCD/DAC/EV（2006）2, 2021年11月5日閲覧）, 2頁.

36）　OECD［2010］"Quality Standards for Development Evaluation, DAC Guidelines and Reference Series" EvalNet ウェブサイト（https://www.oecd.org/dac/evaluation/qualitystandards.pdf, 2021年11月24日閲覧）.

37）　OECD［2019］"Better Criteria for Better Evaluation Revised Evaluation Criteria Definitions and Principles for Use" EvalNet ウェブサイト（https://www.oecd.org/

dac/evaluation/revised-evaluation-criteria-dec-2019.pdf, 2020年9月6日閲覧).

OECD [2021] "Applying Evaluation Criteria Thoughtfully" OECD iLibrary ウェブサイト (https://www.oecd-ilibrary.org/development/applying-evaluation-criteria-thoughtfully_543e84ed-en, 2021年11月21日閲覧).

38) OECD [2000] *Effective Practices in Conducting a Multi-Donor Evaluation,* Evaluation and AID Effectiveness Series 4, OECD" EvalNet ウェブサイト (https://www.oecd.org/dac/evaluation/2667318.pdf, 2021年11月19日閲覧).

39) OECD [2005] "Joint Evaluations: Recent Experiences, Lessons Learned and Options for the Future, DAC Evaluation Network Working Pape" EvalNet ウェブサイト (https://www.oecd.org/dac/evaluation/35353699.pdf, 2021年11月19日閲覧).

40) OECD [2006] "DAC Network on Development Evaluation Summary Record of the Fourth Meeting" EvalNet ウェブサイト (https://www.oecd.org/dac/evaluation/dcdndep/37590133.pdf, 2021年11月20日閲覧), 2頁.

41) OECD [2006] "Guidance for Managing Joint Evaluations, DAC Evaluation Series" EvalNet ウェブサイト (https://www.oecd.org/dac/evaluation/37484787.pdf, 2021年11月19日閲覧).

42) Wood, B., Betts, J., Etta, F., Gayfer, J., Kabell, D., Ngwira, N., Sagasti, F., and Samaranayake, M. [2011] *"The Evaluation of the Paris Declaration, Final Report,* Danish Institute for International Studies" DEReC ウェブサイト (https://www.oecd.org/derec/dacnetwork/48152078.pdf, 2021年11月23日閲覧).

43) OECD [1999] "Guidance for Evaluating Humanitarian Assistance in Complex Emergencies, OECD" EvalNet ウェブサイト (https://www.oecd.org/dac/evaluation/2667294.pdf, 2021年11月18日閲覧).

44) OECD [2008] "Guidance on Evaluating Conflict Prevention and Peacebuilding Activities: Working Draft for Application Period, OECD" EvalNet ウェブサイト (https://www.oecd.org/dac/evaluation/dcdndep/39774573.pdf 2021年11月20日閲覧).

OECD [2012] *"Evaluating Peacebuilding Activities in Settings of Conflict and Fragility: Improving Learning for Results,* DAC Guidelines and References Series, OECD" INCAF ウェブサイト (https://www.oecd.org/dac/conflict-fragility-resilience/publications/4312151e.pdf, 2021年11月19日閲覧), 7頁.

45) OECD [2013] "The DAC Network on Development Evaluation: 30 Years of Strengthening Learning in Development, OECD", 34頁.

46) その一例が前掲の *Evaluating Peacebuilding Activities in Settings of Conflict and Fragility: Improving Learning for Results,* DAC Guidelines and References Series, OECD である.

47) この結果として生み出されたインパクト評価に関する書籍は次のものであり, ガイダンス的な役割を果たしている. Leeuw, F. L. and Vaessen, J. [2009] *"Impact*

Evaluations and Development: NONIE Guidance on Impact Evaluation, Network of Networks on Impact Evaluation" EvalNet ウェブサイト（https://www.oecd.org/dac/evaluation/dcdndep/47466906.pdf, 2020年9月6日閲覧）. なお，世界銀行はこのような実務に役立つガイダンスやガイドラインを多数公開している. インパクト評価のほかにも，たとえばSWIFT システムの動向を知りたければ，次のような資料を参照することで実務の傾向をうかがい知ることができるだろう. Yoshida, N. et al. [2015] *"SWIFT Data Collection Guidelines"* 世界銀行ウェブサイト（https://documents1.worldbank.org/curated/en/591711545170814297/pdf/97499-WP-P149557-OUO-9-Box391480B-ACS.pdf, 2023年12月31日閲覧）や，Yoshida, N. et al. [2022] *The Concept and Empirical Evidence of SWIFT Methodology*, World Bank がある.

48)　OECD [2006] "DAC Network on Development Evaluation Summary Record of the Fourth Meeting" EvalNet ウェブサイト（https://www.oecd.org/dac/evaluation/dcdndep/37590133.pdf, 2021年11月20日閲覧），4頁.

49)　OECD [2021] "Summary Record of the 25th Meeting of the DAC Network on Development Evaluation" OECD ウェブサイト（https://www.oecd.org/officialdocuments/publicdisplaydocumentpdf/?docLanguage=En&cote=DCD/DAC/EV/M(2020)1, 2021年11月9日閲覧），6頁.

第8章 実施機関の評価管理

＋ 1. 開発協力における各スキームの歴史的経緯

（1）戦後賠償と無償資金協力

　この第8章では，実施機関レベルでの組織変遷を歴史的に辿りながら，評価
管理の課題を検討する．まず，日本の ODA のルーツである戦後賠償に触れて
おく必要がある．1948年2月に賠償庁が設置された後，1955年には外務省アジ
ア局内に賠償部とアジア経済協力室が設置された．日本政府は，同年のビルマ
連邦（現在のミャンマー）に対する賠償供与を皮切りに，フィリピン，インドネ
シア，ベトナム共和国に賠償を行った．

　この賠償に続いて，ラオス，カンボジア，タイ，韓国，マレーシア，シンガ
ポール，ミクロネシアに対する無償援助（いわゆる「準賠償」）も実施するように
なった．これに並行して，1959年には外務省経済局内に経済協力部が新設され，
そこに資金協力を担当する経済協力課，技術協力を担当する技術協力課が設置
された［国際協力銀行編 2003：9］．

　経済協力が重視されるなか，1962年にはアジア局賠償部と経済局経済協力部
が統合された．こうして設置されたのが外務省経済協力局である．経済協力局
は，2006年8月に経済協力局が大臣官房国際社会協力部と統合され，国際協力
局が設置されるまで ODA の顔となった．

　この外務省の組織変遷の含意は，アジア各国への戦後賠償から準賠償へ，そ
れらと並行して経済協力が進められたというものである（図8-1を参照）．そし
て次第に，経済協力に留まらない多様な国際協力が実施されるようになる．た
とえば，1964年に開始された多国間交渉，ケネディ・ラウンド交渉の結果とし
て外務省は，1968年に食糧援助（いわゆる「KR 援助」）を開始した．その翌年に

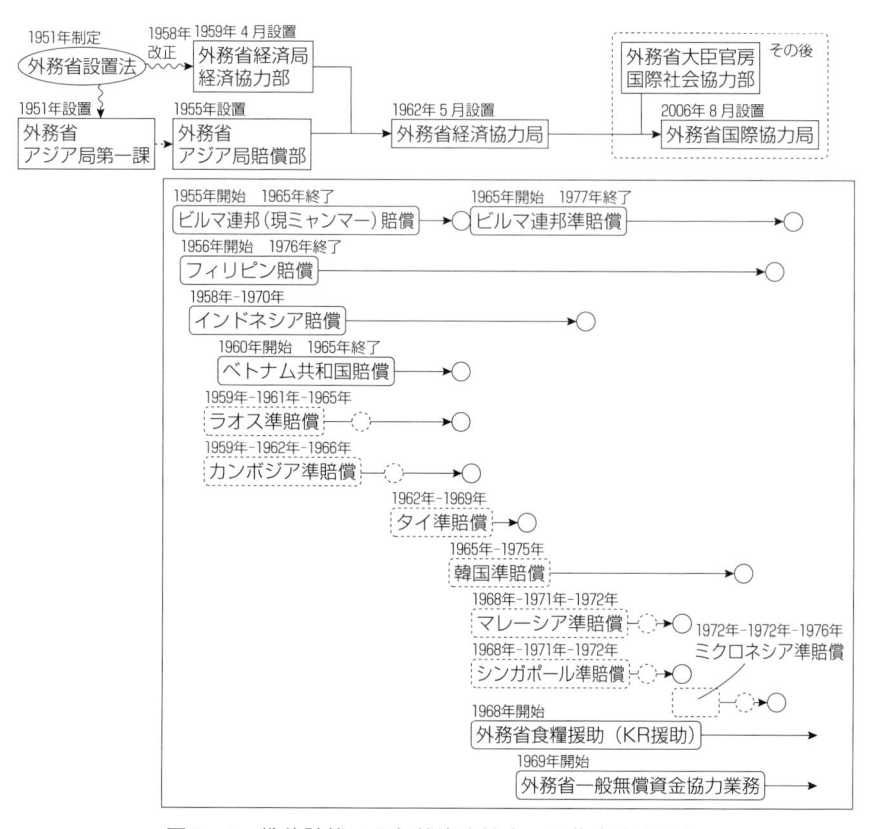

図 8-1　戦後賠償から無償資金協力への代表的な流れ

出典：三上 [2022b：159（図 3）].

は一般無償資金協力業務が始まった.

（2）海外移住支援と技術協力

　次に，JICA の中心的なスキームの 1 つである技術協力を整理する. その準備として戦前の移住支援に遡る「海外移住支援」を整理しておきたい（図 8-2 を参照）.

　海外移住支援の実施を担っていたのは各都道府県の移住課や海外協会であった. 当時，政府は移民を奨励しており，その代表例が1928年の国立神戸移民収容所の開設であった[1]. この移民収容所は，1932年には神戸移住教養所と改称さ

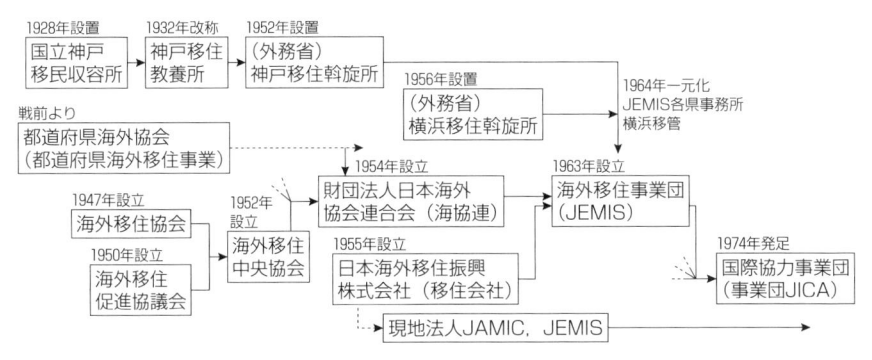

図8‑2　海外移住支援の代表的な流れ

出典：三上［2022b：158（図1）］.

れたが，太平洋戦争中は大東亜要員錬成所として軍属の育成に利用されていた．同施設は，戦後の1952年より海外移住が再開されたことに伴い，外務省神戸移住斡旋所と改称された．これとは別に，1956年には「JICA 横浜センター」の前身となる外務省横浜移住斡旋所が開設された．これ以降，国の移住政策の中心は次第に神戸から横浜に移ることになった．

　1950年をはさむ時期には，移住をめぐる協会や協議会が続々と設立された．これらの協会や協議会は，それぞれ政治家や財界人などの有力者と密接な関係にあった．たとえば，1947年には海外移住協会が設立され，1950年に設立された海外移住促進協議会と統合して，1952年には海外移住中央協会が設立された．1954年にはそれらを一元化して，財団法人日本海外協会連合会が設立された．都道府県海外協会を会員として，その中心となった．

　この翌年には日本海外移住振興株式会社が設立され，その現地法人として，移住地の造成や営農指導を行うジャミック移植民有限持分会社（Japanese Immigration and Colonization）と移住者に各種資金の融資を行うジェミス信用金融株式会社が設立された[2]．1963年には再編が行われ，日本海外協会連合会と日本海外移住振興株式会社が統合して，海外移住事業団（JEMIS）が発足した．翌年，都道府県海外協会は JEMIS の各県事務所に整理され，横浜移住斡旋所も JEMIS に移管された．

　この時点では，現在の ODA 評価のような活動は行われていない．ただし，現地の状況を把握し，計画を行うために，営農指導や農地開拓といった視点からの事前評価（assessment）的な活動が行われていた．こうした調査活動は，

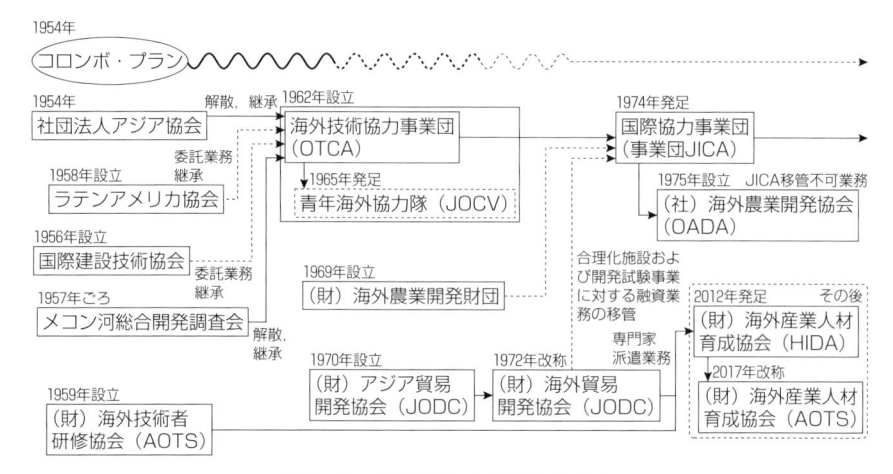

図8‑3　技術協力の代表的な流れ

出典：三上［2022b：159（図２）］.

JICA 事業評価の重要なルーツの１つとなったと考えられる.

　次に「技術協力」である（図8‑3参照）. 1954年10月６日，日本はコロンボ・プランへの加盟を閣議決定した. この翌年から，政府による技術協力事業が始まった［外務省 2004］. そのために，外務省と通商産業省の認可法人である社団法人アジア協会が技術協力の実施機関として設立された. このアジア協会や，ラテンアメリカ協会，国際建設技術協会，メコン河総合開発調査会を継承あるいは廃止して1962年に発足したのがOTCA であった.

　こうした技術協力と海外移住支援の事業は1970年代に合流する. 1974年８月に，JEMIS と OTCA，財団法人海外農業開発財団や財団法人海外貿易開発協会の一部業務（合理化施設及び開発試験事業に対する融資業務）を合わせて生まれたのが，特殊法人国際協力事業団（略称は JICA）だった［国際協力事業団編 1999：3）56］. この事業団時代の JICA において，技術協力が拡大するなか，海外移住支援は徐々に縮小されていった.

　最終的に，2001年の特殊法人等整理合理化計画の際に海外移住支援は廃止となったが，その名残として，2019年度の JICA 一般勘定の財務諸表をみても，当時の債権回収金が少額ながらも戻ってきている. 具体的には，移住投融資短期貸付金（貸借対照表）や，移住投融資収入（損益計算書）の勘定科目がある.[4]

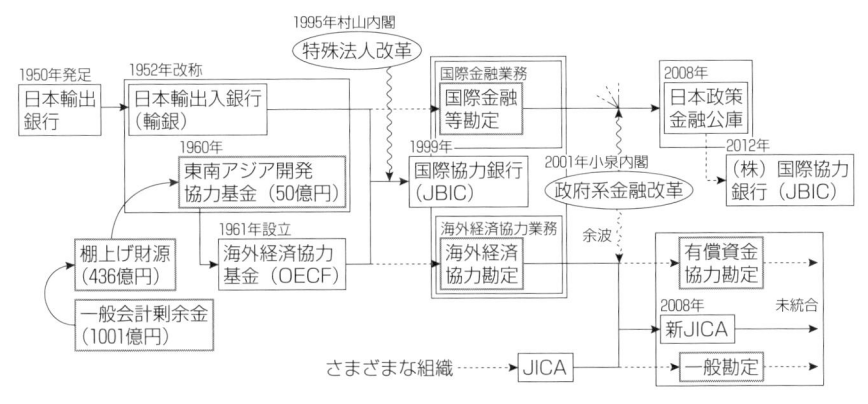

図 8‑4　政策金融の代表的な流れ

出典：三上［2022b：160（図4）］.

（3）政策金融と有償資金協力

　戦後の ODA における政策金融の歴史は，1950年12月28日に日本輸出銀行が発足した時点まで遡ることができる（図8‑4を参照）．この日本輸出銀行は，1952年に日本輸出入銀行（Export-Import Bank of Japan，以下「輸銀」）に改称された．戦後の経済復興を進めるために輸出入金融や海外投融資を支援する組織として産み出された輸銀は，ODA における円借款の実施主体であった．1958年には，日本がインドに対して円借款を初めて実施し，経済協力が本格化した．この円借款は賠償や準賠償による戦後処理とは異なるものであり，当初の実施主体は輸銀であった．

　日本の経済協力は，当時の岸首相が掲げたアジア開発基金設立構想を契機として次のステージに入った．アジア開発基金構想自体は実現しなかったものの，1960年にその出資準備のために輸銀内に別勘定として東南アジア開発協力基金が設立された．財源は，一般会計の剰余金1001億円から法定支出の財源に充てられる565億円を除き，436億円の棚上げ財源から50億円があてられた［日本輸出入銀行編 1971：61］．ところが，使途が厳格に定められていたため，活用がほとんど進まなかった．この問題を解消するために翌年設立されたのが OECF だった．OECF は東南アジア開発協力基金勘定と積立金54億4400万円を承継して，経済企画庁長官の監督下に入った［日本輸出入銀行編 1971：485］．これ以降，OECF が ODA を担い，輸銀は非 ODA を担うという役割分担をするよう

になった.

　だが，1995年3月には，村山内閣による特殊法人改革が行われた．その一環として，輸銀とOECFの統合が閣議決定された．1999年には，2つの組織を統合して新たな銀行が発足した．これがJBICであった．JBICでは，国際金融等業務は大蔵省，海外経済協力業務は経済企画庁，総務事項は経済企画庁と大蔵省の共管となり，海外経済協力業務の一部に関して，外務省，大蔵省，通商産業省への協議が定められた［国際協力機構編 2019：41］．中央省庁再編後には，総務事項と国際金融等業務は財務省，海外経済協力業務は外務省へと所管が変更された［国際協力機構編 2019：41］．

　JBICにおける輸銀とOECFは，統合後もその勘定は分けられていた．旧OECFの業務は海外経済協力勘定であり，旧輸銀の業務は国際金融等勘定であった．これを区分経理というが，他方で，その管理と統制の線引きは次第に曖昧になった．これまでOECFの予算は経済企画庁長官の認可予算であったが，この統合によって輸銀と同様，政府関係機関予算として国会による議決予算になった．さらに決算のタイミングも輸銀に統一され，半年ごとの年2回となった［国際協力機構編 2019：41］．このように，非ODA部門である輸銀の予算と会計のプロセスがODA部門であるOECF側にも適用された点が，その後のJICAに重要な影響を及ぼした．

╋ 2．JICA・JBICの組織統合と評価組織の一元化

（1）特殊法人改革と政策金融改革の余波

　1997年12月，行政改革会議の「最終報告」において，政策の企画立案部門と政策（事業）執行部門とを分離すること，執行部門のうち一定の事務・事業を委ねる組織について独立の法人格を有する「独立行政法人」を設けることが求められた[5]．これ以来，日本における政策と行政は新たな展開をみせた．

　その後も独立行政法人は，いくたびかの改革を通じて変化を遂げてきた．変化は以下の2つである．第1に「制度の変化」である．具体的には法人の特徴別に中期目標管理法人，国立研究開発法人，行政執行法人といった細分化が図られてきた（独立行政法人通則法の改正，詳細については西山［2019］を参照）．第2に「組織の変化」である．具体的には既存の独立行政法人の統廃合が進んできた．以下ではとくに後者の「組織の変化」に関心をもって議論をしたい．組織の変

化によって，どのように評価は変化してきたのかを知りたいからである．

　独立行政法人の組織の変化を導いた背景には，特殊法人改革や特別会計改革など当時の政府の重要課題があった．ODA における JICA と JBIC の統合（JICA・JBIC 統合）は，まさにその改革の波に巻き込まれた典型事例である．この改革により2008年10月，すなわち第 2 期の中期目標期間において JICA は，外務省の無償資金協力事業の一部も承継しつつ，JBIC の有償資金協力部門と統合することとなった．異なる歴史と人材，文化をもつ組織が，より一体的に国際協力政策を実施するため，政府主導で統合されたのである．

　JICA と JBIC の統合では前節で追跡した歴史も合流した．だが，この統合ははじめから政府関係者の念頭にあったわけではなかった［国際協力機構編 2019：60］．むしろ，JICA と JBIC の組織統合のねらいは，JBIC に対する政策金融改革にあった．小泉内閣の政府系金融組織の改革が進んだからである．

　ただし政策金融改革をみる前に，小泉内閣期の特殊法人改革の動向をふまえる必要がある．「特殊法人等整理合理化計画（2001年12月19日閣議決定）」は，JICA と JBIC の双方に影響を与えた[6]．JICA は，開発投融資事業と海外移住事業を廃止するなど特殊法人時代の事業を「整理合理化」の名目で縮小しながら，独立行政法人に移行した［国際協力機構編 2019：9］．現在では，日系人の支援業務にその名残をみることができる．すなわち，技術協力が JICA における事業の主流となり，この際付随して各種事業に評価を拡大する方向性となった．

　他方で JBIC については，国民生活金融公庫，農林漁業金融公庫，中小企業金融公庫，公営企業金融公庫，沖縄振興開発金融公庫，日本政策投資銀行，商工組合中央金庫とともに，政策金融を担う組織のあり方を見直すこととなった[7]．とくに JBIC は，「民間でできることはできるだけ民間に委ねる」という原則のもとで，国際金融等事業について大胆な業務の見直しと事業規模の縮減を迫られ，海外経済協力業務については，海外投融資業務の廃止，円借款業務の見直しと事業規模の縮減が求められたが，組織をどのように見直すかの具体策は，経済財政諮問会議での検討に委ね，事実上先送りされることとなった．

　先送りされた JBIC の組織改革は，6 回にわたる経済財政諮問会議での審議を経て３つのフェーズに分けて進められることとなった．すなわち，① 2004年度末までの不良債権集中処理期間，② 2005年度から2007年度末までの準備期間，③ 2008年度以降の新体制への移行である．経済財政諮問会議では援助政策の効果的な実施のために JBIC の存続が示され，海外経済協力に関する検

討会に議論の場が移った．だが，安倍晋三内閣官房長官の下で示された見直し案では，海外経済協力部門をJICAに統合し，国際金融部門を新政策金融機関に統合する方向性が示されていた．このような経緯をたどって，行政改革推進法に新たなJICAへの移行が規定されることとなった［国際協力機構編 2019：61-62］．

　最終的に2008年10月には，日本政策金融公庫が設立され，国民生活金融公庫，農林漁業金融公庫，中小企業金融公庫とともに，JBICの国際金融部門もその一部門として組み込まれた．そして，残った海外経済協力部門がJICAに統合された．なお，日本政策金融公庫に統合された国際金融部門は，2012年には株式会社国際協力銀行として分離した[8]．このようにしてJICAは，技術協力，有償資金協力，無償資金協力の3つのODA手法を一元的に実施する総合的な援助実施機関になった．

（2）実施機関における評価組織の歴史的経緯

　本章の関心事，評価組織の一元化に話を進めたい．まず，評価組織の歴史的経緯を整理する．

　1981年にOECFが組織的に事後評価を始めた際，設置されたのが業務監理室であった．そしてOECFにおける評価の役割が変わるなかで組織も変わった．1985年には業務監理部を設置して，評価室と監理室が設けられた［国際協力銀行編 2003：60］．1993年にはOECF内に開発援助研究所が設立され，この研究所内に評価グループが設置された．

　OECFと輸銀が統合してJBICが設立された1999年には，プロジェクト開発部に開発事業評価室が設置された．プロジェクト開発部は，OECFの開発企画部を引き継いだものであり，有償資金協力促進調査（Special Assistance Facility）や事後評価などを担当していた［国際協力機構編 2019：40］．

　JICAでは，1981年に評価検討委員会が設置され，「評価の現状と問題点」が取りまとめられた．翌年から事後評価が始まり，業務ごとに個別に実施していた評価的な活動が整理された［国際協力事業団評価検討委員会事務局（企画部企画課）1983：15-16］．1988年には企画部内に評価室が設置され，組織的な実施が本格化した．1990年には企画部評価室が企画部評価監理課に改称され，1996年にはそこから独立する形で評価監理室が設置された．JICAの機構改革を受けて2000年には，企画部と評価監理室が改めて統合され，企画・評価部が設置され

た[9]。

　独立行政法人への移行後の2004年には企画・評価部は企画・調整部事業評価グループに改編された。この評価組織も長くは続かなかった。2008年のJBICとの統合を見据えて，その準備として，企画・調整部は企画部，評価室準備室，審査室準備室に分けられた。新たなJICAの発足時には，評価部が新たに設置され，ここでJBICのプロジェクト開発部開発事業評価室と組織統合されることとなった。

　評価組織の再編に際し，実施機関の評価ポリシーにも変化が生じた。特殊法人から独立行政法人に移行したJICAは，「法人化」に備えて事業団時代の評価ガイドラインを見直し，これを2004年3月に改訂した［国際協力事業団企画・評価部評価監理室 2002；国際協力機構企画・調整部事業評価グループ編 2004］。JICAとJBICの統合後，共通枠組みを設定して，異なる事業評価の目的や手法をすり合わせるための評価ガイドラインを作成する必要が生じた。その第1版は2010年に作成され[10]，2014年には第2版が作成された[11]。そこには事後評価における内部評価導入の提言などが反映され，① 評価の質の確保，② 中立性と倫理意識，③ オーナーシップとコミュニケーション，④ アカウンタビリティ，⑤ 事業マネジメントへの効果的なフィードバックの5つが明記された。なお，このJICA事業評価ガイドラインは，外務省が管理するODA評価ガイドラインとは異なるものである。

　JICAは，この評価ガイドライン改定のなかで，事業評価を事前評価と事後評価に限定して，モニタリングを事業マネジメントの一環に整理した。この事業マネジメントは，2007年に作成された手引き書に規定されるようになる[12]。この結果，次第に中心軸が事業評価から事業マネジメントへとシフトしていくこととなった。

　こうした文書の変化は，評価の視点にも変化をもたらした。統合以前のJBICにおいては「アプレイザル（appraisal, 以下「審査」)」と「PDCAサイクル」が使われていた[13]。ここで，融資と関係の深い「審査」の概念に注目しておきたい。「審査」は「評価」と混同される場合も多いが，その性質は異なる。前者は意思決定の事前の活動であり，後者は事後の活動である。この違いを埋めるために統合後は，① PDCAサイクル，② OECD-DACの5項目，③ レーティング（rating, 評定の意味）の3つに基づいて，「援助スキーム横断的な手法・視点による評価のしくみを構築」することが求められた[14]。

しかし，組織統合直後には，評価の視点と手法は一元化されていなかった．具体的には，技術協力部門で使われた視点が必要性や妥当性であるのに対し，有償資金協力部門では目的，内容，効果，リスク等も加えて事業計画の適切性を総合的に検証していた．また，無償資金協力部門では必要性と予想される事業効果から事業計画を評価していた．

視点の変化を経年的に追跡し，違いを比べると，2010年のガイドライン変更後に事業の必要性や予想される事業効果の項目に統合が進められたことがわか[15]る．すなわち，有償資金協力と技術協力の視点を無償資金協力の視点に統合する作業が進み，たしかに JICA と JBIC の評価のプログラムは統合に向けて進展した．ここには，JICA 評価部の多大な努力があると推察される．

＋ 3．行政プロセスの残存とアカウンタビリティの断片化

こうして JICA と JBIC は外形的には組織統合を果たした．これに伴い，組織目的も一元化されたはずであった．そうであれば，評価もまた追及するアカウンタビリティを同じになるはずである．ところが，実際はそうなっていない．ここで生じる疑問は，評価はどのように変化したのか，そこに評価の管理はどのように関係したのか，である．

結論から述べれば，評価システムの運用の詳細にまで目を向けると，事前評価で隔たりが生じている．つまり，新たな JICA では評価の統合を図るべく評価部を設置したものの，事業実施部門で実施される評価には元の行政プロセスが残存したのである．そのため，事前評価を指す概念が技術協力では事前評価（すなわち，'assessment'）であるとされた．これは，政策金融でいう審査に対応するものであった．

この違いは，評価を実施する際に参照する組織活動プログラムの違いでもある．たとえば技術協力の評価や管理の代名詞的存在であり，プロジェクトの開発やモニター（monitor），事後評価をプロジェクト・マネジメントの現場で導くログフレーム（ロジカル・フレームワーク）の一種である PDM も，資金協力では用いられない．もちろん，評価の指標設定基準も異なる．技術協力では「技術協力プロジェクトの開発課題別の標準指標例及び代表的教訓レファレンス」[16]を使うが，有償資金協力と無償資金協力は「資金協力事業開発課題別の標準的指標例」[17]を使って指標を設定する．そうした枠組みの違いはそれぞれの評価文

化や組織の歴史に根差すものである．この経緯は本章で整理してきたとおりである．

　この差異は単にスキームの違いであり，至極当然であるというのが開発学をはじめとする専門領域の回答であるかもしれないが，これは政策学や行政学にとっては重要な違いとなる．それは，政策を実施するために必要な「行政プロセス」（第3章を参照）が異なることを意味する．それを裏付けるように，組織におけるフローにもこの違いが生じている．第5章で説明したように，資金協力では，日本政府と相手国政府との間で E/N の署名を行い，有償資金協力では借款契約（L/A）を，無償資金協力（2009年度以降）では贈与契約（G/A）を締結する．これに対して技術協力では，相手国との合意文書である討議議事録（R/D）の作成が必要となる．この討議議事録の添付文書として利用されるのが，PDM や活動計画表（Plan of Operation）である．それらは協議議事録（M/M）の作成と詳細計画策定調査に並行して作成される．このタイミングに登場するのが事前評価である．

　これを政策過程のフェーズの違いとして説明すると，次のようになる．技術協力ではモニタリング（monitoring）[18]が強調される．すなわち，政策や事業が有効に実施されているかを実施中に把握する，プロジェクト・マネジメントの考え方が背景にある．これは政策実施の段階にある．他方で，資金協力における審査は，政策立案段階や決定段階における融資計画の合理性に注目する．E/Nや L/A，G/A が合理的に作成され，それに従って資金が投入されて適切に執行されるかが重視されるからである．この政策過程の差異は，プロジェクト・マネジメントと融資計画の執行管理との本質的な違いでもある．

　その結果，評価が把握する効果の意味と，それが想定する時間幅には乖離が生じることとなる．有償資金協力の場合，実施過程を予算の執行段階までとして把握する．すなわち，アウトカムはプロジェクト実施中に表面化するものではない．有償資金協力では，インプットがアウトプットに適切に変換されているかが論点となるのである．たとえば，ダム建設に資金注入した際には，機材や資材を適切に発注できているか，非合理で実現不可能な返済計画のため不良債権にならないかという「帳簿上の関係」が論点となる．インプットとなる資金量が多いことも，こうした点に関心が寄せられる理由となる．他方，技術協力の場合では，アウトプットがアウトカムに比較的早い段階で変換される．そのため，むしろ短期的アウトカムから別のアウトカムが派生するなかで，中長

期的なインパクトの確認が論点となる．たとえば，学校教育のカリキュラム変更に関する技術協力では，カリキュラムが変わった時点ではすぐに効果は現れない．教科書が変わり，教員の授業案や指導案が変わる，適切な質と量の教育サービスが義務教育年限の間，生徒に提供され続ける．ここまでの射程をもってプロジェクトの監視を行うのである．

　JICA の統合後，評価の一元化を図るべく JICA 評価部を設置した．それは多種多様な評価を束ねる努力であり，たしかに成果をみせている．しかしそれでも，評価を実施するプロセスの細部に差異が生じてしまう．それは組織内に残る「行政プロセス」の歴史的な違いに由来するものである．その結果として，アカウンタビリティの断片化［山谷 2020：7］が生じているのではないか．ここでは，これを確認するために，それぞれの事例でアカウンタビリティに関する3つの問い（何について，誰に対して，誰がどのように果たすか）を通じて整理してみたい．

　第1に，アカウンタビリティを何について果たすかである．責任追及の基礎である予算や決算の制度は組織内部で複数存在している．かつての JICA では，独立行政法人通則法の枠組みで，外務省が一般会計のなかから運営費交付金として当年度の業務に必要な財源を交付していた．中期目標期間が終了する際に予算の残余が生じた場合は，国庫返納すると独立行政法人国際協力機構法が定めていた［国際協力機構編 2019：63］．他方で JBIC の運営に予算は，政府関係機関予算として国会の議決を経て予算措置が行われてきた[19]．そのほか，財務省の一般会計のうち経済協力費からの出資金や回収金等の自己資金のほか財政投融資特別会計が使われていた[20]．

　この分断は歴史的な事情に基づいている．2008年の組織統合時，JICA 側から予算制度の一本化が強く主張されたのだが，JBIC と関係省の方針どおりに，一般勘定と有償資金協力勘定に区分経理されたまま統合が進んだ[21]［国際協力機構編 2019：63］．この区分経理は歴史的には，OECF，東南アジア開発協力基金時代のものを引き継いだものであるといえる．なお，輸銀時代の名残で年2回あった決算が新たな JICA の有償資金協力勘定に引き継がれたため，決算タイミングでも分断が生じた．

　第2に，誰に対してアカウンタビリティを果たすかである．ここでは主管省の錯綜が問題になる．じつは JICA の内部では業務ごとに主管省が異なっている．組織統合によって1つの組織に単一の主務大臣をもつ業務と，複数の主務

大臣の共管下にある業務とが生じた．統合以前の JICA では，主務大臣は外務大臣であった．これに対して，JBIC の主務大臣は「管理業務」については財務大臣，「海外経済協力業務」については外務大臣であった．組織統合に際して管理業務も統合されたが，統合後の JICA では外務大臣を主たる主務大臣として，有償資金協力業務にかかわる財務と会計に事項は外務大臣と財務大臣の共管となった．さらに有償資金協力業務は，やはり銀行の金融活動であるために，かつての JBIC と同様に内閣府所管の金融庁検査を受けることとなる．これもまた，歴史的経緯に由来する．

　第 3 に，どこが，どのようにアカウンタビリティを果たすかである．これは評価の態制（arrangement）の問題である．すなわち，JICA の評価に関する組織をどのように配置しているかという問題である．JICA の評価は，事業評価外部有識者委員会，評価部，各事業実施部門の 3 者で実施される［国際協力機構編 2019：67］．このうち評価部は，プロジェクトレベルの評価のうち，事後評価，外部評価などの実施を行い，評価ガイドライン等も整備する．この評価部には，かつての企画部門から評価部門を切り離し，事業部から独立した部として設置された経緯がある．だが，事前評価と事後評価の内部評価は事業実施部門（すなわち，JICA 本部の関係事業部と在外事務所）が担っており，組織内で別々の評価のプロセスが動き続けている．評価部とは別に，これらの事業部に過去の評価の組織活動プログラムが残存し続けていると考えることができる．なぜなら，それぞれの事業部には異なる歴史的背景があり，評価に関しても異なるノウハウが蓄積されているからである．結果として，どこがどのようにアカウンタビリティを果たすかに分断が生じる．

　組織統合を経験した JICA では，JICA 評価部が事後評価の一元化を進めたものの，その内部においてはアカウンタビリティの果たすべきベクトルが異なっていた．それはかつての組織の名残であり，予算単位で行う評価の管理が残存しているためであった．

注
1）　国立国会図書館［2005］「ブラジル移民の100年　国立神戸移民収容所（神戸移住センター）」国立国会図書館ウェブサイト（https://www.ndl.go.jp/brasil/column/kobesyuyojo.html, 2022年11月15日閲覧）.
2）　国立国会図書館［2005］「ブラジル移民の100年　戦後の移住機関」国立国会図書館ウェブサイト（https://www.ndl.go.jp/brasil/s7/s7_2.html#se3sengo, 2022年11月15日

閲覧）.

3) JEMIS が OTCA と統合し，日本国内における JEMIS がなくなった後も，現地で海外移住支援を担うジャミックとジェミスの 2 社は残り続けた．たとえば，1979年に公表された財務諸表（以下の資料を参照）では，JICA の現地法人ジェミスの存在が確認できる．国際協力事業団 伯国現地法人ジェミス金融株式会社［1983］「昭和53事業年度 財務諸表」JICA ウェブサイト（https://openjicareport.jica.go.jp/pdf/10277119.pdf, 2022年11月15日閲覧）.

4) 国際協力機構［2021］「令和 2 事業年度財務諸表【一般勘定】」JICA ウェブサイト（https://www.jica.go.jp/disc/settle/r02/ku57pq00002nms2b-att/gen_01.pdf, 2022年11月15日閲覧），1，4 頁.

5) 行政改革会議［1997］「行政改革会議 最終報告」「政府の行政改革」ウェブサイト（https://www.gyoukaku.go.jp/siryou/souron/report-final/index.html, 2022年11月13日閲覧）.

6) 行政改革推進事務局［2001］「特殊法人等整理合理化計画 Ⅱ各特殊法人等の事業及び組織形態について講ずべき措置」行政改革推進本部ウェブサイト（https://www.gyoukaku.go.jp/jimukyoku/tokusyu/gourika/tokushu.pdf, 2022年11月18日閲覧），7，14頁.

7) この見直しの際に，政策金融の評価手法を検討する旨を示すなど，評価に関する言及もあった．だが，繰上償還を含めた政策コストの明示が強調されるというのがその内容であった［国際協力機構編 2019：16］.

8) 略称は JBIC と同表記である．なお，1999年から2019年までの20年間にわたる JBIC の歴史は，国際協力銀行［2022］に詳しい.

9) 2000年 3 月には，援助評価検討部会・評価研究作業委員会によって，「『ODA 評価体制』の改善に関する報告書」が公表された［援助評価検討部会・評価研究作業委員会 2000］.

10) 国際協力機構評価部［2010］「新 JICA 事業評価ガイドライン 第 1 版」JICA ウェブサイト（国立国会図書館インターネット資料収集保存事業）（https://warp.ndl.go.jp/info：ndljp/pid/3509042/www.jica.go.jp/activities/evaluation/guideline/pdf/guideline.pdf, 2020年 9 月 2 日閲覧）.

11) 国際協力機構評価部［2014］「JICA 事業評価ガイドライン（第 2 版）」JICA ウェブサイト（https://www.jica.go.jp/activities/evaluation/guideline/ku57pq00001pln38-att/guideline_ver.02.pdf, 2020年 9 月 6 日閲覧）.

12) 国際協力機構国際協力総合研修所［2007］「事業マネジメントハンドブック初版」JICA ウェブサイト（https://openjicareport.jica.go.jp/pdf/11882206_*.pdf, 2022年11月15日閲覧）．* 部分が01～08までに分冊.

13) 国際協力銀行［2008］「円借款事業評価報告書 2007」JICA ウェブサイト（https://www.jica.go.jp/activities/evaluation/oda_loan/after/2007/index.html, 2022年11月15日

閲覧），9，10，13頁.

14)　国際協力銀行［2008］「円借款事業評価報告書 2007」13頁と国際協力機構［2009］「独立行政法人国際協力機構事業評価年次報告書 2008」JICA ウェブサイト（https://www.jica.go.jp/activities/evaluation/general_new/2008/index.html, 2022 年 11 月 15 日閲覧），8 頁の記述に変化がみられる.

15)　以下の資料における記述の違いを経年的に追跡すると変化に気づく.

　　　国際協力機構［2009］「独立行政法人国際協力機構事業評価年次報告書 2008」，15頁.

　　　国際協力機構［2010］「独立行政法人国際協力機構事業評価年次報告書 2009」JICA ウェブサイト（https://www.jica.go.jp/activities/evaluation/general_new/2009/index.html, 2022年11月15日閲覧），10頁.

　　　国際協力機構［2011］「独立行政法人国際協力機構事業評価年次報告書 2010」JICA ウェブサイト（https://www.jica.go.jp/activities/evaluation/general_new/2010/index.html, 2022年11月15日閲覧）.

　　　国際協力機構［2011］「事前段階の評価（事前評価）　事前段階のスキーム別比較」（2011年1月7日保存版）」JICA ウェブサイト（国立国会図書館インターネット資料収集保存事業）（https://warp.ndl.go.jp/info:ndljp/pid/1273976/www.jica.go.jp/activities/evaluation/before.html, 2022年11月15日閲覧）.

　　　国際協力機構［2012］「独立行政法人国際協力機構事業評価年次報告書 2011」JICA ウェブサイト（https://www.jica.go.jp/activities/evaluation/general_new/2011/index.html, 2022年11月15日閲覧），48頁.

　　　国際協力機構［2016］「独立行政法人国際協力機構事業評価年次報告書 2015」JICA ウェブサイト（https://www.jica.go.jp/activities/evaluation/general_new/2015/index.html, 2022年11月15日閲覧），4 頁.

　　　国際協力機構［2020］「独立行政法人国際協力機構事業評価年次報告書 2019」JICA ウェブサイト（https://www.jica.go.jp/activities/evaluation/general_new/2019/index.html, 2022年11月15日閲覧），2 頁.

　　　国際協力機構［2021］「独立行政法人国際協力機構事業評価年次報告書 2020」JICA ウェブサイト（https://www.jica.go.jp/activities/evaluation/general_new/2020/index.html, 2022年11月15日閲覧），4 頁.

16)　国際協力機構評価部［2019］「技術協力開発課題別の標準的指標例及び代表的教訓レファレンス」JICA ウェブサイト（https://www.jica.go.jp/activities/evaluation/indicators/ku57pq00001o1714-att/reference_all.pdf, 2022年5月4日閲覧）.

17)　国際協力機構評価部［2021］「資金協力事業開発課題別の標準的指標例」JICA ウェブサイト（https://www.jica.go.jp/activities/evaluation/indicators/ku57pq00001ww0o9-att/aid_business_all.pdf, 2022年5月4日閲覧）.

18)　このモニタリングとは，実施監理の意味である.

19)　財務省［2020］「令和元年度政府関係機関決算書」財務省ウェブサイト（https://

www.bb.mof.go.jp/server/2019/dlpdf/DL201976001.pdf, 2022年11月18日閲覧）.

20）　財務省［2020］「令和元年度一般会計歳入歳出決算」財務省ウェブサイト（https://
www.bb.mof.go.jp/server/2019/dlpdf/DL201972001.pdf, 2022年5月4日閲覧）.

　　　財務省［2020］「令和元年度特別会計歳入歳出決算」財務省ウェブサイト（https://
www.bb.mof.go.jp/server/2019/dlpdf/DL201975001.pdf, 2022年5月4日閲覧）.

21）　当然ながら区分経理によって，1つの法人格のなかに複数の業務フローが発生する
こととなる．区分経理の方向性で進んだ理由には，旧JBICの予算や資産の規模が
JICAに比べて大きい点があると考えられる.

第9章 外務省の評価管理

┼ 1. 外務省における評価組織の変遷

　本章では，外務省における ODA 評価とその管理を担う組織変化を整理するため，経年的に事実関係を見ていく.

　外務省における ODA 評価の始まりは，1981年に経済協力局経済協力評価委員会を設置した時点に遡る．1986年には ODA 評価の実態を考えるために，経済協力局長の下に私的諮問機関として，援助評価検討部会が設置された．評価室の名称をもつ組織が登場したのはその後の1990年である．すなわち，経済協力局調査計画課を改組して評価室を設置した[1].

　1989年には日本の ODA がアメリカを抜き，世界最大の拠出国となった．他方で，理念なき援助との批判も相次ぎ，日本は ODA の理念とそれに伴う政策や行政の制度を整備する必要に追われていた（**表9-1を参照**）．これが評価室設置の時代背景である.

　1998年には中央省庁等改革基本法が成立した．ここではアカウンタビリティの確保と政策評価システムの導入が謳われていたが，これと同時に援助評価検討部会に作業委員会が設立された．2000年3月には，援助評価検討部会・評価研究作業委員会が「『ODA 評価体制』の改善に関する報告書」を外務大臣に提出した［援助評価検討部会・評価研究作業委員会 2000］.

　2003年3月17日には「外務省機構改革最終報告[2]」が公表された．そこでは「選択と集中」をキーワードとして，外交戦略策定機能の強化を図る方向性が示された．具体的には，総合外交政策局については国際社会協力部を大臣官房に移行しスリム化し，経済協力局についてはスキーム別の枠組みから地域別の枠組みへと再編する道筋が立てられた.

表 9-1　ODA 膨張時の自助努力（1989年から2000年）

年　月	出来事	外務大臣
1989年12月	日本，米国を抜き世界最大の ODA 供与額（DAC 19.6%）	中山太郎
1991年4月	ODA4 指針決定	渡辺美智雄
1992年6月	政府開発援助大綱（ODA 大綱）制定	渡辺美智雄
1993年6月	「我が国の政府開発援助の実施状況に関する年次報告」公表	武藤嘉文
1993年8月	外務省総合外交政策局の新設	武藤嘉文
1995年8月	国際協力事業団，事業評価報告書の公表開始	河野洋平
1997年	ODA 評価結果年次報告書の外務省ウェブサイト公開	池田行彦
1998年1月	21世紀に向けての ODA 改革懇談会「第1次 ODA 改革懇談会最終報告」	小渕恵三
1998年6月	中央省庁等改革基本法成立・公布	小渕恵三
1999年	ODA 評価結果個別報告書の外務省ウェブサイト公開	高村正彦
1999年7月	自民党対外経済協力特別委員会「21世紀に向けた戦略的な経済協力の実現を」公表	高村正彦
1999年8月	「政府開発援助に関する中期政策」（ODA 中期政策）公表	高村正彦
1999年8月	参議院行政監視委員会「政府開発援助に関する決議」採択	高村正彦
1999年10月	国際協力銀行（JBIC）設立（海外経済協力基金（OECF）と日本輸出入銀行が統合）	高村正彦
2000年1月	外務省経済協力局長私的懇談会　円借款制度に関する懇談会設置	河野洋平
2000年3月	援助評価検討部会・評価研究作業委員会「『ODA 評価体制』の改善に関する報告書」公表	河野洋平
2000年3月	「政府開発援助関係省庁連絡協議会」第一回会合開催	河野洋平
2000年7月	援助評価検討部会「ODA 評価研究会」設置，第一回会合開催	河野洋平
2000年9月	「政府開発援助関係省庁連絡協議会」第二回会合開催	河野洋平
2000年9月	国連ミレニアム宣言採択，MDGs 策定	河野洋平
2000年9月	日本評価学会設立	河野洋平

出典：三上［2021b：253（表11-1）］を一部修正．

　　これらの組織変化や再編と歩調を合わせ，ODA 評価に関係する組織も順次変化していく．2003年には，経済協力局評価室が同局調査計画課評価班に改組された．2004年には，経済協力局調査計画課評価班は，開発計画課評価班に改組された．これは評価の担当組織が変わったというよりは，国際機構課と調査計画課が開発計画課に改組された影響を受けた形となる．この評価班は，2006年に経済協力局政策課評価室へと格上げされた．

　2006年8月には，経済協力局と大臣官房国際社会協力部が統合し，国際協力局が新設された．日本のODAにとって大きな組織再編であったが，廣木は国際協力局への改組には次のような背景があったと考えている．すなわち，JICAとJBICの統合という実施部門の一元化に合わせて，ODAの戦略を司る司令塔として2006年4月に「海外経済協力会議」が内閣に設置された．この司令塔機能の導入によって，二国間援助と多国間援助の連携の緊密化とODAの企画立案機能の強化を目的として，外務省組織令が改正されたのだという［廣木 2007：3］．ODAが経済協力だけに限られなくなったという時代の要請もあって，国際協力局の名称は日本のODAの姿をアピールする材料になった．

　この国際協力局への改組に伴い，経済協力局に置かれていた評価室も当然ながら国際協力局の内部部局に位置づけられた．しかし2009年には再び機構改革がなされ，国際協力局評価室は国際協力局評価・広報室に改称された．この新たな名称からみても，評価の諸機能のうち広報機能が重視された時期であったと考えられる．国内行政の政策評価制度を「政策評価広報課」（たとえば内閣府，経済産業省，総務省など）という名称の組織（課）に担当させていたアイデアと同じで，評価はアカウンタビリティの責任を果たす目的を背景にした広報と密接な関連にあるとの認識がうかがえる．

　ところで，この2009年8月には政権交代が起きた．初めての本格的な政権交代だったが，ここで誕生した民主党政権は事業仕分けをはじめとする行政改革に次々と着手していき，この改革はODAにも及んだ．とくに民主党政権下で象徴的な改革となったのが，岡田克也外務大臣が指示した「ODAのあり方に関する検討会」（2010年2月）の設置と検討の開始であった．この検討会は6月29日には「最終とりまとめ」を公表し，ここで示された方針を受けて，2011年に国際協力局評価・広報室は大臣官房ODA評価室に移管設置された．それ以来，大臣官房でODA評価室がODA評価を担うようになった．ODA評価を担当する組織を官房に移転する案は2002年に政策評価を実施し始めた頃から存在したが，実現しなかった．ODA政策を担当する原課・原局との距離が，直接の「生」の情報の入手を難しくしていたからである．機能局（国際協力）の現場に寄り添う評価なのか，一定の距離を置いて「客観性」を標榜する評価なのか．この論争があったが，結果としてODA評価は機能局の業務から大臣官房の業務へと移り，その根本的な性格も変化したことを示唆する．評価にとっては改革を意味した再編であった．

　以上のように組織編成をレビューしたが，最後に示したとおり，評価の基本的な考え方が組織配置に影響してきたと思われる．組織の変化を経験したことによって，どのように評価の役割が変化してきたのかという疑問が出てくる．この疑問に答えるためには，評価の円滑な実施を担保する評価ポリシー，とくに評価ガイドラインをみる必要がある．

✛ 2．外務省改革の進展と ODA 評価

　これまでの記述で明らかになったように，ODA 評価そのものは2003年以前から実施されてきた．ODA 評価の前身には経済協力評価があり，ODA 評価ガイドラインが整備される以前にも長い伝統があった．経済協力評価の時代にもガイドラインに相当するものとして，1984年の『経済協力評価実施のガイドライン』が実務的要請から作成されていたという［赤塚・猿渡 1992：63］．

　この実務的要請からの評価マニュアルとして認識されていた『経済協力評価実施のガイドライン』については，総務庁行政監察局が行政監察の対象にしてきた．1988年に発表した行政監察報告『ODA（政府開発援助）の現状と課題：総務庁の第1次行政監察結果（無償資金協力・技術協力）』と，1989年に発刊した『ODA（政府開発援助）の現状と課題Ⅱ：総務庁の行政監察結果から』である．これら2回の行政監察が勧告したように，行政活動としての適切さ，相手国の不正に対する予防措置，国民に対する十分な説明において不備があり，1989年の勧告では改善が求められた［総務庁行政監察局編 1988：301；1989：121］．当時の評価事項などもこの監察報告資料から知ることができる（表9-2参照）．

　積極的に公表されないまま組織内部で整備されるだけであった評価ガイドラインと評価ポリシーはやがて，OECD-DAC[3] の示した方向性によって，次第に外部に公表する形で整備されるようになる．この評価ガイドラインと評価ポリシーに関する方向性は，1991年の原則において次のように再確認された．

> 「援助機関は，明確に確立されたガイドラインと手法を含めた，そして役割と責任および制度的な援助構造における立場の明確な定義を含めた評価ポリシー（evaluation policy）をもつべきである[4]」．

　日本では，国内の外務省改革がこの流れを加速したが，その背景には相次ぐ不祥事を批判する報道があり，ここから国民の不信が高まり外務省改革が進め

表9‑2　行政監察にみる『経済協力評価実施のガイドライン』

評価事項	内　容
1．当初計画と実績との比較	① 総工事費及び工事費内訳（外貨，内貨別にその内訳） ② 調達資金（援助資金，ローカルコスト）の内訳 ③ 工事期間（自年月日，至年月日） ④ 対象物件の規模，能力，仕様等 ⑤ プロジェクトの遂行期間，遂行方法
2．プロジェクト完成後の維持，運営 （当初計画との比較及び現状の把握）	① プロジェクトの維持，運営のための組織，体制，運営方法 ② 維持運営のための予算措置，資金確保（収益性のある場合は収支状況） ③ 要員の確保 ④ プロジェクトの稼働状況，利用状況 ⑤ トラブル発生の有無，解決方法
3．プロジェクトに対する評価	① プロジェクトの規模，内容等計画の適格性 ② 供与形態の妥当性 ③ 供与タイミングの妥当性
4．プロジェクトの効果に対する評価	① 相手国及び地域社会に対する貢献度 ② 円借借款の給与に対する相手国政府及び国民（地域住民）の反響 ③ 雇用効果 ④ 外貨収入
5．その他	① 無償援助，開発協力，技術協力等他の援助との連携（Linkage） ② 他の類似プロジェクトとの比較

出典：総務庁行政監察局編［1989：127（表1‑(4)‑イ‑③)］をもとに，筆者作成.

　られた（表9‑3参照）．改革の具体的の処方箋の1つとして評価システムの整備が求められた．2001年1月には外務省経済協力局長を委員長とする「ODA評価フィードバック委員会」が設置され，同年2月には援助評価検討部会・ODA評価研究会によって「我が国のODA評価体制の拡充に向けて[5]」が公開された[6]．この双方で提言されたのが評価ガイドラインの整備であった[7]．
　この2001年から2002年ごろにかけて，外務省機密費流用問題やいわゆる「鈴木宗男問題」，NGO参加拒否問題（朝日新聞報道）などが相次いで報道された[8]．外務省汚職に起因する国民の不信に対して，外務省内外では改革の提言が相次いだ．2002年2月には，元通産官僚の川口順子外務大臣が就任し，「開かれた外務省のための10の改革」を発表した[9]．ここでは，経済協力局の評価担当幹部

表 9 - 3 相次ぐ外務省改革の提言（2001年から2003年）

年　月	出来事	外務大臣
2001年1月	「ODA 評価フィードバック委員会」設立	河野洋平
2001年1月	中央省庁等改革基本法施行	河野洋平
2001年1月	外務省機密費流用問題，外務省大臣官房調査委員会「松尾前要人外国訪問支援室長による公金横領疑惑に関する調査報告書」提出	河野洋平
2001年2月	援助評価検討部会・ODA 評価研究会「我が国の ODA 評価体制の拡充に向けて」公表	河野洋平
2001年6月	「行政機関が行う政策の評価に関する法律」成立	田中眞紀子
2001年12月	「外部有識者評価フィードバック委員会」設置，「ODA 評価フィードバック委員会」改称（「ODA 評価内部フィードバック連絡会議」）	田中眞紀子
2002年1月	NGO 参加拒否問題報道（朝日新聞）および，「鈴木宗男問題」	田中眞紀子
2002年2月	「開かれた外務省のための10の改革（骨太の方針）」発表	川口順子
2002年3月	「変える会」第一回会合開催	川口順子
2002年3月	「第 2 次 ODA 改革懇談会」最終報告	川口順子
2002年4月	「行政機関が行う政策の評価に関する法律」施行	川口順子
2002年6月	ODA 総合戦略会議（議長：外務大臣）開催	川口順子
2002年7月	自由民主党，「外務省改革案―国益を担う外交の再生：政治主導で断行すべき10の提言―」公表	川口順子
2002年7月	外務大臣，「ODA 改革・15の具体策」発表	川口順子
2002年7月	「『変えよう！　変わろう！　外務省』提言と報告―『内からの改革』スタート―」公表，「変える会」最終報告書公表	川口順子
2002年8月	外務省，「外務省改革『行動計画』」公表，改革推進本部設置	川口順子
2002年12月	自由民主党，「ODA 改革の具体的な方策」公表	川口順子
2002年12月	外務大臣，「ODA 改革―三項目の実施について―」発表	川口順子
2003年	外務省，NGO との合同評価を開始	川口順子
2003年3月	外務省，外務省機構改革（最終報告）発表	川口順子

出典：三上［2021b：254（表11-2）］を一部修正.

に外部人材を起用することや，「外交政策評価パネル」の設置が提言された．この提言を受けて，同年3月からは，「外務省改革に関する『変える会』（以下，「変える会」）」[10]が開催され始める．3月29日には「第 2 次 ODA 改革懇談会」最終報告がなされた[11]．「変える会」は外務省外部からの改革の提言である．これらの改革提言に共通していたのは，外部人材の登用，評価の重視であった．

表 9 - 4　『ODA 評価ガイドライン (初版)』の構成

章の構成	内　容
第 1 章「評価の基本概念」	評価の導入と発展の歴史 (評価の起源, 行政における評価, 開発分野における評価)
第 2 章「わが国の ODA 評価」	日本における ODA 評価の歴史, 実施体制, 今後の課題
第 3 章「外務省の ODA 評価の実施手続き」	評価サイクルの説明

出典：外務省経済協力局評価室 [2003] より筆者作成.

　これに対して, 外務省改革の動きは職員自らの手によっても進められた. 2002年 3 月には, 外務省内部の有志職員によって「変えよう！　変わろう！ 外務省」の活動が始まり, 7 月12日には提言と報告がなされた[12]. この背景には, 外務省外部である「変える会」が打ち出す改革案よりも先んじて, 外務省職員自らが外務省を改革するべきだとの声があったからである. 実際に組織内部の動きに10日遅れた同月22日に「変える会」最終報告書が公表されることとなった[13].

　この動向に合わせて, 各政党も外務省と外交, ODA に改革を提言していた. たとえば, 7 月の民主党外務・安全保障合同部門会議・外務省刷新ワーキングチームは, 「7 つの柱 (中間報告)」において「対外支援活動の透明化 (刷新案15)」を掲げ, 事業評価の徹底を提言した[14]. 自由民主党は, 評価室の機能強化を求め, その具体的な方策として大臣官房に評価室を設けるべきであると提言した[15]. これが興味深いのは, 外務省改革については与野党間で比較的同じ主張をもっていた点であり, いずれも評価に解決策を求めた.

　その外務省改革の一環として, 行政機関としての外務省が抱える問題を解決するべく外部から人材登用が行われた. その一人として ODA の行政と評価を専門とする行政学者が評価室長として招かれ, 2003年 3 月に外務省経済協力局評価室が初の評価ガイドライン (初版) を作成した.

　この初版の特徴は, 行政機関で評価が必要とされた背景を詳細に記述し, 国内外の現状を整理して, ODA 評価を行政体系に位置づけた点である. ようするに初版のガイドラインの特徴は評価学や行政学の理論研究が反映されているところで, 『経済協力評価実施のガイドライン』との間には, ある程度の断絶が見られた.

　初版のガイドラインの具体的内容は, 表 9 - 4 のような構成である. とくに

表 9-5　外務省・JICA の組織改革（2003年〜2009年）

年　月	出来事	外務大臣
2003年3月	外務省，外務省機構改革（最終報告）発表	川口順子
2003年3月	外務省経済協力局評価室「ODA 評価ガイドライン」公表	川口順子
2003年4月	外務省，経済協力局評価室を同局調査計画課・評価班に改組	川口順子
2003年8月	政府開発援助大綱改定（新 ODA 大綱）	川口順子
2003年10月	国際協力事業団を解散，独立行政法人国際協力機構（JICA）設立	川口順子
2003年10月	ODA 評価有識者会議による第三者評価を開始（2010年3月まで）	川口順子
2004年2月	JICA「プロジェクト評価の手引き―改訂版 JICA 事業評価ガイドライン―」公表	川口順子
2004年7月	外務省，国際機構課と調査計画課を開発計画課に改組，調査計画課・評価班から開発計画課・評価班へ	川口順子
2005年5月	外務省経済協力局開発計画課「ODA 評価ガイドライン第2版」公表	町村信孝
2006年1月	参議院政府開発援助等に関する特別委員会を設置	麻生太郎
2006年4月	海外経済協力会議を設置	麻生太郎
2006年5月	外務省経済協力局開発計画課「ODA 評価ガイドライン第3版」公表	麻生太郎
2006年8月	外務省組織令改正，開発計画課・評価班は政策課・評価室へ　経済協力局と大臣官房国際社会協力部が統合，国際協力局を新設	麻生太郎
2006年11月	「独立行政法人国際協力機構法の一部を改正する法律」成立	麻生太郎
2007年12月	JICA「事業マネジメントハンドブック」	高村正彦
2008年2月	JBIC「円借款事業評価研修テキスト」	高村正彦
2008年4月	外務省国際協力局評価室「ODA 評価ガイドライン第4版」	高村正彦
2008年10月	JBIC 海外経済協力業務部門（円借款）と外務省無償資金協力業務の一部が JICA に統合	高村正彦
2009年2月	外務省国際協力局評価室「ODA 評価ガイドライン第5版」	中曽根弘文
2009年4月	外務省国際協力局評価室を評価・広報室に改称	中曽根弘文

出典：三上［2021b：257（表11-3）］を一部修正．

第1章「評価の基本概念」では，1960年代に GAO がプログラム評価を用いてアカウンタビリティ追及と統制を行った経緯や PPBS の導入と失敗，1980年代以降の NPM の経緯などについて説明している［外務省経済協力局評価室 2003：2-6］．初版発刊から2年後に第2版が刊行された．第2版は，評価の定義や目的，基準を国際機関と調整した．すなわち，評価の基準として OECD-DAC の評価5項目を用いたり，評価の類似概念，評価の種類を整理したりした［外務

省経済協力局開発計画課 2005 ; OECD 1999]. 構成も整理され，行政学的な知見の[18]
記述が増えたが，指標の推移表やプロセスのフローチャート，実施機関の評価
結果を政策レベル評価の材料にする旨などが削除された ［外務省経済協力局評価
室 2003 ; 19 ; 45］.

第 3 版では合同評価や外務省によるプロジェクト評価の説明を追加した. 具[19]
体的なスケジュールを明記したり，事務局の担当組織を具体化したりと ODA
評価有識者会議を詳細化した. また，国別評価の中間評価スケジュールが削除[20]
された. さらに，ODA 評価の詳細な機能を示す図は PDCA サイクルの図に変[21]
更された.[22]

第 3 版から第 5 版にかけては，組織の変化が評価ガイドラインに反映された.
第 4 版から第 5 版にかけては変更点が少ないので，第 3 版と第 5 版の変化を説
明する. この間に起きた組織的な変化は，2006年 8 月に外務省組織令が改正さ
れ，経済協力局と大臣官房国際社会協力部が統合して国際協力局が新設された
ことである. これに伴い，開発計画課・評価班は政策課・評価室へと移動した
(表 9‒5 参照).

外務省組織の変更を反映したほか，JICA と JBIC の海外経済協力業務部門
が2008年10月に統合したことで JBIC の表記が統合，削除された. なお，第三[23]
者評価については，第 3 版で消えていた「評価主任の選定」が復活し，実施計
画の策定で必要に応じて検討会を開催する旨も追加された. 評価実務の変更が,[24]
ガイドラインに明示されている事例である. なお，この際に OECD 評価関連
用語の翻訳も変更された.[25]

┼ 3．民主党政権の改革と大臣官房 ODA 評価室

2009年 8 月の衆議院選挙で民主党が308議席を獲得し，翌月には鳩山由紀夫
内閣が発足した (表 9‒6 を参照). この政権交代という歴史的転換のムードもさ
めやらぬまま，同年11月から事業仕分けが始まり，民主党国会議員と外部有識
者からなる「仕分け人」の手で細かなチェックが行われた. この結果，ODA
予算は大幅に削減された.

2010年 2 月には，岡田克也外務大臣が「ODA のあり方に関する検討会」を
開始するよう指示したが，その「最終とりまとめ」は2010年 6 月29日に発表さ
れ，ODA 評価をめぐる国内の政治環境は大きく変わった. それが翌年 4 月の

表 9 - 6　民主党政権の時期（2009年〜2012年）

年　月	出来事	外務大臣
2009年 9 月	鳩山内閣，発足（民主党政権への政権交代）	岡田克也
2009年11月	事業仕分け第一弾（政府予算）	岡田克也
2010年 2 月	岡田外務大臣，「ODA のあり方に関する検討会」開始	岡田克也
2010年 3 月	外務省，第三者評価「過去の ODA 評価案件のレビュー」公表	岡田克也
2010年 3 月	「ODA 評価有識者会議」終了	岡田克也
2010年 4 月	鳩山内閣，事業仕分け第二弾前半（独法事業）	岡田克也
2010年 5 月	鳩山内閣，事業仕分け第二弾後半（政府系公益法人）	岡田克也
2010年 6 月	JICA「新 JICA 事業評価ガイドライン 第 1 版」公表	岡田克也
2010年 6 月	外務省「ODA のあり方に関する検討 最終とりまとめ：開かれた国益の増進―世界の人々とともに生き，平和と繁栄をつくる―」公表	岡田克也
2010年10月	菅直人内閣，事業仕分け第三弾前半（特別会計）	前原誠司
2010年11月	菅直人内閣，事業仕分け第三弾後半（再仕分け）	前原誠司
2011年 3 月	東日本大震災・原発事故，日本が被援助国となる.	松本剛明
2011年 4 月	外務省，国際協力局 ODA 評価室を分離，大臣官房 ODA 評価室設置	松本剛明
2011年 4 月	外務省大臣官房 ODA 評価室「ODA 評価ガイドライン第 6 版」公表	松本剛明
2011年10月	野田内閣，開発協力適正会議を開始	玄葉光一郎
2011年10月	野田内閣，国家戦略会議の設置を閣議決定，海外経済協力会議廃止	玄葉光一郎
2012年 4 月	外務省大臣官房 ODA 評価室「ODA 評価ガイドライン第 7 版」公表	玄葉光一郎

出典：三上［2021b：258（表11- 4 ）］を一部修正.

第 6 版に反映された. ここには，次のような変化が見られた.

　すなわち，第 1 に，入札制度における評価チームの作り方などの記述を盛り込むようになった[26]. 2011年度より，一般競争入札を通じて選ばれた民間コンサルタントが第三者評価を実施するようになったからである. こうした動きは国際的な ODA 評価の動向に合わせた改革でもあるが，同時に国内的には評価の専門家（たとえば，評価を専門とする大学教員など. 日本評価学会が公認する「評価士」も次第に育ってきた）が増えたことも背景にある. それを官公庁が積極的に活用しようと考え始めたことを物語る動きであるともいえよう. なお，2003年10月から始まった ODA 評価有識者会議は「最終とりまとめ」に先立って2010年 3 月に，その任務を終えて終了した.

　第 2 に，評価ガイドラインの作成者が大臣官房 ODA 評価室に変更された.

その理由は，評価組織の独立性確保に関する提言を受けて，ODA 評価担当組織が大臣官房に移されたからである．原局の政策課ではなく官房系組織が評価の行政プロセスを担当するようになったのは，当然であるが行政学や政策学にとっては重要な変化である．業務の内容（開発協力）ではなく，業務の管理と評価，人事や予算の総務的な対応を通じて ODA 政策を考えるようになったことを意味するからである．

　第3に，新たな評価の試みをより積極的に行うようになった[27)]．ODA 評価有識者会議「最終取りまとめ」が ODA を外交の手段と位置付けたことを受けて，「外交の手段としての ODA の評価（外交上の評価）」が試行的に導入された[28)]．また，評価についても「見える化」を進めるべきであるとの提言を受けて，「レーティング（rating）」が試行的に導入された[29)]．2010年代にかけて「エビデンス」に関連して言及が増えた「インパクト評価（impact evaluation）」もこの版ではじめて追加されることとなった[30)]．当時の国際的な背景には，世界銀行を中心とした NONIE（インパクト評価に関する評価実務家のネットワークである．第7章を参照）がインパクト評価に関する評価ガイダンスを公表していた[31)]．他方，項目の追加や構成変更の陰で川口大臣の改革や初版から描かれてきた GAO やPPBS といった評価の歴史が削除された[32)]．

　2012年4月に改訂された第7版は，第6版で試行的に導入されていた「外交の視点からの評価」を正式に導入した[33)]．また，入札方式を1年間実施して明らかになった評価チームの課題を明らかにした．そのため「第3章 ODA 評価の実施」において，評価チームの実施手順を詳細に指示するようになった．具体的には，これまで必要に応じて開催されていた外務省と JICA 関係者を交えた検討会を必須とした[34)]．現地調査報告会も10月から12月に開催するなど具体的なスケジュールが設定された[35)]．そのほかにも細かな変更がなされ，ODA 評価連絡会議で関係府省の ODA 評価結果を「ODA 評価年次報告書」で毎年取りまとめるようにしたほか，「JICA の ODA 評価」が「JICA の事業評価」の文言に変更され，評価の実施体制の図において外務省と JICA の範囲が意識的に区切られるようになった[36)]．

╋　4．国家安全保障戦略と開発協力大綱の登場

　2012年12月には，第2次安倍内閣が発足し，再び自民党・公明党の連立政権

172

表 9-7　安倍内閣・岸田外務大臣の時期（2012年末〜2016年）

年　月	出来事	外務大臣
2012年12月	第 2 次安倍内閣，発足（自公連立政権に政権交代）	岸田文雄
2013年 3 月	安倍内閣，経協インフラ戦略会議を設置	岸田文雄
2013年 5 月	外務省大臣官房 ODA 評価室「ODA 評価ガイドライン第 8 版」公表	岸田文雄
2013年12月	安倍内閣，国家安全保障会議を設置，国家安全保障戦略を閣議決定	岸田文雄
2014年 3 月	岸田文雄外務大臣，政府開発援助大綱の見直しを発表	岸田文雄
2014年 5 月	JICA「JICA 事業評価ガイドライン（第 2 版）」公表	岸田文雄
2015年 2 月	政府開発援助大綱（新 ODA 大綱）を開発協力大綱に改正	岸田文雄
2015年 5 月	外務省大臣官房 ODA 評価室「ODA 評価ガイドライン第 9 版」公表	岸田文雄
2015年 6 月	参議院政府開発援助に関する特別委員会「開発協力大綱の下での我が国政府開発援助等の在り方に関する決議」	岸田文雄
2015年 8 月	JICA「JICA 事業評価ハンドブック（Ver. 1）」公表	岸田文雄
2015年 9 月	SDGs 採択	岸田文雄
2016年 5 月	JICA「JICA 事業評価ハンドブック（Ver. 1.1）」公表	岸田文雄
2016年 6 月	外務省大臣官房 ODA 評価室「ODA 評価ガイドライン第10版」公表	岸田文雄
2016年 8 月	安倍首相，第 6 回アフリカ開発会議（TICAD Ⅵ）にて FOIP 提唱	岸田文雄

出典：三上［2021b：258（表11-4）-259（表11-5）］を一部修正.

に交代した．安倍内閣は，民主党政権下で芽吹きつつあった「政治主導」の流れをさらに加速させた．すでにふれたように，外務省を取り巻く環境の変化がこの頃から生じるようになる（第 5 章第 4 節，および表 9-7 を参照）．すなわち，政治主導と内閣官房の影響増大である．より具体的には，政府開発援助大綱が開発協力大綱に改定され，国家安全保障戦略や積極的平和主義，FOIP といった概念に援助が方向付けられるようになった．それは，つまるところ大臣官房の評価業務が増えるという形でみられるようになった．なお，「外交の視点からの評価」にそのような「国益」の視点が強調されるようになるのだが，そのための制度的なレールは民主党政権下で作られていた点が興味深い．

　まず，安倍内閣になってもすぐにガイドラインに変化が生じたわけではない．2013年 5 月に改訂された第 8 版では，試行的に導入されていたレーティングを推奨したり，提言の宛先と優先度を指定したりした[37]．そのほかには目立った変更は少ないが，より実務的にはこれまで明示されていたスケジュール的側面（たとえば，評価報告書の配布スケジュール）が削除された[38]．

表 9 - 8　開発協力大綱改定後の評価の検証項目の変化

	第 8 版（ODA 大綱）	第 9 版（開発協力大綱）
国別評価	政策の妥当性（8 版：30） 1．相手国ニーズとの整合性 2．日本の上位政策との整合性 3．国際的な優先課題との整合性 4．他ドナーとの役割分担 5．日本の比較優位性	政策の妥当性（9 版：30） 1．相手国ニーズとの整合性 2．我が国の上位政策との整合性 3．国際的な優先課題との整合性 4．戦略的選択性（選択と集中） 5．他ドナーとの役割分担 6．日本の比較優位性　また，新興ド 　ナーの動向と影響を分析すること
重点課題別評価	政策の妥当性（8 版：27） 1．我が国の外交政策上の位置付け 2．国際社会の取組・援助潮流との関 　連性	政策の妥当性（9 版：32） 1．日本の上位政策との整合性 2．国際的な優先課題との整合性（国 　際社会の取組・援助潮流との関連 　性） 3．日本の比較優位性　また，新興ド 　ナーの動向と影響を分析すること プロセスの適切性（9 版：32） 「多様化する開発協力関係機関と の具体的な連携・強調」の検証

注：下線部は第 8 版からの顕著な変更点．
出典：ODA 評価ガイドライン第 8 版・第 9 版から筆者作成．

　2015年 2 月には新 ODA 大綱が開発協力大綱に改正された．これに伴ってガイドラインもまた同年 5 月に第 9 版へと改訂されたのだが，次の 2 点が大きな意味をもつ[39]．

　第 1 に，開発協力大綱への変化が反映された．たとえば，これまで実務的に行われてきた「外交の視点からの評価」が大綱レベルで定められた結果，スキーム別評価やセクター別評価でも外交の視点からの評価を実施するようになった[40]．これに伴って，評価の方法も変化し，第三者評価における評価対象の選定についても考慮事項が明記され，規模の大小や評価実施後の年数，行政事業レビューで指摘された経験の有無などが新たに条件となった[41]．

　何より評価実務に影響を与えたのは，それぞれの評価において検証する項目が変更された点である（表 9 - 8，表 9 - 9 参照）．とくに政策の妥当性に関する検証方法が変更され，国別評価には「戦略的選択制（選択と集中）」が新たに追加された[42]．また，重点課題別評価，スキーム別評価，セクター別評価では「日本の比較優位性」が追加されたが，その際，以下のように追記されることとなっ

表9-9　開発協力大綱改定後の検証項目の変化（スキーム・セクター）

	第8版（ODA大綱）	第9版（開発協力大綱）
スキーム別評価	政策の妥当性（8版：28） 1. 被援助国の開発ニーズとの整合性 2. 我が国の上位政策であるODA大綱や中期政策との整合性 3. 国際的な開発課題との整合性	政策の妥当性（9版：34） 1. 被援助国の開発ニーズとの整合性 2. 日本の上位政策との整合性 3. 国際的な優先課題との整合性 4. <u>日本の比較優位性　また，新興ドナーの動向と影響を分析すること</u> プロセスの適切性（9版：34） <u>「多様化する開発協力関係機関との具体的な連携・強調」の検証</u>
セクター別評価	政策の妥当性（8版：30） 1. 相手国の政策，計画及びニーズと合致しているか 2. 我が国の上位政策と整合的か 3. 他ドナーの援助との関連性	政策の妥当性（9版：37） 1. 相手国の開発ニーズとの整合性 2. 日本の上位政策との整合性 3. 他ドナーの援助政策との関連性 4. <u>日本の比較優位性　また，新興ドナーの動向と影響を分析すること</u>

注：下線部は第8版からの顕著な変更点.
出典：「ODA評価ガイドライン」第8版と第9版をもとに筆者作成.

た.

　　「ODAの戦略性を高める上で重要な国際的潮流や日本の戦略性・比較優位性に照らした評価を行う．また，新興ドナーの存在が大きくなってきていることから，新興ドナーの動向及びその動向が日本の援助に及ぼす影響について，可能な限り分析する[43]」.

　また，プロセスの適切性についても重点課題別評価とスキーム別評価が「多様化する開発協力関係機関との具体的な連携・強調」を検証するように追記された[44]．これは開発協力大綱で国際機関を通じた開発協力に評価を行うことが規定されたことを受けたものであり，国際機関評価の準備（第5章第4節および第6章を参照）と，この検証のための国際枠組みへの参入が進められた．この時点では，2014年に日本が参加した国際機関評価ネットワーク（MOPAN）のアセスメント結果が利用されることになった[45].

　第9版改訂における第2の大きなポイントは，評価ガイドラインがガイドライン部とハンドブック部に分割されて，構成が大幅に変更された点である[46]．これは大綱の変化とは関係がないものの，実務上重要な多くの変更が行われ，ガ

イドラインがマニュアルとしての性格を強めるようになった．たとえば，「2.3
目的と機能(2)機能」を「1-2 (2)フィードバック機能（PDCA サイクル）の強化」
に念を入れて改名する点からも，PDCA サイクルを意識して強調するように
変えたことが読み取れる[47]．

　この構成変更に伴って追加された「ハンドブック部」では，評価を請け負う
外部のコンサルタントに対して評価の実施手順を一層，詳細に指定する内容が
盛り込まれることとなった．ここで追加された具体的な指示には，次の 4 点が
あげられる[48]．① 利害関係者保護を重視すること，② アポイント取り付けを評
価チームが行うこと，③ 現地調査前に質問票を事前送付すること，④ 外務省
および JICA 関係者に「評価報告書案（骨子）」を提示すること．これは評価の
形骸化を事前に防ぐための改善であり，その後の ODA 評価，とくに国別評価
では大きな意味をもった．評価の行政プロセスに，いろいろな意見を反映でき
るようになったからである．

　評価報告書の作成についても，①「外務省ホームページ掲載用に 2 ページ内
にまとめた日本語概要版も作成」すること，② 図表や写真などを用いて，で
きる限りわかりやすい表現にすること，③「事実誤認などを避けるため」に評
価チームは報告書ドラフトに対する意見聴取すること，④ 政府と第三者評価
担当者の「特筆すべき見解の相違については両論併記により記載する場合もあ
り得る」ことが追記された[49]．このように，評価ガイドラインはハンドブック部
を内包し，拡充するなかでコンサルタントの実施手順を管理する側面を強めて
いった．これは，評価ガイドラインを通じて行政内部の管理技術が外部の民間
企業であるコンサルタントにまで及ぶようになり，評価の外部化を求めていた
はずの ODA 評価がある意味で内部化したと考えることができる[50]．

　そのほかにも，第 9 版では重要な変更箇所が多いが，これについて気づくも
のは少なく，指摘もみられない．たとえば，第 6 版で初登場したインパクト評
価をめぐる説明には，次のように統計学や経済学の方法に限定する旨が追記さ
れたのだが，これはインパクト評価の意味を大きく狭めたという意味で転換点
を意味する．というのは，評価学においては，統計学や経済学に限られない社
会科学全般の手法もインパクト評価を行うための手段だと考えられるからであ
る．

　「人々の生活が営まれている実社会を対象とする開発事業では，この比較

を行うことは容易ではないが，データ収集を工夫し，統計学や経済学の手法を用いて評価を行うことで，外部要因の影響を排除し，事業によってもたらされた変化をより正確に把握することが可能となる」[51].

　ほかにも，前版（第8版）に記載された文章を別々の箇所の文脈に混ぜ込むような形で反映している点も重要である．とくに「より質の高い評価を目指して」の内容を適宜1文や1パラグラフごとに切り貼りして，新たな項目を設けるようになった．たとえば，応札した評価チームのジェンダーバランスを留意するような指示は，第8版で追加されたものをベースとして第9版に加えられることとなった[52]．この際，当時直面する諸課題に上手に対応するために，元文脈とは異なる形で改訂が行われる場合があった（これについては本章の後半で改めてふれる）．

　このように，新たな名称の大綱に変化するという大きなイベントに比して，より実務的で非政治的・技術的な変化も同時に記載されるのであった．

　2015年9月には，SDGs が採択され，これに合わせた体系化が進んでいく．2016年6月に改訂された第10版はより簡潔な表記を目指したものとなる[53]．このころからガイドラインは，外交の視点からの評価やレーティングについて試行錯誤の場となり，さまざまな提言や教訓を反映するようになる．第10版以降では，2015年6月に参議院開発援助に関する特別委員会で「開発協力大綱の下での我が国政府開発援助等の在り方に関する決議」が可決されたことを受けて，序文にこの旨が掲載されるようになった[54]．また2015年に公表された評価報告書「ODA における PDCA サイクルの評価」が反映され，開発協力政策の結果の有効性をなるべく定量的に示すようにする方針が追記されることとなった[55]．さらには，この改版過程のなかで ODA 評価が PDCA サイクルの手段として位置づけられていくが，このことは制度設計時に想定していなかった用途であった．また，この版からは評価を実施する際に評価者のプロフェッショナリズムや倫理を要求するようになり，具体的な手段として，日本評価学会の「評価倫理ガイドライン[56]」を参考にするよう明記された[57]．

╂ 5．国際情勢の変化と評価管理の進展

　2018年3月には，「『外交の視点からの評価』拡充に向けた試行結果」報告書

表9‑10　「コロナ禍」とウクライナ戦争の時期（2013年～2024年）

年　月	出来事	外務大臣
2018年3月	「『外交の視点からの評価』拡充に向けた試行結果」報告書公表	河野太郎
2018年8月	外務省大臣官房ODA評価室「ODA評価ガイドライン第11版」公表	河野太郎
2019年6月	外務省大臣官房ODA評価室「ODA評価ガイドライン第12版」公表	河野太郎
2020年1月	COVID-19（新型コロナウイルス）の世界的流行	茂木敏充
2020年6月	外務省大臣官房ODA評価室「ODA評価ガイドライン第13版」公表	茂木敏充
2021年3月	JICA「JICA事業評価ハンドブック（Ver.2.0）」公表	茂木敏充
2021年6月	外務省大臣官房ODA評価室「ODA評価ガイドライン（令和3年（2021年）6月）」（第14版相当），「ODA評価ハンドブック（令和3年（2021年）6月）」（初版相当）公表，これ以降ガイドラインを分冊.	茂木敏充
2021年7月	外務省大臣官房ODA評価室「ODA評価ハンドブック（令和3年（2021年）7月）」（第2版相当）公表	茂木敏充
2022年2月	ロシアがウクライナに軍事侵攻，各国のODAによる支援	林芳正
2022年4月	外務省大臣官房ODA評価室「ODA評価ハンドブック（令和4年（2022年）4月）」（第3版相当）公表	林芳正
2022年12月	岸田内閣，国家安全保障戦略を改定（国家安全保障会議・閣議決定）	林芳正
2023年4月	OSAの枠組み（無償資金協力）創設，同志国の軍等を支援可能	林芳正
2023年6月	岸田内閣，開発協力大綱を改定（閣議決定）	林芳正
2024年1月	外務省大臣官房ODA評価室「ODA評価ガイドライン（令和6年（2024年）1月）」（第15版相当），「ODA評価ハンドブック（令和6年（2024年）1月）」（第4版相当）公表	上川陽子

出典：三上［2021b：259（表11‑5）］を一部修正.

　が公表され，これを受けてさらなる模索が進むこととなる．この2020年前後は，2015年のSDGs採択に関連して本格的な制度運用が進み，さらに世界的な感染症（COVID-19）が流行し，そしてウクライナ侵攻や紛争，難民の発生によって国際情勢が不安定になっていった（表9‑10を参照）．この対応のためにODAが活用されるのだが，同時にODA評価も変革を迫られた．

　2018年6月に改訂された第11版では，ODA評価の分類が変更された．具体的には，重点課題別評価とスキーム別評価を「課題・スキーム別評価」に統合したほか，セクター別評価を実施せず，これを被援助国政府機関の評価で代用するようになった．[58]　また，2016年秋の行政事業レビューの指摘を反映し，無償資金協力の定量評価をPDCAサイクルの名のもとで進めるべきであるという

会計検査院の指摘を間接的に反映した．これによって，ODA 評価ガイドラインのなかでプロジェクト評価の手法に関する情報が拡充された[59]．同様に，これまで試験的に導入されていたものの，あくまで定性的な表記に留まっていたレーティング表記をアルファベットによる表記に変更した[60]．こうして次第に「評価」に求める内容に違いが生じていくこととなる．

続く第12版は2019年 6 月に改訂されたが，ここでは「外交の視点からの評価」について大きな変更を加えることとなった．すなわち，ODA 評価で議論するべき「国益」の内容は何か（裏返せば，実務において議論するのを避けるべき内容を示すことでもあるのだが），どのように外交的な波及効果を検証するかといった実務的な記述がハンドブック部に追加された[61]．ただし当然，外務省が直接「国益」を定義し，公表するのは外交的にも政治的にも「リスキー」である．そこで直接的な言及を避け，外部委託した専門コンサルタントの「『外交の視点からの評価』拡充に向けた試行結果報告書」を使い[62]，これを引用する形で記述した．この報告書は2018年 3 月に公表されており，その内容はODA 評価室が開催した外部有識者検討会の結果や国別評価で提言された内容をコンサルタント業者が収集，整理したものである．ここには過去の ODA 評価の提言が間接的にフィードバックされている．

2020年 1 月からは，新型コロナウイルス（COVID-19）の世界的流行もあって，ODA においては途上国のワクチン供与等が進められた．この社会背景でも，日本が参加する国際的な会合の検討や合意が引き続き，評価ガイドラインに反映されている．2020年 6 月に改訂された第13版では，OECD-DAC で新たに合意された基準 *Better Criteria for Better Evaluation* の内容を反映していた[63]．この OECD の動向については第 7 章ですでに述べてきたが，ここでは「整合性（coherence）」という新たな基準を反映したほか，評価の目的に関する表現や順序が変更されたのであった．具体的には，「アカウンタビリティの確保」が目的の先頭におかれて強調され，プロジェクト改善は学習（learning）へと言い換えられた[64]．

2021年 6 月には，第14版に相当する評価ガイドラインが公表され，これまで内部に記述されてきた実施手順（第 9 版以降に区別）を「ODA 評価ハンドブック」として分冊した．これによって「ODA 評価ガイドライン」の分量は，目次を省けば91頁から 9 頁にまで減り，ODA 評価の指針としての役割に一層注力するようになった[65]．なお，この第14版に相当するバージョンからは数字で表

記することをやめ，更新年月で版を示すようになった（そのため，追跡と収集も少し困難になった）．

　具体的には，次のような変更があった．「ODA 評価の機能と役割」においては，「(1)評価の独立性・中立性の確保」「ア　評価担当部門の独立性」における歴史的経緯と外部専門家の登用に関する記述を削除した（外部専門家の登用は川口大臣時代の外務省改革（第 2 節を参照）を代表するものであり，時代の変化を感じさせる）．

　　「『ODA のあり方に関する検討 最終とりまとめ』（2010年 6 月） 4 では評価部門の政策部門からの分離に言及している．こうした流れを受けて，2011年 4 月，外務省は，ODA 評価室を国際協力局から大臣官房へと移管した．また，評価の専門性を高めるために2011年から同室の室長に公募による外部の専門家を登用している[66]」．

　また，「(2)フィードバック機能（PDCA サイクル）の強化」を管理改善に言及する「(2)フィードバック機能（PDCA サイクル）」と説明責任に言及する「(3)評価結果の公表」に分割した[67]．マネジメントとアカウンタビリティの異なる議論が混同しないように工夫がなされたともいえる．さらに，「 3 　評価基準」において，「ハンドブック」に移動したレーティングの記載を削除したほか[68]，同様に「外交の視点からの評価」に関する議論の経緯を削除した[69]．また，そのほかの細かい変更点でいえば，読点「，」が「、」へ全体にわたって変更されたり，教訓の範囲が若干拡張されたりした[70]．

　「DAC 新評価基準」について翻訳を完成し，この「整合性（coherence）」基準について「内部的整合性」（「援助主体（ドナー）の内部の一貫性に着目し，そのドナーによる支援が相互にリンクして相乗効果を生んでいるか，また，開発政策以外の政策（人道支援政策や教育政策等と整合するか）」）と「外部的整合性」（「ある支援が他ドナーによる支援と相互補完的か，重複を避けるべく調整が行われているか等」）の区別やSDGs 目標と新評価基準の関係について新たに記載した点も重要である[71]．

　「ODA 評価ハンドブック」についても同様に更新年月を示す形で更新・公表されることとなった．これによって，年に 1 度の改訂ルーティンに縛られず，より柔軟に更新することができるようになったと考えられる．実際に更新のペースは早まり，初版の ODA 評価ハンドブックは2021年 6 月に公表されたが[72]，早速同年 7 月には 1 度目の改訂（第 2 版相当）を迎えた[73]．ODA 評価ハンドブッ

クの形式にすることで，これまで以上に詳細かつ緻密に行政プロセスを規定するようになった．その意図は，評価が競争入札で行われているためであり，そのための ToR の役割でもあった．この分冊によって，大臣官房の特徴に合ったコントロールが今後も進むと考えられる．

さて，2022年2月にはロシアによるウクライナへの軍事侵攻が始まった．国際的な安全保障環境の緊張が高まるなか，各国政府は ODA をウクライナ支援の手段として用いるようになっていった．この状況下で，外務省大臣官房 ODA 評価室は，同年4月に新たな「ODA 評価ハンドブック（第3版相当）[74]」を公表した．

2022年12月には，第2次岸田改造内閣は国家安全保障戦略を13年ぶりに改定し，ここに開発協力に関する改革が盛り込んだ．その1つは，ODA の枠組みとは別に「軍」等に対する無償資金協力を可能にする OSA であった．その評価・モニタリングの導入も記載されており，ODA 評価等との棲み分けに関する検討は今後の課題となる（経緯については第5章第4節を参照）．

この国家安全保障戦略の改定に合わせて，2023年6月には開発協力大綱も改定された．これを受けて，2024年1月には外務省大臣官房 ODA 評価室は，新たな「ODA 評価ガイドライン（第15版相当）」と「ODA 評価ハンドブック（第4版相当）」を公表した．

「ODA 評価ガイドライン」については，全体的に「開発協力大綱」の改定と ODA の新たな位置づけを確認する作業となっている[75]．重要な変化は，「評価の重要性」について参照先の開発協力大綱を2015年から2023年6月のものに変更した点である．また，参議院の決議についても，2023年6月19日付の参議院政府開発援助等及び沖縄・北方問題に関する特別委員会における「我が国の開発協力と開発協力大綱の在り方に関する決議」に変更した．この参議院決議の変化に伴い，PDCA サイクルについての記載は続くものの，「選択と集中」の表現はなくなった[76]．そのほか，「【参考4】政策評価法に基づく政策評価」において，他府省による評価活動の言及が削除された[77]．

他方で，「国家安全保障戦略」の変化は「ODA 評価ハンドブック」の具体的な作業において反映されている．たとえば，外交の視点からの評価の参考資料として国家安全保障政策が掲げる「国益」を3点掲載しており[78]，かつてのコンサルタントの調査報告書に基づく経済的な意味における「国益」像ではなくなった．

　以上のように日本の ODA 評価の評価ポリシーは複雑に変容してきたが，その変化はテーマごとに異なっていた．評価の目的や基準・観点は，導入当初から国内的な動向をほとんど受けず，国際的な合意に対する依存度を増していったが，その他方で評価の手法や方法は，国内の政治的影響も受けつつ，実務における積極的な試行錯誤のもとで絶えず変化してきた．そして，評価の体制は行政改革の影響を受けて変化してきた結果，評価に関する行政プロセスの性格や性質を変えた．とりわけ，評価の担当組織が大臣官房に移行してからは，評価管理に際して，行政プロセスの統制に力点をおくようになった．その際の具体的な手法や手段が評価ポリシーの改訂であったことは，これまで述べてきたとおりである．また，政治主導が定着するにつれて，政策の在り方を内閣官房で決定するようになっていった．外務省大臣官房 ODA 評価室は，政策や行政の環境変化とともに新たな評価活動を求められるたびに，求められるアカウンタビリティに合わせた評価管理を懸命に進めてきたといえる．

注
1）　ただし，この評価室は調査計画課の課内組織であった．
2）　外務省［2003］「外務省機構改革最終報告」外務省ウェブサイト（https://www.mofa.go.jp/mofaj/annai/honsho/kai_genjo/kikou_g.html, 2022年11月18日閲覧）．
3）　OECD-DAC の動向については第 7 章を参照．
4）　OECD［1991］"Principles for Evaluation of Development Assistance, OECD" EvalNet ウェブサイト（https://www.oecd.org/dac/evaluation/2755284.pdf, 2020年 9 月 1 日閲覧），4 頁．
5）　この提言を受けて，2001年 7 月から「ODA 関係省庁評価部門連絡会議」が開催されるようになった．この経緯については以下の資料を参照．援助評価検討部会［2001］「ODA 評価研究会報告書『我が国の ODA 評価体制の拡充に向けて』3．提言」外務省ウェブサイト（https://www.mofa.go.jp/mofaj/gaiko/oda/kaikaku/hyoka/h_k01/3.html, 2022年11月18日閲覧）．
6）　援助評価検討部会［2001］「ODA 評価研究会報告書『我が国の ODA 評価体制の拡充に向けて』の提出について」外務省ウェブサイト（2022年11月18日閲覧, https://www.mofa.go.jp/mofaj/gaiko/oda/kaikaku/hyoka/h_k01/teishutu.html）．
7）　援助評価検討部会［2001］「ODA 評価研究会報告書『我が国の ODA 評価体制の拡充に向けて』3．提言」．
8）　この事件を受けて，2001年 1 月25日に外務省大臣官房調査委員会「松尾前要人外国訪問支援室長による公金横領疑惑に関する調査報告書」が提出された．この報告書は以下のウェブサイトに公表されている．外務省大臣官房調査委員会［2001］「松尾前要

人外国訪問支援室長による公金横領疑惑に関する調査報告書」外務省ウェブサイト（https://www.mofa.go.jp/mofaj/press/kaiken/gaisho/0101chosa.html, 2022 年 11 月 18 日閲覧）.

9 ）川口順子［2002］「開かれた外務省のための10の改革」外務省ウェブサイト（https://www.mofa.go.jp/mofaj/annai/honsho/kai_genjo/open_10.html, 2022年11月18日閲覧）.

10）外務省［2002］「外務省改革に関する『変える会』第1回会合の開催について」外務省ウェブサイト（国立国会図書館インターネット資料収集保存事業）（https://warp.ndl.go.jp/info:ndljp/pid/1368305/www.mofa.go.jp/Mofaj/annai/honsho/kai_genjo/change/change_kai.html, 2022年11月18日閲覧）.

11）外務省［2002］「『第 2 次 ODA 改革懇談会』最終報告」外務省ウェブサイト（https://www.mofa.go.jp/mofaj/gaiko/oda/seisaku/kondankai/2/kondan_last.html, 2022年11月18日閲覧）.

12）外務省［2002］「『変えよう！ 変わろう！ 外務省』提言と報告――『内からの改革』スタート――」外務省ウェブサイト（https://www.mofa.go.jp/mofaj/annai/honsho/kai_genjo/kk/kk.html, 2022年11月18日閲覧）.

13）外務省［2002］「外務省改革に関する『変える会』――最終報告――」外務省ウェブサイト（国立国会図書館インターネット資料収集保存事業）（https://warp.ndl.go.jp/info:ndljp/pid/8200257/www.mofa.go.jp/mofaj/annai/honsho/kai_genjo/change/saishu.html, 2022年11月19日閲覧）.

14）民主党［2002］「外務省刷新：7つの柱（中間報告）」民主党ウェブサイト（アーカイブ）（http://archive.dpj.or.jp/news/?num=10645, 2022年11月19日閲覧）.

15）自由民主党政務調査会外交部会外務省改革に関する小委員会［2002］「外務省改革案――国益を担う外交の再生：31の提言――」茂木俊充ウェブサイト（https://motegi.gr.jp/proposals/image/gaimukaikaku.pdf, 2022年11月19日閲覧）, 6 頁.

16）初版発行時，アメリカ連邦議会会計検査院は General Accounting Office である.

17）ODA 評価に対する NPM の影響については清原［2009］を参照.

18）OECD ［1999］ "Results Based Management in the Development Co-operation Agencies: A Review of Experience, Executive Summary" OECD ウェブサイト（https://www.oecd.org/officialdocuments/publicdisplaydocumentpdf/?docLanguage=En&cote=DCD/DAC/EV(2000)3, 2021年11月 5 日閲覧）.

19）外務省経済協力局開発計画課［2006］「ODA 評価ガイドライン第3版」外務省ウェブサイト（国立国会図書館インターネット資料収集保存事業）（https://warp.ndl.go.jp/info:ndljp/pid/1368915/www.mofa.go.jp/mofaj/gaiko/oda/kaikaku/hyoka/pdfs/guideline_3.pdf, 2022年11月19日閲覧）, 39, 41頁.

20）外務省経済協力局開発計画課［2006］「ODA 評価ガイドライン第3版」, 45-46頁.

21）外務省経済協力局開発計画課［2006］「ODA 評価ガイドライン第3版」, 49頁.

22) 外務省経済協力局開発計画課［2006］「ODA 評価ガイドライン第3版」, 34頁.

23) 外務省国際協力局評価室［2009］「ODA 評価ガイドライン第5版」外務省ウェブサイト（国立国会図書館インターネット資料収集保存事業）(https://warp.ndl.go.jp/info：ndljp/pid/1368915/www.mofa.go.jp/Mofaj/gaiko/oda/kaikaku/hyoka/pdfs/guideline_5.pdf, 2022年11月19日閲覧), 35, 39頁.

24) 外務省国際協力局評価室［2009］「ODA 評価ガイドライン第5版」, 45頁.

25) 外務省国際協力局評価室［2009］「ODA 評価ガイドライン第5版」, viii-xxiii.

26) 外務省大臣官房 ODA 評価室［2011］「ODA 評価ガイドライン第6版」外務省ウェブサイト（国立国会図書館インターネット資料収集保存事業）(https://warp.ndl.go.jp/info：ndljp/pid/3487627/www.mofa.go.jp/mofaj/gaiko/oda/kaikaku/hyoka/pdfs/guideline_6.pdf, 2022年11月19日閲覧), 28-31頁.

27) 「ODA 評価ガイドライン」に設けられた「より質の高い評価を目指して」の項目に提言をふまえた内容が加えられた. 具体的な記述は, 以下の箇所にみることができる. 外務省大臣官房 ODA 評価室［2011］「ODA 評価ガイドライン第6版」, 54-60頁.

28) 外務省大臣官房 ODA 評価室［2011］「ODA 評価ガイドライン第6版」, 58-59頁.

29) 外務省大臣官房 ODA 評価室［2011］「ODA 評価ガイドライン第6版」, 54-57頁.

30) 外務省大臣官房 ODA 評価室［2011］「ODA 評価ガイドライン第6版」, 8頁.

31) Leeuw, F. L., and Vaessen, J. ［2009］ *"Impact Evaluations and Development: NONIE Guidance on Impact Evaluation, Network of Networks on Impact Evaluation"* EvalNet ウェブサイト.

32) 外務省大臣官房 ODA 評価室［2011］「ODA 評価ガイドライン第6版」, 9-11頁.

33) 外務省大臣官房 ODA 評価室［2012］「ODA 評価ガイドライン第7版」外務省ウェブサイト（国立国会図書館インターネット資料収集保存事業）(https://warp.ndl.go.jp/collections/info：ndljp/pid/3491956/www.mofa.go.jp/mofaj/gaiko/oda/kaikaku/hyoka/pdfs/guideline_7.pdf, 2022年11月19日閲覧), 23頁.

34) 外務省大臣官房 ODA 評価室［2012］「ODA 評価ガイドライン第7版」, 20-21頁.

35) 外務省大臣官房 ODA 評価室［2012］「ODA 評価ガイドライン第7版」, 21頁.

36) 外務省大臣官房 ODA 評価室［2012］「ODA 評価ガイドライン第7版」, 10頁.

37) 外務省大臣官房 ODA 評価室［2013］「ODA 評価ガイドライン第8版」外務省ウェブサイト（国立国会図書館インターネット資料収集保存事業）(https://warp.ndl.go.jp/collections/info：ndljp/pid/3491956/www.mofa.go.jp/mofaj/gaiko/oda/kaikaku/hyoka/pdfs/guideline_7.pdf, 2022年11月19日閲覧), 15-16頁および31-32頁.

38) 外務省大臣官房 ODA 評価室［2013］「ODA 評価ガイドライン第8版」, 39頁.

39) 外務省大臣官房 ODA 評価室［2015］「ODA 評価ガイドライン第9版」外務省ウェブサイト（国立国会図書館インターネット資料収集保存事業）(https://warp.ndl.go.jp/info：ndljp/pid/9991312/www.mofa.go.jp/mofaj/gaiko/oda/files/000083485.pdf, 2022年11月19日閲覧).

40) 外務省大臣官房 ODA 評価室［2015］「ODA 評価ガイドライン第9版」，34頁および36-37頁.

41) 外務省大臣官房 ODA 評価室［2015］「ODA 評価ガイドライン第9版」，27頁.

42) 外務省大臣官房 ODA 評価室［2015］「ODA 評価ガイドライン第9版」，30頁.

43) 外務省大臣官房 ODA 評価室［2015］「ODA 評価ガイドライン第9版」，32頁，34頁および37頁.

44) 外務省大臣官房 ODA 評価室［2015］「ODA 評価ガイドライン第9版」，32頁，34頁.

45) 外務省大臣官房 ODA 評価室［2015］「ODA 評価ガイドライン第9版」，46頁.

46) 外務省大臣官房 ODA 評価室［2015］「ODA 評価ガイドライン第9版」，2頁，5-6頁，22-24頁，39-41頁.

47) 外務省大臣官房 ODA 評価室［2015］「ODA 評価ガイドライン第9版」，3頁.

48) 外務省大臣官房 ODA 評価室［2015］「ODA 評価ガイドライン第9版」，38頁.

49) 外務省大臣官房 ODA 評価室［2015］「ODA 評価ガイドライン第9版」，42頁.

50) もっとも評価ガイドラインの登場以前にも，評価部局と民間企業との間にインフォーマルな調整関係がある程度あったと考えるのが至極妥当であるが，評価ガイドラインに明記されたことでルールのフォーマル化が進んだと考えられる．とくに入札における ToR に利用されるという点をふまえれば，この役割は大きい.

51) 外務省大臣官房 ODA 評価室［2015］「ODA 評価ガイドライン第9版」，41頁.

52) 各版を印刷したものを横にならべ，1行ずつ見比べる方式で比較を進めた．たとえば，このポイントであれば，「ODA 評価ガイドライン第8版」，33頁の記述内容が「ODA 評価ガイドライン第9版」，27頁の記述に反映されている.

53) 具体的には，ガイドライン部の各要素が注や参考部に移動された点が目新しい．これに伴い，分量も大幅に削減された（参考資料を除けば，19頁から8頁になった）.

54) 外務省大臣官房 ODA 評価室［2016］「ODA 評価ガイドライン第10版」外務省ウェブサイト（国立国会図書館インターネット資料収集保存事業）（https://warp.ndl.go.jp/info:ndljp/pid/10201577/www.mofa.go.jp/mofaj/gaiko/oda/files/000165804.pdf, 2022年11月19日閲覧），1頁.

55) 外務省大臣官房 ODA 評価室［2016］「ODA 評価ガイドライン第10版」，25頁.

56) 日本評価学会［2012］「評価倫理ガイドライン」日本評価学会ウェブサイト（http://evaluationjp.org/files/JES_Guidelines_for_the_Ethical_Conduct_of_Evaluations20121201.pdf, 2022年11月19日閲覧）.

57) 外務省大臣官房 ODA 評価室［2016］「ODA 評価ガイドライン第10版」，17頁.

58) 外務省大臣官房 ODA 評価室［2018］「ODA 評価ガイドライン第11版」外務省ウェブサイト（国立国会図書館インターネット資料収集保存事業）（https://warp.ndl.go.jp/info:ndljp/pid/11100677/www.mofa.go.jp/mofaj/gaiko/oda/files/000369136.pdf, 2022年11月19日閲覧），6-7頁.

59) 外務省大臣官房 ODA 評価室［2018］「ODA 評価ガイドライン第11版」外務省ウェ

ブサイト（国立国会図書館インターネット資料収集保存事業）（https://warp.ndl.go.jp/info:ndljp/pid/11100677/www.mofa.go.jp/mofaj/gaiko/oda/files/000369136.pdf, 2022年11月19日閲覧），6 頁，22-24頁，26-27頁.

60)　外務省大臣官房 ODA 評価室［2018］「ODA 評価ガイドライン第11版」，34-35頁.

61)　外務省大臣官房 ODA 評価室［2019］「ODA 評価ガイドライン第12版」外務省ウェブサイト（国立国会図書館インターネット資料収集保存事業）（https://warp.ndl.go.jp/info:ndljp/pid/11302431/www.mofa.go.jp/mofaj/gaiko/oda/files/000486015.pdf, 2022年11月19日閲覧），30-34頁.

62)　国際開発センター［2018］「平成29年度外務省 ODA 評価調査『外交の視点からの評価』拡充に向けた試行結果報告書」外務省ウェブサイト（国立国会図書館インターネット資料収集保存事業）（https://warp.ndl.go.jp/info:ndljp/pid/11302431/www.mofa.go.jp/mofaj/gaiko/oda/files/000369135.pdf, 2022年11月19日閲覧）.

63)　OECD［2019］"Better Criteria for Better Evaluation Revised Evaluation Criteria Definitions and Principles for Use" OECD-DAC EvalNet ウェブサイト（https://www.oecd.org/dac/evaluation/revised-evaluation-criteria-dec-2019.pdf, 2020年 9 月 6 日閲覧）.

64)　外務省大臣官房 ODA 評価室［2020］「ODA 評価ガイドライン第13版」外務省ウェブサイト（国立国会図書館インターネット資料収集保存事業）（https://warp.ndl.go.jp/info:ndljp/pid/11507251/www.mofa.go.jp/mofaj/gaiko/oda/files/100065237.pdf, 2022年11月19日閲覧），2 頁.

65)　外務省大臣官房 ODA 評価室［2021］「ODA 評価ガイドライン（令和 3 年（2021年）6 月）」外務省ウェブサイト（国立国会図書館インターネット資料収集保存事業）（https://warp.ndl.go.jp/info:ndljp/pid/11697647/www.mofa.go.jp/mofaj/gaiko/oda/files/100205689.pdf, 2022年11月19日閲覧）.

66)　外務省大臣官房 ODA 評価室［2020］「ODA 評価ガイドライン 13版」，3 頁. ；外務省大臣官房 ODA 評価室［2021］「ODA 評価ガイドライン（令和 3 年（2021年）6 月）」：1 頁.

67)　外務省大臣官房 ODA 評価室［2020］「ODA 評価ガイドライン 13版」，3 頁. 外務省大臣官房 ODA 評価室［2021］「ODA 評価ガイドライン（令和 3 年（2021年）6 月）」，2 頁.

68)　外務省大臣官房 ODA 評価室［2020］「ODA 評価ガイドライン 13版」，4 頁. 外務省大臣官房 ODA 評価室［2021］「ODA 評価ガイドライン（令和 3 年（2021年）6 月）」，3 頁.

69)　外務省大臣官房 ODA 評価室［2020］「ODA 評価ガイドライン 13版」，4 - 5 頁. 外務省大臣官房 ODA 評価室［2021］「ODA 評価ガイドライン（令和 3 年（2021年）6 月）」，3 - 4 頁.

70)　「教訓は，提言のように直接かつ具体的な提案ではないが，」（外務省大臣官房 ODA 評価室［2020］「ODA 評価ガイドライン 13版」，8 頁.）から「具体的な提案に限定さ

れることなく，」に変更された（外務省大臣官房 ODA 評価室［2021］「ODA 評価ガイドライン（令和 3 年（2021年） 6 月）」， 4 頁.）.

71) 外務省大臣官房 ODA 評価室［2020］「ODA 評価ガイドライン 13版」，10頁.
　外務省大臣官房 ODA 評価室［2021］「ODA 評価ガイドライン（令和 3 年（2021年） 6 月）」， 7 - 8 頁.

72) 外務省大臣官房 ODA 評価室［2021］「ODA 評価ハンドブック（令和 3 年（2021年） 6 月）」外務省ウェブサイト（国立国会図書館インターネット資料収集保存事業）（https://warp.ndl.go.jp/info:ndljp/pid/11697647/www.mofa.go.jp/mofaj/gaiko/oda/files/100205690.pdf, 2022年11月19日閲覧）.

73) 外務省大臣官房 ODA 評価室［2021］「ODA 評価ハンドブック（令和 3 年（2021年） 7 月）」外務省ウェブサイト（国立国会図書館インターネット資料収集保存事業）（https://warp.ndl.go.jp/info:ndljp/pid/12098438/www.mofa.go.jp/mofaj/gaiko/oda/files/100205690.pdf, 2022年11月12日閲覧）.

74) 外務省大臣官房 ODA 評価室［2022］「ODA 評価ハンドブック（令和 4 年（2022年） 4 月）」外務省ウェブサイト（https://www.mofa.go.jp/mofaj/gaiko/oda/files/100205690.pdf, 2022年11月12日閲覧）.

75) 注に「開発協力大綱」（2023年 6 月閣議決定）の位置づけを記載した（ 2 頁）ほか，「 4 ．評価結果のフィードバックとフォローアップ」(1)提言と教訓のフィードバックの項目にて，ODA 政策から開発協力政策に変更している（ 4 頁）. また，図 2 の表記について省内関係課・在外公館・実施機関での提言への対応策の検討をボックスに変更，①と②の指示番号もなくなった. 外務省大臣官房 ODA 評価室［2024］「ODA 評価ガイドライン（令和 6 年（2024年） 1 月）」， 4 頁.

76) 外務省大臣官房 ODA 評価室［2024］「ODA 評価ガイドライン（令和 6 年（2024年） 1 月）」， 5 - 6 頁. 細かな変更点としては，【参考 3 】図 3 ODA 評価の実施主体と評価対象のデザイン修正がある（ 7 頁）.

77) 外務省大臣官房 ODA 評価室［2021］「ODA 評価ガイドライン（令和 3 年（2021年） 6 月）」， 9 頁. および，外務省大臣官房 ODA 評価室［2024］「ODA 評価ガイドライン（令和 6 年（2024年） 1 月）」， 8 頁.

78) 外務省大臣官房 ODA 評価室［2024］「ODA 評価ハンドブック（令和 6 年（2024年） 1 月）」，17頁. 以下のように国家安全保障や積極的平和主義，FOIP といったアイデアが反映されている.

- 我が国の主権と独立を維持し，領域を保全し，国民の生命・身体・財産の安全を確保する. そして，我が国の豊かな文化と伝統を継承しつつ，自由と民主主義を基調とする我が国の平和と安全を維持し，その存立を全うする. また，我が国と国民は，世界で尊敬され，好意的に受け入れられる国家・国民であり続ける.
- 経済成長を通じて我が国と国民の更なる繁栄を実現する. そのことにより，我が国

の平和と安全をより強固なものとする．そして，我が国の経済的な繁栄を主体的に達成しつつ，開かれ安定した国際経済秩序を維持・強化し，我が国と他国が共存共栄できる国際的な環境を実現する．

- 自由，民主主義，基本的人権の尊重，法の支配といった普遍的価値や国際法に基づく国際秩序を維持・擁護する．特に，我が国が位置するインド太平洋地域において，自由で開かれた国際秩序を維持・発展させる．

第10章 評価管理の技術

＋ 1．漸変主義に基づく管理

　第10章では，外務省大臣官房 ODA 評価室がどのように評価ポリシーの記述を更新してきたか，その技術を探る．最後に，第7章，第8章，第9章の内容に言及しながら整理する．それが「外務省大臣官房 ODA 評価室は，ODA 評価をどのように管理しているか」に対する具体的な答えとなる．

　第9章で追跡したように，評価ガイドラインの性格は変容し続けてきた．すなわち初版では評価の理論的，歴史的位置づけを図った．第2版から第5版では，外務省改革の組織変化を反映しつつ，ODA 評価の基準や方法を整備，定着させていった．いわば組織内の管理技術であった．大臣官房に ODA 評価室が移った第6版以降は，入札で雇った外部の評価チームを作ることになった．評価ガイドラインは官民関係における官から民のコントロールの側面を強めていった．こうして，評価の実施が行政組織の内側で完結しなくなったため，組織外にまで管理技術の範囲が広がった．第9版以降は，実務的な試行錯誤を反映する場としての役割になったことを受けて，ハンドブック部における手法や方法にまつわるノウハウが拡充されていった．その一方で，評価の目的を示すためのガイドライン部は国際的な規準に依拠する部分を増やし，より簡潔になっていった．

　こうした評価ガイドラインの変遷を整理すれば，その要因には次の5点があると考えられる（表10-1参照）．第1に，組織の変化である．行政改革に影響を受けて，評価に関係する行政組織の構造や関係，態制が変わると権限や役割分担も変わる．この変化を考慮した評価活動が必要になるため，合わせて評価ガイドラインも更新される．たとえば，第8章で検討してきたような行政改革や

表 10-1 ODA 評価ガイドライン変化の要因

要　因	「ODA 評価ガイドライン」に影響した例
1．組織の変化	組織の統合や独立 官房と原課・原局の関係 独立行政法人化（JICA） 官民関係の変化（有識者と入札，コンサルタントなど）
2．政策の変化	政府や大臣の方針，議会の決議 大綱の変化，予算の増減 政策をとりまく状況の変化
3．国際的な動向	評価の国際行政の影響，評価ガイダンス OECD，DAC 評価会合，NONIE などの議論
4．理論と実務の影響	理論の影響（行政学の知見，日本評価学会など） 実務における教訓・ノウハウの蓄積と合意 ODA 評価の試行結果，他の情報（行政事業レビュー，会計検査，行政監察など）の反映
5．変更の累積	記述の加筆，削減，構成や項目変更

出典：三上［2021a：136（表 2）］.

　JICA の独立行政法人化が契機となって，その行政管理のあり方が評価ガイドライン上で検討されてきたのであった．また，ここには官民関係の変化も反映される．第三者評価を有識者会議の評価から入札方式での委託評価に変えたことで，コンサルタントによる評価の実施過程をどのようにコントロールするかに関心が移った．その結果，報告書の構成，分量，現地調査の方法などをコンサルタントに指定するなど手順書的な性格を強めた．

　第 2 に，政策の変化である．評価の対象の変化により評価ガイドラインは変化した．政治家や社会が求めるものが変わると予算や大綱が変化する．そしてこれに伴って評価のあり方も変わった．たとえば，「外交の視点からの評価」が導入されたり，評価項目が増えたりした点には，ODA の政策に対する期待が変化したことが影響している．「開発協力大綱」や「国家安全保障戦略」は，政策体系の全体像を変え，評価の在り方に作用する．

　第 3 に，国際的な動向である．第 7 章でみたように国際的な合意や連携，検討は，評価ガイドラインの在り方に大きな影響を及ぼしてきた．たとえば，OECD-DAC などで合意された文書群や基準は，国内の評価ガイドラインが更新される際に反映されてきた．この意味で，外務省大臣官房 ODA 評価室は，国際行政と国内行政の間に生じる離齬や方法論の乖離などを調整する役割を果

たしてきた.

第4に,理論と実務の影響である.理論主導型の初版が評価の重要性を実務に位置付けたように,あるいはその後実務における試行錯誤の積み重ねがフィードバックされるなか,理論の在り方にも影響を及ぼしたように相互の影響がみられる.また,ここには行政事業レビュー,会計検査,行政監察など評価や評価に準ずる実務的活動が生み出した情報も反映されてきた.

第5に,些細な変更の累積がもたらす大きな方向転換である.評価ガイドラインの記述は基本的に漸変していた.すなわち,文章を毎回新規に書き下ろすというよりは,前の版で使われていた文章をベースに改訂を進める.そのため,評価ポリシーの改訂ごとに加えられる些細な加筆,修正,削減,項目の箇所移動は積み重なって前例となり,後の大きな変更のきっかけとなる傾向もみられた.評価ガイドラインや評価ハンドブック中には文章だけが引き継がれ,文脈を離れていくからである.

たしかに,5つ目の要因は仕事をするうえで直面する「当たり前のこと」であり,学術的にも「面白い」ものではないかもしれない.しかし,そうであるからこそ実務と学問で見過ごされがちである.評価管理のなかで,もともと意図していなかった変更と運用(いわば,組織活動プログラムの「エラー」ないし「バグ」)が積み重なり,次第に影響力を強めていくこととなる.たとえば,文章に記載した並び順を読みやすいように変えたはずが,優先順位や重要度の順であるように扱われたりした.同様のメカニズムで,評価の伝統的な理論体系とは異なる事項も混入していった.その典型例が「PDCA サイクル」である.初版や第2版で使われていた ODA 評価の機能図が,「わかりやすさ」のために第3版で「PDCA サイクル」の図に差し替えられた.それ以降はこの図を引用する形で「ODA 評価=PDCA サイクル」という方程式で ODA 評価の機能がイメージされるようになった.この認識は次第に,外部の評価者にも広がっていった.理論のとおりに実践が進まない一因でもある.

ほかにも,初版で強調されていたはずの「議会によるアカウンタビリティ確保」という(本来の)評価の歴史的位置付けもまた,およそ10年をかけて言及の回数と分量が減らされ,最終的にはすべての文言が削除された[1].年月を経て担当者が入れ替わるなかで ODA 評価の議会(国会)に対する情報提供の側面は当初の期待に比して軽視されるようになったとさえ考えられる.

こうした通常であれば気づかない些細な変化が長い年月を経て積み重なるな

かで，行政における影響力を増していく．そうした変化がどのような文脈で生じていて，そこにはどのような意図が込められていたのか．ひとたびガイドラインの更新を担った評価室長と当時のメンバーが異動してしまうと，後任の評価室長にはわからない状況になる．

　ただし，これは外務省大臣官房における ODA 評価室長のタスク処理能力が高く，優秀かつ有能であるがゆえに発生する現象でもある．すなわち，眼前の複数の課題を能率的に達成するべく，そこに新たな解釈を加えて評価管理を進めていく．こうして，評価の行政プロセスに多種多様なアイデアを無矛盾な形で整合していく．漸変主義は官僚制組織の特徴であるが，やはり評価の管理においても例外ではない．

＋ 2．国際行政と国内行政の交錯

　しかも，こうした漸変的な管理に際して，外務省大臣官房 ODA 評価室長は，評価に関する国際課題についても同時並行で処理する．すなわち，国内行政と国際行政の交錯が，ここにみられる．この交錯を整理するため，評価ガイダンスの代表的な3つのテーマを取り上げ，その交錯における諸影響を考えてみたい．すなわち，国内外での専門用語の統一，評価の質（evaluation quality）の確保，評価の基準や原則の標準化である．

　まず第1のテーマとして，国内外での専門用語の統一である．この議論は，1980年代の評価の原則や規範，基準，ガイダンスを定めた最初の文書ですでに記述されていた．だが，この時点では国際社会における評価実務者間で合意がとれない部分も多く，用語をめぐる些細な違いに数多くの但し書きや付記がつけられていた（第7章を参照）．1999年9月には用語集の見直しが始まり，2000年には取りまとめが行われた．その背景には「結果重視マネジメント（RBM）」の議論があり，その集大成である "Glossary of Key Terms in Evaluation and Results Based Management" は2002年に公表された．

　しかし，この用語集は日本の外務省が作成する ODA 評価ガイドラインの初版ではすぐに利用されず，初めて導入されたのは2005年時点の第2版であった［三上 2021a：132-133］．初版の記述は学術的で実務家にとって使い勝手がよくなかったため，改訂版である第2版ではより実務的な記述に整理していた．この記述整理に際して，OECD の用語集が利用された形となる．

　第2に，評価の質の確保が評価ガイダンスのテーマになった．この議論は OECD-DAC における統合評価に由来していた．オーストラリアとオランダが共同で実施した統合評価では，ジェンダー平等作業部会（Working Party on Gender Equality）とともに，評価の問題点を洗い出した[3]．このとき，ジェンダーの視点から評価結果の質が低いという指摘がなされたことで，評価の質に関する議論がはじまった．この評価結果を受けて2006年に提示されたのが，オーストラリアとデンマークが主導した「OECD-DAC 評価の品質基準（Evaluation Quality Standards)」のドラフト版であった[4]．試行期間を経て修正を図り，2010年に完成版 "Quality Standards for Development Evaluation" が公表された[5]．

　それでは，この OECD-DAC 評価の品質基準をどのように国内の評価管理に使ったのだろうか．日本国内では次のような対応が見られた．まず，試行期間中の OECD-DAC 評価の品質基準の文書を日本語に仮翻訳し，ガイドラインの巻末に掲載した[6]．次に，これを既存のガイドラインに組みこむ際に国内行政において変化が生じた．岡田克也外務大臣の指示によって開催された「ODA のあり方に関する検討会」が発端となって，2011年度よりコンサルタントが第三者評価を実施するようになったからである．このコンサルタントが行う評価を念頭に，その評価結果とフィードバックの質を改善するべく第6版では次のような文言が記述された．すなわち，「評価チームの選定に当たっては，透明かつ開かれた調達手続きをとる．評価チームの構成は，極力評価手法と分野別知識をもつメンバーを組み合わせ，ジェンダーバランスを考慮し，かつ対象国／地域の専門家を含めるべきである」という入札の条件に関する記述が追加された[7]．このように，OECD-DAC 評価の品質基準による評価の質の向上という国際的な動向に対応するにあたって，そのタイミングで議論が進んでいた評価の入札制度と微調整を図った．「漸変的」そのものである．

　評価ガイダンスの第3のテーマは，評価の基準や原則であった．1991年には，OECD-DAC が定める開発援助の評価原則 "OECD-DAC, Principles for Evaluation of Development Assistance" が作成され，評価の目的として妥当性，有効性，効率性，インパクト，持続性が示された．これが OECD-DAC 評価基準であり，国内に取り込まれたのは第2版の評価ガイドラインであった．いわば，ODA 評価の道標として機能してきた．

　ところが，2015年に SDGs が採択されたことで，OECD-DAC 評価基準の整

理と新たな規準追加に関する議論が始まった．具体的には，次のような経緯を
たどった．まず，2015年に SDGs が採択され，SDGs に沿った評価の必要性が
提起され始めた．次に，OECD-DAC ハイレベル会合のコミュニケにおいて，
2030アジェンダに向けた評価5項目の適合が奨励された[8]．これを受けて，
DAC 評価会合では議論が進み，最終的に2019年には各評価基準の再定義と整
合性（coherence）の追加が行われた．

　この経緯にあるように，整合性に関する国際的な議論の契機は SDGs にあっ
た．しかし，日本では異なる受け入れ方で進めた．「ODA のあり方に関する
検討」以来，ODA 評価室は「外交の視点からの評価」を求められてきたから
である．外交の視点からの評価は，第6版で試行的に導入され，2012年4月に
改訂された第7版で正式に導入された．この外交の視点からの評価は，諸外国
では行われていない日本独自の方式であると考えられている[9]．この外交の視点
からの評価の制度化は，開発協力大綱や国家安全保障戦略によってさらに進ん
だ．ODA 大綱が開発協力大綱に改正された際に，この「外交の視点からの評
価」が大綱レベルで求められるようになったからである．

　この国内の政治家からの要求と国際行政における合意との狭間で，ODA 評
価室は記述のすり合わせを進めたと考えられる．具体的には，ODA 評価ガイ
ドライン第13版の改訂に際して，外交の視点からの評価を位置づけるための原
則として「整合性（coherence）」を位置づけた．大臣官房 ODA 評価室長も参加
していた OECD-DAC 内の整合性の議論とは趣旨が若干異なっていたが，日本
国内でのこの新基準への対応は，次のように記述された．

　　「2019年に採択された OECD-DAC 新評価基準では，従来の5つの評価基
　　準に新しい評価基準として『整合性』が追加され，『整合性』については
　　既存の外務省 ODA 評価基準及び外交の視点からの評価の枠内で対応する
　　ことが可能であるため，外務省 ODA 評価基準は維持することとする」[10]．

　以上の3つのテーマの流れを図10-1のように示した．これらが示唆するの
は，評価の管理においては，国内行政における諸事情を勘案して，その諸事情
との調整を図りながら評価の国際行政における議論を受容していることである．
そして大臣官房 ODA 評価室は選択的に国際的な動向を取り入れていると考え
られる．たとえば，DAC 評価会合が公表した地域紛争に関する評価ガイダン
スなどは，国内の評価ガイドラインには取り込まれていない．

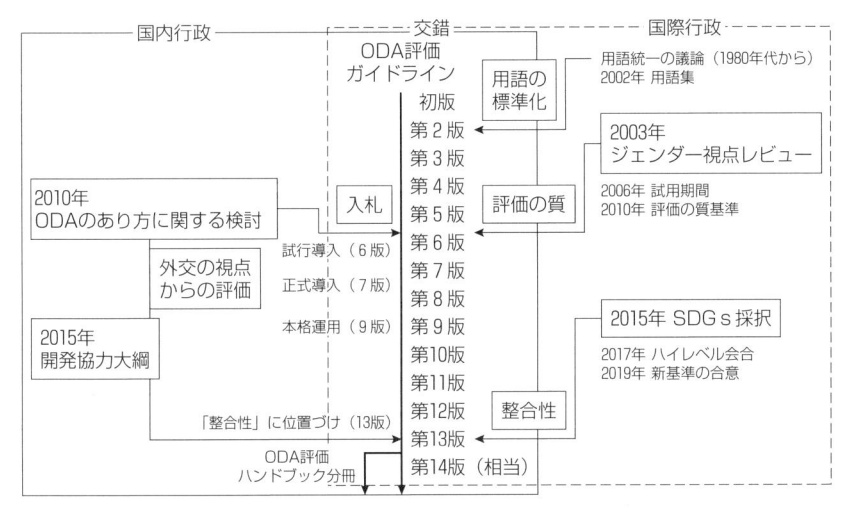

図 10-1　ODA 評価ガイドラインの漸変的な管理
出典：本書の議論をもとに筆者作成.

　これまで見てきたように，外務省を取り巻く環境，とくに ODA 評価室の組織内外の環境変化は，1 年から 2 年ごとに評価ガイドラインに反映されていた．ガイドラインは政治と行政，国内と国際，官と民，理論と実務など異なる次元や立場の間で評価のあり方を調整し，共有するフレームワークとしての役割を果たしていた．その結果，評価の行政プロセスが硬直化，形骸化しなかったといえるかもしれない．

＋ 3．戦略的な評価管理の必要性

　とはいえ，以上のような有能さがもたらす課題もある．それは，室長や官僚の巧みな領域であるため，異動のたびに中長期的には評価の方針や管理方針が揺らいでしまう点である．これは評価の管理に限らず，行政管理に関するさまざまな行政プロセスで起きている状況かもしれない．

　ODA 評価の管理が行われているにもかかわらず，なぜアカウンタビリティ確保のメカニズムには課題が生じるのか．アカウンタビリティの断片化を視角として，背景と理由について 2 点を指摘したい．

　第 1 に，組織や政策が変わった際に，評価ポリシーについても適切な調整が

行われないと断片化が生じてしまう．変更前の評価手法が取り残されると新旧複数の評価が併存する形で実施され，追及するべきアカウンタビリティが断片化する背景となる．調整されずに残ってしまった行政プロセスの影響としても考えることができるだろう．これは JICA の組織統合（第8章）でもみられた．

アカウンタビリティ・メカニズムを連携するためにすべてのアカウンタビリティを統一的にとらえ，すべての要求を満足させることは，時間や予算といったリソース上の制約もあるため現実には難しい．その結果，評価活動に対する力の入れ具合に軽重が生じ，評価の実施を担当する者は追及手段を選択的に実施することになる．このとき場合によっては，より楽で簡便な方法を選択するかもしれない．調整を避けることで，評価者ごとに追及するアカウンタビリティと得られる情報が断片化してしまう．この意味で，現在進められている「ガイドライン」や「ハンドブック」による行政プロセスの管理の努力は有効である．

第2に，実施機関との関係である．評価ポリシーの変更主体が複数であれば，断片化が生じる．本書の事例から振り返ると，外務省と実施機関が国内行政と国際行政の狭間で活動する際に生じていた（第7章，第8章，第9章）．外務省，JICA，JBIC それぞれが DAC 評価会合に参加するのだが，インパクト評価をめぐる会合では JBIC が積極的に動いていたり，合同評価や評価連合への参加の判断が外務省と実施機関で異なっていたりしていたのは，第7章で検討したとおりである．各組織が自律性をもって活動するため，必ずしも組織間で足並みが揃わない場合も出てくる．このとき，外務省と実施機関それぞれが，別々の視点で国際的な「標準」をみるようになる．解釈が異なるといってもよい．そのため，アカウンタビリティの連携を推し進めるはずの国際行政における標準化が，むしろその逆の効果を招く可能性もあり，結果として外務省と実施機関の解釈に乖離が生じ，異なる方向でアカウンタビリティの追及が進み，断片化すると考えられる．これは府省と独立行政法人の関係に迫るものであり，今後も検討を深める必要がある．

第3に，適正な評価管理の難しさが招く断片化である．ある組織（ここでは外務省）がさまざまな種類のアカウンタビリティを要求された結果，評価に多元化と多重化が発生する（第2章を参照）．この状態では，適切な評価管理が不可欠になる．そのためには評価ポリシーが評価の方向を整理し，求めるアカウンタビリティに応じた分担を考え，各評価業務を整序する必要がある．

　しかし，実務においてはこの整理，整序がうまくいかないことも多い．とくに第9章でみたように，評価ポリシーの度重なる変化がどのような背景と視点に基づいていたのかを長期にわたって把握しつつ，整序するのは想像以上に骨の折れる作業である．評価ポリシーの変更が進むなかで，小さな変更が繰り返されて後に大きな差となってしまうこともあった（「PDCA サイクル」や国会の役割軽視など）．そうした結果として，特定のアカウンタビリティ規準（たとえば効率）だけが過度に強調されたり，一定の評価手法（たとえば業績測定やランキング，レーティング）だけが実施されたりすると，責任追及をする者に必要な情報が届かない状態が起こってしまう．

　以上の困難を乗り越え，室長や担当者が変わっても組織としての連続性を確保するためには，評価管理の在り方や管理技術そのものについて中長期的な方針を予め定めておく必要がある．第9章でみたように，ガイドラインやマニュアルのレベルを丹念に整備している外務省は，政治家の要求や大綱の変化への対応に苦心してきた．大綱とは異なる評価政策や評価戦略といった評価ポリシーを予め整備することで，その影響を緩和しつつ，更なる戦略性を確保できるようになる．

　そのためには，国際行政や政治過程の結果を行政プロセスに「翻訳」するだけではなく，政策や行政に関する情報（intelligence）について，外務省が政策改善に必要とする情報は何か．政治家や国民，住民の納得に必要な情報は何か．あるいは不要か．こうした要件のためには，いかなる評価活動を組み合わせる必要があるか．この態制に関する全体像ないし鳥瞰図を示しておく必要がある．これは，いかなるアカウンタビリティ・メカニズムを外務省内外に根付かせ，いかなる行政プロセスで仕事を進めるか，を考えることでもある．

　ただし本来，外在性があるべきアカウンタビリティの全体像を内部で設計するのは困難である．ここに日本評価学会などの研究者・専門家集団との連携が役立つ．あるいは省外であれば，政策評価制度の評価管理を担う総務省の知見も役立つ．また，アカウンタビリティ以外の評価の機能ともいかにすみわけるかを考える必要もある．

　方針の策定にあたっては，これまでの室長たちが何を意図してきたのか，会議でどのような論点があがっていたのか．この歴史的経緯を一層詳細に振り返る必要がある．それは，行政学研究者の責任でもあり，本書に続く今後のさらなる課題となる．

注

1 ） 外務省経済協力局評価室［2003］，3 頁，外務省国際協力局評価室［2009］「ODA 評価ガイドライン第 5 版」，9 -11頁，外務省大臣官房 ODA 評価室［2013］「ODA 評価ガイドライン第 8 版」，3 頁．の記述変化がその一例である．

2 ） OECD［2002］"Glossary of Key Terms in Evaluation and Results Based Management, OECD" EvalNet ウェブサイト（https://www.oecd.org/dac/evaluation/2754804.pdf, 2020年 9 月 6 日閲覧）．

3 ） OECD［2003］"Review on Gender and Evaluation, Room Document No. 1.".

4 ） OECD［2006］"Evaluation Quality Standards" OECD ウェブサイト（https://www.oecd.org/officialdocuments/publicdisplaydocumentpdf/?docLanguage=En&cote=DCD/DAC/EV（2006）2, 2021年11月 5 日閲覧）．

5 ） OECD［2010］"Quality Standards for Development Evaluation, DAC Guidelines and Reference Series" EvalNet ウェブサイト（https://www.oecd.org/dac/evaluation/qualitystandards.pdf, 2021年11月24日閲覧）．

6 ） 外務省国際協力局評価室［2009］「ODA 評価ガイドライン第 5 版」前掲．

7 ） 外務省大臣官房 ODA 評価室［2011］「ODA 評価ガイドライン第 6 版」外務省ウェブサイト（国立国会図書館インターネット資料収集保存事業）（https://warp.ndl.go.jp/info:ndljp/pid/3487627/www.mofa.go.jp/mofaj/gaiko/oda/kaikaku/hyoka/pdfs/guideline_6.pdf, 2022年11月19日閲覧），55頁．

8 ） OECD［2017］"DAC High Level Communiqué 2017" OECD iLibrary ウェブサイト（https://www.oecd-ilibrary.org/docserver/14b33c93-en.pdf, 2022年 5 月 5 日閲覧），5 頁パラグラフ27.

9 ） 外務省［2020］「ODA 評価年次報告2019」外務省ウェブサイト（https://www.mofa.go.jp/mofaj/gaiko/oda/files/100013472.pdf, 2022年 5 月 5 日閲覧），28頁．

10） 外務省大臣官房 ODA 評価室［2020］「ODA 評価ガイドライン第13版」外務省ウェブサイト（国立国会図書館インターネット資料収集保存事業）（https://warp.ndl.go.jp/info:ndljp/pid/11507251/www.mofa.go.jp/mofaj/gaiko/oda/files/100065237.pdf, 2022年11月19日閲覧），4 頁．

終 章 評価と行政管理の政策学

「行政における評価はいかに管理されているか」．これが本書の問いであった．これを実務的課題に落とし込み，ODA 評価を大きな素材としてさまざまな角度から検討してきた．その中核には，「アカウンタビリティ・メカニズム」が横たわっており，「アカウンタビリティを適切に確保する政府を実現するための行政管理」について本書は議論を重ねてきた．

本書の結論として見えてきたのは，外務省大臣官房 ODA 評価室が，内外からのさまざまな要求事項を巧みにすり合わせながら評価の「交通整理」を行っているというものであった．外務省は必ずしも政策の具体的な内容を決めるような強い影響力を有しているわけではないが，政策の作り方や実施の在り方そのものをコントロールする点で重要な役割を果たしていた．ここから本書は，「アカウンタビリティのジレンマ」の解決に向けて，評価管理の可能性を具体的事例から示した．

評価管理の実態を明らかにし，政府におけるアカウンタビリティ・ジレンマ問題の「塩梅」や「バランス」をコントロールするための手がかりを得る点が，本書の狙いであった．本書が示した手がかりは「評価ポリシー」という一連の政策群であり，ここに「アカウンタビリティ・メカニズム」の制御可能性が秘められている．外務省による評価管理が，ODA 評価の全体像，ひいては政策過程の在り方を左右する事実から，本書はこのように考えている．

本書で行った検討は，副題に示されるように，日本の外務省と開発協力行政を中心とした ODA 評価に限られている．そのため，評価管理のさらなる可能性について論じるためには他の政策領域や他国の実践例についてさらに検討しなければならない．

さて，政府の語源が統治やガバナンスと同じ「操舵」に由来するのはよく知られた話であり，政府はしばしば「船」にたとえられる．たとえば Osborne [1]

と Gaebler による舵取り（steering）と船漕ぎ（rowing）の区別が有名である［Osborne and Gaebler 1992］が，政府の活動を考える際に 'steer' は重要な論点となる．この 'steer' の代表的な担い手については，政治家が注目されることが少なくないが，現代の複雑な政府や行政に鑑みれば，'steer' の力量は政治家だけを見ているだけでは不十分である．船の全体を制御しようとするならば船長のみならず巨大な構造物である船の全体に目を向けなければならない．すなわち政治家だけではなく，政府部内に張り巡らされたさまざまなメカニズムが適切に整備されていて初めてコントロール可能なものになる．現代政府は統治に関与するアクターが増え，さながら「船団」の様相を示している．それを制御するためにはどうすればよいのか．本書では序章で政府を機械仕掛けのコンピュータにたとえたが，そこには複雑かつ膨大なコントロールが集積している．

　本書で見てきたように，評価ポリシーには，評価を通じた 'steer' の諸技術が蓄積している．外務省大臣官房 ODA 評価室の「ODA 評価ガイドライン」は，国内外の政治や行政を繋ぎ，政府と民間企業の間の入札を管理するなど複数の機能を持ちながら，行政官僚制の内外の関わりをコントロールする役割を果たしている．その塩梅やバランスは巧みな技術に依存していた．とくに国際行政と関わる評価の領域では，国際的な規準や考え方，民主主義の在り方を取り入れる際に大臣官房の活躍が見られる点で国内行政と国際行政の交錯も重要であった．

　この「巧みな技術」はときとして一貫性と連続性ある活動を難しくするかもしれない．というのは，行政実務で仕事を「さばく」「回す」の能力と中長期的な経緯をもとに方針を見据える能力は必ずしも一致しないからである．この課題は，評価管理に限らず，さまざまな行政管理の実務で見られるものでもある．その対処法として，いかなる方針で行政管理をするか，あらかじめ定めておく必要があるというのが本書の主張である．そのためには，本書のように過去の経緯と文書群をデスクレビューすることが役立つだろう．

　民主主義に立脚しつつ，有効性ある政策を実施できる政府を実現するためには，アカウンタビリティ・メカニズムを適切な塩梅やバランスで運用することが重要である．そのあり方を考える糸口が評価管理にあることを，本書が明らかにすることができたのであれば幸いである．

注

1）　近年であれば，行政学者の森田朗が「船」の絵を報告資料中で用いている（2023年2月22日の政策評価に関する統一研修「変化の時代における政策形成と政策評価」4-8頁（https://www.soumu.go.jp/main_content/000870129.pdf，2024年10月7日閲覧）．第2章で紹介したアカウンタビリティ研究を先導する理論家 M. A. P. Bovens が W. J. Witteveen らと共同で編者を務め，H. R. van Gunsteren と1980年代半ばから1990年代にかけて執筆した 'Recht, Staat en Sturing' シリーズでも，この 'Het schip van staat'（オランダ語，英語で The Ship of State）がキーワードとなっており，アカウンタビリティやコントロールに関する先行研究や国際動向の世界観を知るうえで手がかりとなる（e.g., Bovens, Derken en Witteveen（reds.）[1987]）．この点も本書では部分的にしか言及できておらず，今後の課題となる．

2）　複数の行政機関，民間企業，非営利組織などが連携して公共部門の課題に取り組む状況をみることができる．本書で扱った開発協力行政もまた，その典型であった．多機関連携に関する議論は，伊藤［2019］を参照されたい．

あとがき

　本書は，同志社大学大学院総合政策科学研究科に2023年3月に提出した博士学位論文「日本外務省における開発協力の行政学的研究——評価とアカウンタビリティ——」に大幅な加筆修正を施したものである．

　2011年3月11日に発災した東日本大震災・原子力災害．筆者は東京の神保町で帰宅難民となり，放射性物質と余震に怯えながら計画停電の日々を過ごした．この経験を通じて筆者は「政府」や「行政」，そして「政策」に関心を抱くようになった．「政策学」に惹かれて関西の地に飛び込んでからは，本書の刊行に至るまでに数々のご縁と沢山のご支援に導かれてきた．この場を借りて，御礼を申し上げたい．

　まず，同志社大学政策学部である．なにより，ここで山谷清志先生に出会い，ご指導を賜れたことが人生の転機であった．このご縁がなければ，筆者が研究者の道を歩むことはなかったに違いない．師匠の山谷先生には行政学，政策学，評価学を中心に幅広く学術知識と実務知識をご指導いただいた．まだまだ未熟で不出来な弟子であるが，指導教授として人生の師匠として筆者を導いてくださった山谷先生に本書の刊行を通じて感謝と御礼を申し上げたい．

　修士論文と博士論文の副査をご担当いただいた真山達志先生と風間規男先生にも深く御礼を申し上げたい．学部，大学院，助教時代と約10年間にわたってご指導を賜り，行政学と政策学における形成・実施・評価の各論を網羅的に学ぶことができた筆者は幸運であった．

　また，故今川晃先生，新川達郎先生，入江容子先生，野田遊先生，高橋克紀先生をはじめ，多くの行政学者に教えを請うことができた．月村太郎先生には国際政治学や国際政治史，地域研究の奥深さを教えていただいた．筆者が英語以外の言語や国際行政学にも取り組む決心をした背景には，先生からの厳しくも心温まるご指導があった．Ofer Feldman 先生には資格審査論文の副査として政治学研究の在り方に関する有益なアドバイスをいただくことができた．畑本裕介先生には，大学院と助教の不安定な時代を親身に支えていただいた．ここに名前を書ききれない先生方，そして事務職員の方々も含め，感謝の意を示したい．

　次に，学会と研究会である．日本公共政策学会関西支部では，足立幸男先生，石橋章市朗先生，上田昌史先生，岡本哲和先生，奥井克美先生，佐野亘先生，焦従勉先生，髙野恵亮先生，土山希美枝先生，永田尚三先生をはじめ，地域をあげて多くの先生方に育てていただいた．関東人の筆者を温かく受け入れてくれた関西は，今では筆者のもう1つの故郷である．

　日本評価学会では，数多くの報告機会とご指導を賜ることができた．とくに村上裕一先生からは「評価について，アカウンタビリティと他の責任や目的との間でいかにバランスをとるか」といった旨で，学会報告や懇親会の折にふれて宿題を頂戴することができた．先生からの宿題に何とか答えなければ，という思いで「評価管理」の視座とこれに基づく「アカウンタビリティ・メカニズムの制御可能性」に辿り着くことができた．

　日本行政学会の2022年度総会分科会Ｂ1「外務省の組織と作用」にて賜った報告機会は，本研究のターニングポイントとなった．ここでの経験から，評価を通じて国際行政と国内行政の交錯に目を向ける発想に至った．司会の坂根徹先生と企画の村上裕一先生，ご同席いただいた先生方のお陰で，博士論文と本書を外務省研究に位置づけることができた．厚く御礼を申し上げたい．

　筆者が参加をお許しいただいていた各研究会にも感謝の意を表したい．佐野亘先生が主催する関西公共政策研究会では，哲学をはじめとした幅広いテーマを学ばせていただいた．佐野先生，奥田恒先生，杉谷和哉先生には就職時のご支援までいただけた．福島でご縁ともいうべき出会いをした京俊介先生には関西行政学研究会と行政共同研究会をご紹介いただき，計量研究や行動研究など行政学の新しい研究動向について学びを得ることができた．月村先生が主催する地域紛争研究会では，吉田徹先生や富樫耕介先生を始め，学内外の先生方から地域研究の重要性や国際政治・比較政治の奥深さを学ぶことができた．

　研究費に関連した研究会にも順に御礼を申し上げたい．南島和久先生が主催する研究開発法人M&E研究会では，科学技術政策や科学技術外交について学ばせていただいた．南島先生，定松淳先生，塩満典子先生，白川展之先生，西山慶司先生，村上裕一先生，そしてJAXAの宮崎英治氏・柳瀬恵一氏に深謝の意を表したい．人権指標に関する研究会では，指標や評価と国際人権条約の関係について勉強させていただいた．主催の棟居徳子先生と申恵丰先生に殊に御礼を申し上げたい．エッセンシャルワーカーの研究会では地方自治やジェンダー政策の重要性を学ばせていただいた．藤井誠一郎先生と渋谷典子先生，自

治労の皆様方に感謝したい.

　学会や研究会でお世話になった実務の方々にも深く御礼を申し上げたい. まず, ODA 評価に深く関わる実務家たちである. とくに外務省大臣官房 ODA 評価室長（当時）の村岡敬一氏には, ODA 評価や OECD-DAC の動向を聞かせていただいた. また, 世界銀行独立評価グループ（当時）の濱口勝匡氏からは「アカウンタビリティの波及」について聞かせていただいた. 外務省大臣官房 ODA 評価室, 考査・政策評価室（および, 国際機関評価室）の方々, JICA の方々, 外交官の方々にも多くを学ばせていただいた. また, 総務省行政評価局の方々には, 日本評価学会や日本オンブズマン学会を通じて政策評価の実務動向を学ばせていただいた. 行政管理局調査法制課には「行政制度に関する研究会」の報告機会をいただき, 本書のタイトルにもある行政管理の重要性を改めて認識できた. 深く感謝を申し上げる.

　筆者は, 山谷門下の末弟として山谷ゼミ出身者や関係者, 兄弟子たちにも恵まれた. 南島和久先生, 橋本圭多先生, 湯浅孝康先生, 故北川雄也先生, 鏡圭佑先生には研究や就職について大変にお世話になり, 本書の刊行に際しても数々のコメントやアドバイスを頂戴した. とくに南島先生からは, 本書や査読論文を始めとして丁寧なご指導を賜ることができた. また, 今川先生門下の藤井誠一郎先生と山谷清秀先生にも常日頃から親身に支えていただいた.

　かつて筆者は, 家族が大病して学費が捻出できず, 大学院進学を断念しかけていた. この頃, 小川照一氏をはじめ大学教職員の方々, 上京区地域の方々, 友人たちに支えられた. 中でも, 兄弟子の故北川雄也先生から京都文教大学の公務員指導の職を紹介いただき, そのお陰で日々の生活を繋ぐことができた. この恩義を忘れることはできない. 当時, 仕事を与えてくださった大森晋先生, 鈴木國世氏, 早瀬善彦先生, 講義の中でご声援をくださった有本建男先生にも併せて厚く御礼を申し上げる. また, 同志社大学政策学部スカラシップ, 同志社大学大学院奨学金, 同志社大学大学院博士後期課程若手研究者育成奨学金, 独立行政法人日本学生支援機構第一種奨学金, 松下幸之助記念志財団研究助成, 次世代研究者挑戦的研究プログラム（SPRING）と多くの資金助成に研究生活を支えていただいた. このどれか 1 つでも欠けていれば, 研究の道を継続することは叶わなかった. オランダ渡航の契機となった SPRING については, 事務局の方々と塚越一彦先生, 加治木紳哉先生, 同風会のメンバーにとてもお世話になった.

有本新先生，佐藤良樹氏，霜永智弘先生，伊﨑直志氏，細田拓成氏（国土交通省北海道開発局）には，出身ゼミの垣根を越えて理論と実務の双方から研究相談に乗っていただいた．山谷ゼミの立石健太氏，山田裕斗氏，安藤理氏，頼末知佳氏（農林水産省）には翻訳や研究，実務動向の相談で日々支えていただいた．とくに佐藤氏，細田氏，山田氏には本書の校正を手厚くご支援いただいた．共同研究室や銭湯，相国寺横の喫茶店（リンコーヒー）で苦楽を共にした日々は忘れられない．

　四畳半暮らしの苦学生時代から筆者を支えてくださった京都の方々にも改めて深謝したい．全てのお名前を記せないことが心苦しいが，中でも河原町丸太町の桜湯さんと文化堂珈琲の田口和弘氏には幾度も窮地を救われた．

　2024年4月から着任した長野県立大学でも，本書刊行までに多くのご支援をいただいた．温かく筆者を迎え入れてくださった学部・大学院の先生方，大学教職員の方々，そして長野と信州の方々に御礼を申し上げたい．

　末筆ながら，本書の刊行に至るまで辛抱強くご尽力をいただいた晃洋書房の丸井清泰氏と徳重伸氏に御礼を申し上げたい．最後に，学問の道に進むことを応援してくれた家族と親族に心からの感謝を伝えるとともに本書を捧げたい．

　　2025年1月

　　　　　　　　　　　　　　　　　　　　三 上 真 嗣

謝　　辞

　本研究は，以下の支援を受けた成果および成果の一部である.

- 公益財団法人松下幸之助記念志財団2021年度研究助成（人文科学・社会科学領域），研究代表者.
- JST 次世代研究者挑戦的研究プログラム（SPRING）「同志社大学大学院博士後期課程次世代研究者挑戦的研究プロジェクト」（課題番号：JPMJSP2129）研究代表者.
- JSPS 科学研究費助成事業（研究活動スタート支援）（研究代表者：三上真嗣，課題番号：JP23K18770）研究代表者.
- JSPS 科学研究費助成事業（基盤研究(C)）（研究代表者：南島和久龍谷大学教授，課題番号：JP22K01318）研究分担者.

　また出版に当たっては，長野県立大学2024年度学長裁量経費「国際・グローバル行政学に基づくグローバルマネジメントの研究——評価と管理の政策学——（出版助成）」の支援を受けた.

初 出 一 覧

　本書は，筆者が同志社大学に提出した博士論文「日本外務省における開発協力の行政学的研究——評価とアカウンタビリティ——」を基に，出版のために加筆修正を行った内容である．本書と博士論文，既公表文献との関係は以下のとおりである．

序　章　書き下ろし（出版時）
第1章　書き下ろし（博士論文時）．加筆修正．
第2章　書き下ろし（博士論文時）．出版のため，以下を用いて加筆修正．
　①三上真嗣「政策評価の行政管理に関する展望——アカウンタビリティ・ジレンマの克服に向けて——」『同志社政策科学研究』26(2)，2025年3月，55-66頁．
第3章　以下の論文をもとにした博士論文を加筆修正．
　①三上真嗣「政策評価における行政過程の再考」修士論文（未公表），2020年3月．
第4章　以下の論文をもとにした博士論文を加筆修正．
　①三上真嗣「評価システムとガバナンス——日本のODAにおける評価ポリシー——」『同志社政策科学院生論集』9，2020年2月，11-20頁．
　②三上真嗣「ODA評価の管理——組織と文書——」『同志社政策科学研究』24(1)，2022年8月，57-66頁．（資格審査論文，査読有）
第5章　書き下ろし（博士論文時）．出版のため，以下を用いて加筆修正．
　①三上真嗣「政策再編による評価の錯綜——科学技術外交とSATREPSを例に——」『評価クォータリー』64，2023年1月，14-31頁．
　②三上真嗣「政策評価の行政管理に関する展望——アカウンタビリティ・ジレンマの克服に向けて——」『同志社政策科学研究』26(2)，2025年3月，55-56頁．
第6章　書き下ろし（博士論文時）．出版のため，以下を用いて加筆修正．
　①三上真嗣「政策評価論における機械学習手法の応用——潜在ディリクレ配分モデルを用いた行政事業レビューの組織間比較——」『同志社政策科学研究』25(2)，2024年3月，61-74頁．
第7章　以下の論文をもとにした博士論文を加筆修正．
　①三上真嗣「援助評価の国際行政——DAC評価会合とガイダンス——」『同志社政策科学院生論集』11，2022年2月，13-22頁．
第8章　以下の論文と学会報告資料をもとにした博士論文を加筆修正．
　①三上真嗣「ODA評価とアカウンタビリティの断片化——JICA・JBIC統合の影

　　響──」『公共政策研究』22，2022年12月，156-166頁．（査読有）

　②三上真嗣「外務省の評価管理とガバナンス──大臣官房における国内行政と国
　　際行政の交錯──」，日本行政学会2022年度研究会プロシージャ，2022年５月．

第９章　以下の論文と共著担当部をもとにした博士論文を加筆修正．

　①三上真嗣「ODA 評価ガイドラインの行政学的考察」『日本評価研究』21(1)，
　　2021年３月，127-140頁．（査読有）

　②三上真嗣「ODA 評価の行政過程」，佐野亘・山谷清志監修，山谷清志編『政策
　　と行政』ミネルヴァ書房，2021年５月，245-266頁．

第10章　以下の論文と学会報告資料をもとにした博士論文を加筆修正．

　①三上真嗣「ODA 評価ガイドラインの行政学的考察」『日本評価研究』21(1)，
　　2021年３月，127-140頁．（査読有）

　②三上真嗣「外務省の評価管理とガバナンス──大臣官房における国内行政と国
　　際行政の交錯──」，日本行政学会2022年度研究会プロシージャ，2022年５月．

終　章　書き下ろし（出版時）

参 考 資 料

資料1　評価の定義に関する DAC 加盟各国の主張 (2000年11月)

国	定 義
オーストラリア	Evaluation is the ex-post assessment of how well a project/activity has achieved its objectives. Ongoing evaluation (during project implementation) is referred to as 'review' and is linked closely with monitoring.
カナダ	A review function, independent of line management, which comprises a set of applied research instruments that provides a systematic, objective assessment of policies, programs, projects and organizations with a view to improve learning for decision-making.
デンマーク	Please change to the following: An evaluation is an assessment, as systematic and objective as possible, of on-going or completed aid activities, their design, implementation and results. The aim is to determine the relevance and fulfilment of objectives, developmental efficiency, effectiveness, impact and sustainability. Evaluations have two objectives: 1. Accumulation of Experience (lesson learning) The evaluations shall contribute to the improvement of aid by the collation, analysis and dissemination of experience from current and completed aid activities. Evaluations shall seek the causes and explanations as to why activities succeed or fail to succeed and produce information (lessons learned) that helps make future activities more relevant and effective. The target group is aid agencies' management and staff, interested parties in partner countries and the resource base of local and foreign aid professionals. 2. Documentation Evaluations shall provide political decision makers and the general public with professional documentation as to the use and results of aid resources and also contribute to a better understanding of development aid, its potential and limitations as an instrument for economic and social change. Both objectives must be satisfied in evaluation activities, though individual evaluations shall not necessarily fulfil both objectives to the same degree.

EC	A periodic assessment of the efficiency, effectiveness, impact, sustainability and relevance of a project in the context of stated objectives. It is usually undertaken as an independent examination of the background, objectives, results, activities and means deployed, with a view to drawing lessons that may guide future decision-making.
ドイツ	A monitoring instrument of the Federal German "Mnistry" (原文ママ) of Economic Cooperation and Development (BMZ), comprising an analysis and evaluation of framework conditions, goals, objectives, planning, implementation, steering and development-policy effectiveness, on the basis of a standard (evaluation) matrix. The instrument enables BMZ to comprehensively assess a project, and creates a basis for an objectively sound decision as to further procedure. To ensure maximum objectivity and neutrality of judgement, in its evaluations BMZ regularly employs independent, external experts from the disciplines relevant to the case in hand. BMZ draws distinctions in its evaluation work between: -project or programme evaluations (analysis of individual promotion measures) -sector evaluations (analysis of all promotion measures in a sector in one or several countries) -Country evaluations (analysis of the practicability of development-policy directives, e.g. on socio-cultural factors, gender-and-development issues, environmental criteria, relevance to poverty reduction), -Instrument evaluations (analysis of instruments of development cooperation, e.g. country concepts, counterpart training and upgrading) These measures can be designed as individual analyses, as a series of analyses (series evaluation), or as cross-section evaluations.
日 本	A systematic and independent examination of a project in order to determine its efficiency, effectiveness, impact, sustainabiity and the relevance of its objectives. (原文ママ)
オランダ	An examination as systematic and objective as possible of an on-going or completed project or programme, its design, implementation and results, with the aim of determining its efficiency, effectiveness, impact, sustainability and the relevance of the objectives. The purpose of an evaluation is to guide decision-makers. Comment: (there are however other purposes to evaluation, i.e. accountability both to internal and to external stakeholders including the public in both donor and developing country). Also, the definition used in the OECD/DAC Development Manual (1992) refers to assessment of policy in addition to programme, project. This definition is more appropriate.
ノルウェー	A systematic and independent examination of a projecti norder (注 project in order, 原文ママ) to determine its efficiency, effectiveness, impact,

	sustainability and the relevance of its objectives.
OECD	An examination as systematic and objective as possible of an on-going or completed project or programme, its design, implementation and re-sults, with the aim of determining its efficiency, effectiveness, impact, sustainability and the relevance of the objectives. The purpose of an evaluation is to guide decision-makers. *Évaluation* *Processus qui vise à examiner aussi systématiqucment*（注 systématiquement, 原文ママ）*et objectivement que possible un projet ou programme cri cours ou achevé, sa conception, son exécution et ses résultats, de manière à déterminer son efficacité, son impact, sa viabil-ité et la pertinence des objectifs. L'évaluation a pour but de guider les décideurs.*
ポルトガル	Consists of verifying to what extent the objectives were achieved as the result of an activity.
スペイン	*Evaluación (evaluation). Es una función que consiste en hacer una apreciación, tan sistemática y objetiva como sea posible, sobre un proyecto en curso o acabado, un programa o un conjunto de líneas de acción, su concepción, su realización y sus resultados. Se trata de de-terminar la pertinencia de los objetivos y su grado de realización, la efi-ciencia en cuanto al desarrollo, la eficacia, el impacto y la viabilidad. Una evaluación debe proporcionar unas informaciones creíbles y útiles, que permitan integrar las enseñanzas sacadas en los mecanismos de elaboración de las decisiones, tanto de los países de acogida como de los donantes. (DAC definition)*
スイス	Evaluation asks whether we are doing the right things, and whether we are doing them well. *L'évaluation se demande si nous faisons les bonnes choses et si nous les faisons bien.* *Evaluation stellt die Fragen: Tun wir die richtigen Dinge ? Und tun wir die Dinge richtig ?*
イギリス	An assessment, as systematic as possible, of an ongoing or complet-ed project, programme or policy, its design, implementation, output, and impact. A wider and more comprehensive activity than impact assessment. Generally multidisciplinary. The aim is to determine the relevance and fulfilment of objectives, developmental efficiency, effectiveness, impact and sustainability.

	Project evaluation provides evidence for decision makers, for the purposes of achieving improvements in the implementation' (原文ママ) of ongoing projects and in the design of new ones and for accountability purposes. The process of evaluation consists of collecting, analysing, interpreting and reporting data both quantitative and qualitative. Lessons from evaluations should be taken into account from the outset of project design. Although the term evaluation is used in a number of ways by other donors, in DFID Evaluations are undertaken at the end of the project. An appraisal is undertaken at the beginning of the project, with Review undertaken during the project. A terminal evaluation takes place immediately at the end of the project, and a maturity evaluation some time after that.
UNDP	A time-bound exercise that attempts to assess systematically and objectively the relevance, performance and success of ongoing and completed programmes and projects.
アメリカ	A relatively structured, analytic effort undertaken selectively to answer specific management questions regarding USAID-funded assistance programs or activities. An evaluation can provide a systematic way to gain insights and reach judgments about the effectiveness of specific activities, the validity of a development hypothesis, the utility of performance monitoring efforts, or the impact of other changes in the development setting on the achievement of results. Evaluations can be categorized by who conducts them：(原文ママ)
世界銀行	Always ex-post for projects (after implementation completion), either (a)"self evaluation" (by responsible IBRD/IDA and borrower units) or (b)"independent evaluation" by OED, although ongoing operations, strategies and programs may be reviewed in country assistance evaluations and broader sector and thematic studies.

注：原稿執筆現在，ウェブ上で閲覧できないため，資料として原文を記載．
出典：OECD［2000：24-27］を引用して筆者作成．

資料 2　外務省における ODA 評価一覧 （1999年度から2023年度まで）

年度	名　称	レベル別分類	特徴別分類
1999年度	ザンビア国別評価	政策レベル評価	国別評価
1999年度	カンボジア援助実施体制評価	政策レベル評価	援助実施体制評価
1999年度	参加型開発：インドネシア小規模灌漑管理事業（SSIMP）評価	政策レベル評価	特定テーマ評価
1999年度	パレスチナに対する ODA 評価ミッション	プログラム・レベル評価	シンクタンク評価
1999年度	マラウイ：前期初等学校プロジェクト評価（DFID との合同評価）	プログラム・レベル評価	国際機関との合同評価
1999年度	ベトナムに対する有識者評価	プログラム・レベル評価	有識者による評価
1999年度	中国：北京市地下鉄建設事業評価	プログラム・レベル評価	有識者による評価
1999年度	ケニア：モンバサディーゼル発電プラント建設計画評価	プログラム・レベル評価	有識者による評価
1999年度	コロンビア：ボゴダ市上水道整備事業評価	プログラム・レベル評価	有識者による評価
1999年度	ラオス：NGO・外務省相互学習と共同評価	プログラム・レベル評価	スキーム別評価
2000年度	中国：対中 ODA の効果調査	政策レベル評価	国別評価
2000年度	カンボジア・タイ：有識者評価	プログラム・レベル評価	有識者による評価
2000年度	モンゴル：母と子の健康プロジェクト評価	プログラム・レベル評価	有識者による評価
2000年度	ガーナ：灌漑小規模農業振興計画評価	プログラム・レベル評価	有識者による評価
2000年度	ケニア：半乾燥地社会林業普及モデル開発計画評価	プログラム・レベル評価	有識者による評価
2000年度	ケニア・ザンビア・南アフリカ：有識者評価	プログラム・レベル評価	有識者による評価
2000年度	タンザニア：バガモヨ灌漑農業普及計画評価	プログラム・レベル評価	有識者による評価
2000年度	アルゼンチンに対する水産分野 ODA 有識者評価	プログラム・レベル評価	有識者による評価
2000年度	チリ：デジタル通信訓練センタープロジェクト評価	プログラム・レベル評価	有識者による評価
2000年度	サモア・フィジー：南太平洋大学通信体系改善計画評価	プログラム・レベル評価	有識者による評価

2000年度	ベトナム：NGO・外務省の共同評価	プログラム・レベル評価	スキーム別評価
2001年度	ニカラグア国別評価	政策レベル評価	国別評価
2001年度	バングラデシュ国別評価	政策レベル評価	国別評価
2001年度	ベトナム国別評価	政策レベル評価	国別評価
2001年度	タンザニア援助実施体制評価	政策レベル評価	援助実施体制評価
2001年度	GII（人口・エイズに関する地球規模問題イニシアティブ）評価	政策レベル評価	特定テーマ評価
2001年度	地球温暖化対策関連 ODA 評価	政策レベル評価	特定テーマ評価
2001年度	専門家派遣事業評価	プログラム・レベル評価	シンクタンク評価
2001年度	青年海外協力隊事業評価	プログラム・レベル評価	シンクタンク評価
2001年度	草の根無償資金協力評価	プログラム・レベル評価	シンクタンク評価
2001年度	アジア通貨危機支援評価	プログラム・レベル評価	シンクタンク評価
2001年度	UNDP を通じてコソボと東ティモールで実施された日本政府の紛争後援助の評価	プログラム・レベル評価	国際機関との合同評価
2001年度	ネパール：インフラ整備分野評価	プログラム・レベル評価	有識者による評価
2001年度	チリの南南協力支援に関する評価調査	プログラム・レベル評価	有識者による評価
2001年度	フィリピン：教育セクターへの協力評価	プログラム・レベル評価	有識者による評価
2001年度	ラオス：ジェンダー関連 ODA 評価	プログラム・レベル評価	有識者による評価
2001年度	エジプト：水供給に関する評価	プログラム・レベル評価	有識者による評価
2002年度	スリランカ国別評価	政策レベル評価	国別評価
2002年度	タイ国別評価	政策レベル評価	国別評価
2002年度	開発における女性支援（WID）／ジェンダー政策評価	政策レベル評価	重点課題別評価
2002年度	南南協力支援評価	政策レベル評価	重点課題別評価
2002年度	カンボジア運輸分野協力評価	プログラム・レベル評価	セクター別評価
2002年度	アフリカに対する貿易・投資分野協力評価	プログラム・レベル評価	セクター別評価
2002年度	技術協力事業におけるマルチ・バイ協力評価	プログラム・レベル評価	スキーム別評価
2002年度	NGO 事業補助金制度の評価	プログラム・レベル評価	スキーム別評価

2003年度	ODA 中期政策の評価	政策レベル評価	(記述なし)
2003年度	インドネシア国別評価	政策レベル評価	国別評価
2003年度	インド国別評価	政策レベル評価	国別評価
2003年度	パキスタン国別評価	政策レベル評価	国別評価
2003年度	ヨルダン国別評価	政策レベル評価	国別評価
2003年度	沖縄感染症対策イニシアティブ (IDI) 中間評価	政策レベル評価	重点課題別評価
2003年度	パプアニューギニア・インフラ整備分野協力評価	プログラム・レベル評価	セクター別評価
2003年度	モロッコ水資源開発分野協力評価	プログラム・レベル評価	セクター別評価
2003年度	ガーナ教育分野協力評価	プログラム・レベル評価	セクター別評価
2003年度	セネガル環境分野協力評価	プログラム・レベル評価	セクター別評価
2003年度	ボリビア基礎生活分野協力評価	プログラム・レベル評価	セクター別評価
2003年度	国際緊急援助隊の評価	プログラム・レベル評価	スキーム別評価
2003年度	文化無償の評価	プログラム・レベル評価	スキーム別評価
2004年度	ラオス国別評価	政策レベル評価	国別評価
2004年度	ウズベキスタン及びカザフスタン国別評価	政策レベル評価	国別評価
2004年度	バングラデシュ国別評価報告書	政策レベル評価	国別評価
2004年度	エチオピア国別評価報告書	政策レベル評価	国別評価
2004年度	対人地雷対策支援政策評価	政策レベル評価	重点課題別評価
2004年度	教育関連 MDGs 達成に向けた日本の取り組み評価	政策レベル評価	重点課題別評価
2004年度	保健関連 MDGs 達成に向けた日本の取り組み評価	政策レベル評価	重点課題別評価
2004年度	調整融資のレビュー——構造調整借款及びセクター調整借款の概観—	プログラム・レベル評価	スキーム別評価
2004年度	「日本 NGO 支援無償資金協力」スキームの評価	プログラム・レベル評価	スキーム別評価
2004年度	一般財政支援に関する米国との合同事例研究	プログラム・レベル評価	スキーム別評価
2005年度	カンボジア国別評価	政策レベル評価	国別評価
2005年度	タンザニア国別評価	政策レベル評価	国別評価
2005年度	セネガル国別評価	政策レベル評価	国別評価
2005年度	ケニア国別評価	政策レベル評価	国別評価

2005年度	平和の構築に向けた我が国の取り組みの評価	政策レベル評価	重点課題別評価
2005年度	貧困削減に関する我が国 ODA の評価	政策レベル評価	重点課題別評価
2005年度	バングラデシュ インフラ分野における被援助国との合同評価	プログラム・レベル評価	セクター別評価
2005年度	ベトナム紅河デルタ地域運輸交通インフラ開発プログラムの評価	プログラム・レベル評価	セクター別評価
2005年度	フィリピン 教育分野における NGO との合同評価	プログラム・レベル評価	セクター別評価
2005年度	草の根・人間の安全保障無償資金協力	プログラム・レベル評価	スキーム別評価
2005年度	一般財政支援（ベトナム PRSC, タンザニア PRBS）	プログラム・レベル評価	スキーム別評価
2006年度	ベトナム国別評価	政策レベル評価	国別評価
2006年度	ブータン国別評価	政策レベル評価	国別評価
2006年度	モロッコ国別評価	政策レベル評価	国別評価
2006年度	ザンビア国別評価	政策レベル評価	国別評価
2006年度	マダガスカル国別評価	政策レベル評価	国別評価
2006年度	農業・農村開発に関わる我が国 ODA の評価	政策レベル評価	重点課題別評価
2006年度	地球的規模の問題への取組（環境・森林保全）	政策レベル評価	重点課題別評価
2006年度	地域協力への支援に関する我が国の取り組みの評価	政策レベル評価	重点課題別評価
2006年度	タイ保健分野評価	プログラム・レベル評価	セクター別評価
2006年度	開発調査	プログラム・レベル評価	スキーム別評価
2006年度	開発途上国の評価能力構築に向けたドナー支援に係る状況調査	その他の評価	その他の評価
2007年度	インドネシア国別評価（第三者評価）	政策レベル評価	国別評価
2007年度	スリランカ国別評価（第三者評価）	政策レベル評価	国別評価
2007年度	中国国別評価（第三者評価）	政策レベル評価	国別評価
2007年度	モンゴル国別評価（第三者評価）	政策レベル評価	国別評価
2007年度	ニカラグア国別評価（第三者評価）	政策レベル評価	国別評価
2007年度	チュニジア国別評価（第三者評価）	政策レベル評価	国別評価

2007年度	「成長のための基礎教育イニシアティブ（BEGIN）」に関する評価（第三者評価）	政策レベル評価	重点課題別評価
2007年度	「TICAD プロセスを通じた対アフリカ支援の取り組み」の評価（第三者評価）	政策レベル評価	重点課題別評価
2007年度	「保健分野における日米パートナーシップ」に関する USAID との合同評価	プログラム・レベル評価	セクター別評価
2008年度	モザンビーク国別評価（第三者評価）	政策レベル評価	国別評価
2008年度	エクアドル国別評価（第三者評価）	政策レベル評価	国別評価
2008年度	太平洋島嶼国国別評価（第三者評価）	政策レベル評価	国別評価
2008年度	ルーマニア／ブルガリア国別評価（第三者評価）	政策レベル評価	国別評価
2008年度	トルコ国別評価（第三者評価）	政策レベル評価	国別評価
2008年度	「日本の津波支援」の評価（第三者評価）	政策レベル評価	重点課題別評価
2008年度	「保健・医療分野支援」の評価（第三者評価）	政策レベル評価	重点課題別評価
2008年度	「日本水協力イニシアティブ及び水と衛生に関する拡大パートナーシップ・イニシアティブ」の評価（第三者評価）	政策レベル評価	重点課題別評価
2008年度	ラオス教育分野の評価（第三者評価：NGO との合同評価）	プログラム・レベル評価	セクター別評価
2009年度	バングラデシュ国別評価（第三者評価）	政策レベル評価	国別評価
2009年度	エチオピア国別評価（第三者評価）	政策レベル評価	国別評価
2009年度	インド国別評価（第三者評価）	政策レベル評価	国別評価
2009年度	ブラジル国別評価（第三者評価）	政策レベル評価	国別評価
2009年度	ガーナ国別評価（第三者評価）	政策レベル評価	国別評価
2009年度	「国際機関経由の援助：人間の安全保障基金」の評価（第三者評価）	その他の評価	特殊な援助形態による援助に対する評価
2009年度	「過去の ODA 評価案件のレビュー」（第三者評価）	その他の評価	評価結果の活用状況評価

2010年度	フィリピン国別評価（第三者評価）	政策レベル評価	国別評価
2010年度	マレーシア国別評価（第三者評価）	政策レベル評価	国別評価
2010年度	エジプト国別評価（第三者評価）	政策レベル評価	国別評価
2010年度	ボリビア国別評価（第三者評価）	政策レベル評価	国別評価
2010年度	ウガンダ国別評価（第三者評価）	政策レベル評価	国別評価
2010年度	平和構築のための支援の評価（第三者評価）	政策レベル評価	重点課題別評価
2010年度	日本 NGO 連携無償資金協力の評価（第三者評価）	プログラム・レベル評価	スキーム別評価
2010年度	バングラデシュ運輸セクターにおける日本の ODA に対する評価（被援助国政府・機関による評価）	プログラム・レベル評価	スキーム別評価
2010年度	セネガルの水分野における日本の ODA 評価（被援助国政府・機関による評価）	プログラム・レベル評価	スキーム別評価
2010年度	パリ宣言実施状況：ドナー本部評価—日本のケース・スタディ（第三者評価）	その他の評価	その他の評価
2011年度	タイ国別評価（第三者評価）	政策レベル評価	国別評価
2011年度	ペルー国別評価（第三者評価）	政策レベル評価	国別評価
2011年度	中央アジア 3 か国に対する市場経済化支援の評価（第三者評価）	政策レベル評価	国別評価
2011年度	「貿易のための援助」の評価（第三者評価）	政策レベル評価	重点課題別評価
2011年度	研修員受入事業の評価（第三者評価）	プログラム・レベル評価	スキーム別評価
2011年度	食糧援助（KR）の評価（第三者評価）	プログラム・レベル評価	スキーム別評価
2011年度	水産無償資金協力に関する評価（第三者評価）	プログラム・レベル評価	スキーム別評価
2011年度	セネガルにおける教育分野協力（職業訓練分野）の評価（第三者評価）	プログラム・レベル評価	セクター別評価
2012年度	ネパール国別評価（第三者評価）	政策レベル評価	国別・地域別評価
2012年度	キューバ国別評価（第三者評価）	政策レベル評価	国別・地域別評価
2012年度	パレスチナ自治区に対する支援の評価（第三者評価）	政策レベル評価	国別・地域別評価

2012年度	マラウイ国別評価（第三者評価）	政策レベル評価	国別・地域別評価
2012年度	ジェンダー平等政策・制度支援の評価（第三者評価）	政策レベル評価	重点課題別評価
2012年度	三角協力の評価（第三者評価）	政策レベル評価	重点課題別評価
2012年度	国際緊急援助隊の評価（第三者評価）	プログラム・レベル評価	スキーム別評価
2012年度	カンボジア保健・医療分野支援の評価（第三者評価）	プログラム・レベル評価	セクター別評価
2013年度	ラオス国別評価（第三者評価）	政策レベル評価	国別評価
2013年度	スリランカ国別評価（第三者評価）	政策レベル評価	国別評価
2013年度	コロンビア国別評価（第三者評価）	政策レベル評価	国別評価
2013年度	防災協力イニシアティブの評価（第三者評価）	政策レベル評価	重点課題別評価
2013年度	貧困削減戦略支援無償の評価（第三者評価）	プログラム・レベル評価	スキーム別評価
2013年度	ベトナム都市交通セクターへの支援の評価（第三者評価）	プログラム・レベル評価	セクター別評価
2013年度	アフリカン・ミレニアム・ビレッジ・イニシアティブへの支援の評価（第三者評価）	その他の評価	その他の評価
2013年度	開発人材育成及び開発教育支援の評価（第三者評価）	その他の評価	その他の評価
2014年度	メコン地域の ODA 案件に関わる日本の取組の評価（第三者評価）	政策レベル評価	国別評価
2014年度	パキスタン国別評価（第三者評価）	政策レベル評価	国別評価
2014年度	ケニア国別評価（第三者評価）	政策レベル評価	国別評価
2014年度	法制度整備支援の評価（第三者評価）	政策レベル評価	重点課題別評価
2014年度	緊急事態における人道支援の評価（第三者評価）	政策レベル評価	重点課題別評価
2014年度	保健関連ミレニアム開発目標（MDGs）達成に向けた日本の取組の評価（第三者評価）	政策レベル評価	重点課題別評価
2014年度	相対的に所得水準の高い国に対する無償資金協力の評価（第三者評価）	プログラム・レベル評価	スキーム別評価

2014年度	草の根技術協力に関する評価（第三者評価）	プログラム・レベル評価	スキーム別評価
2014年度	過去の ODA 評価案件（2003〜2013年度）のレビュー（第三者評価）	その他の評価	その他の評価
2015年度	ベトナム国別評価（第三者評価）	政策レベル評価	国別評価
2015年度	太平洋島嶼国の ODA 案件に関わる日本の取組の評価（第三者評価）	政策レベル評価	国別評価
2015年度	コーカサス諸国への支援の評価（第三者評価）	政策レベル評価	国別評価
2015年度	モロッコ国別評価（第三者評価）	政策レベル評価	国別評価
2015年度	環境関連ミレニアム開発目標（MDGs）達成に向けた日本の取組の評価（第三者評価）	政策レベル評価	重点課題別評価
2015年度	「日本の教育協力政策2011〜2015」の評価（第三者評価）	政策レベル評価	重点課題別評価
2015年度	債務免除の評価（第三者評価）	プログラム・レベル評価	スキーム別評価
2015年度	ODA における PDCA サイクルの評価（第三者評価）	その他の評価	その他の評価
2016年度	パラグアイ国別評価（第三者評価）	政策レベル評価	国別評価
2016年度	タンザニア国別評価（第三者評価）	政策レベル評価	国別評価
2016年度	環境汚染対策の日本の取組の評価（第三者評価）	政策レベル評価	重点課題別評価
2016年度	無償資金協力「日本方式」の普及の評価（第三者評価）	プログラム・レベル評価	スキーム別評価
2016年度	タイの産業人材育成分野への支援の評価（第三者評価）	プログラム・レベル評価	セクター別評価
2016年度	ウルグアイの林業分野における日本の ODA 評価（第三者評価）（英）	（記述なし）	被援助国政府・機関等による評価
2016年度	ウルグアイの林業分野における日本の ODA 評価（第三者評価）（西）	（記述なし）	被援助国政府・機関等による評価
2017年度	インド国別評価（第三者評価）	政策レベル評価	国別評価
2017年度	ウガンダ国別評価（第三者評価）	政策レベル評価	国別評価
2017年度	カンボジア国別評価（第三者評価）	政策レベル評価	国別評価
2017年度	JICA ボランティア事業の評価（第三者評価）	政策レベル評価	重点課題別評価

2017年度	TICAD プロセスをふまえた最近10年間の日本の対アフリカ支援評価（第三者評価）	政策レベル評価	重点課題別評価
2017年度	無償資金協力個別案件の評価（第三者評価）	プログラム・レベル評価	スキーム別評価
2017年度	南部回廊を中心としたメコン地域の連結性の評価（第三者評価）	プログラム・レベル評価	セクター別評価
2017年度	サモアの経済・社会インフラ分野における日本のODA評価（第三者評価）	（記述なし）	被援助国政府・機関等による評価
2018年度	コスタリカ・ニカラグア国別評価（第三者評価）	政策レベル評価	国別評価
2018年度	アンゴラ国別評価（第三者評価）	政策レベル評価	国別評価
2018年度	インドネシア国別評価（第三者評価）	政策レベル評価	国別評価
2018年度	2013年度（平成25年度）トーゴに対するノンプロジェクト無償資金協力の評価（第三者評価）	（記述なし）	無償資金協力個別案件の評価
2018年度	メキシコの過去5年間（2013〜2018）のJMPP（Japan-Mexico Partnership Program）で実施された第三国研修に関するODA評価	（記述なし）	被援助国政府・機関等による評価
2019年度	フィリピン国別評価（第三者評価）	政策レベル評価	国別／地域別評価
2019年度	日本NGO連携無償資金協力の評価	（記述なし）	課題・スキーム別評価
2019年度	女性のエンパワーメント推進にかかるODAの評価（第三者評価）	（記述なし）	課題・スキーム別評価
2019年度	SATREPS（地球規模課題対応国際科学技術プログラム）の評価（第三者評価）	（記述なし）	課題・スキーム別評価
2019年度	2013年度ペルーに対する次世代自動車ノンプロジェクト無償資金協力の評価（第三者評価）	（記述なし）	外務省実施分の無償資金協力個別案件の評価
2020年度	ブラジル国別評価（第三者評価）	政策レベル評価	国別／地域別評価
2020年度	モンゴル国別評価（第三者評価）	政策レベル評価	国別／地域別評価
2020年度	ルワンダ国別評価（第三者評価）	政策レベル評価	国別／地域別評価

2020年度	平成27年度 ヨルダンに対する経済社会開発計画（第三者評価）	プロジェクトレベル（事業レベル）の評価	外務省実施分の無償資金協力個別案件の評価
2020年度	平成29年度 モザンビークに対する経済社会開発計画（第三者評価）	プロジェクトレベル（事業レベル）の評価	外務省実施分の無償資金協力個別案件の評価
2020年度	過去の ODA 評価案件（国別評価）のレビューと国別評価の評価手法に関する調査研究	その他の評価	その他の評価
2020年度	外務省が実施する二国間無償資金協力個別案件の評価についての分析・評価手法の提案	その他の評価	その他の評価
2021年度	東ティモール国別評価（第三者評価）	政策レベル評価	国別／地域別評価
2021年度	マラウイ国別評価（第三者評価）	政策レベル評価	国別／地域別評価
2021年度	ペルー国別評価（第三者評価）	政策レベル評価	国別／地域別評価
2021年度	教育協力政策の評価（第三者評価）	政策レベル評価	課題別評価
2021年度	平成29年度対スリランカ無償資金協力（経済社会開発計画）（第三者評価）	プロジェクトレベル（事業レベル）の評価	外務省が実施する無償資金協力個別案件の評価
2021年度	ガーナ野口記念医学研究所に対する日本の ODA プロジェクト2件の評価	（記述なし）	被援助国政府・機関等による評価
2022年度	ラオス国別評価（第三者評価）	政策レベル評価	国別評価
2022年度	タジキスタン国別評価（第三者評価）	政策レベル評価	国別評価
2022年度	トルコ国別評価（第三者評価）	政策レベル評価	国別評価
2022年度	「平成28年度対キューバ無償資金協力（経済社会開発計画）」及び「平成29年度対キューバ無償資金（経済社会開発計画）」の評価	プロジェクトレベル（事業レベル）の評価	外務省が実施する無償資金協力個別案件の評価
2022年度	過去の ODA 評価案件（2015〜2021年度）のレビュー	その他の評価	その他の評価
2022年度	新型コロナウイルス感染症の影響を受けるアフリカ諸国に対するコールド・チェーン整備のための緊急無償資金協力（対ケニア）の評価	（記述なし）	被援助国政府・機関等による評価
2023年度	タイ国別評価（第三者評価）	政策レベル評価	国別評価

2023年度	バングラデシュ国別評価（第三者評価）	政策レベル評価	国別評価
2023年度	エジプト国別評価（第三者評価）	政策レベル評価	国別評価
2023年度	難民及び難民受入れ国支援の評価（第三者評価）	政策レベル評価	課題別評価
2023年度	「平成26年度対ヨルダン無償資金協力（地方産機材ノン・プロジェクト無償資金協力）」及び「平成28年度対ヨルダン無償資金協力（経済社会開発計画）」の評価（第三者評価）	プロジェクトレベル（事業レベル）の評価	外務省が実施する無償資金協力個別案件の評価
2023年度	インドのインフラ開発計画セクターに対する日本の有償資金協力の評価	（記述なし）	被援助国政府・機関等による評価

出典：外務省が公表する ODA 評価報告書をもとに筆者作成.

資料3　ODA評価ガイドライン各版の記述変化

版，年月	変化の内容
初版 2003年3月	〈評価ガイドラインを初導入〉 評価の歴史的説明による位置づけ，現状整理を重視 行政学の知見（PPBS，GAO，NPM，RBM） 「評価は議会による行政組織のアカウンタビリティ確保を目的としてアメリカ連邦政府に導入された」（初版：3） 政策レベル・プログラムレベル・プロジェクトレベルの評価を導入
第2版 2005年5月	〈定義や目的，基準を国際機関とすり合わせ〉 【構成の変更】 「評価の基本概念」を第1章「評価の歴史」，第2章「評価の基本概念」に分割 第3章「外務省におけるODA評価」を 「わが国のODA評価」と「外務省のODA評価の実施手続き」を統合 【評価の類似概念，評価の種類】 OECD "Glossary of Key Terms in Evaluation and Results Based Management" を利用し追加 【評価の基準】 DAC評価5項目を用いる 【評価の手法・方法】 JICA事業評価ガイドラインの公開を反映 【評価の位置付け】 NPM，RDBの項目がより詳細な記述になる 【より細かい変化】 第1章1.1「評価の起こり」→「評価の起源」 川口大臣の2002年改革を用い表記 【削除】 堂長による巻頭言「はじめに」 1996年DAC対日審査記述 評価年表の月表記 実施機関の評価結果を外務省の政策レベル評価の材料にする旨（初版：19） ODA評価の改革課題について要約縮小（初版：30-32；3版：26-27） プロセスのフローチャートや指標の推移表（初版：45） など

	〈成熟と PDCA サイクルの混入〉 【構成の変更】 第 3 章「外務省における ODA 評価」 「歴史」→「背景」 【評価の実施手続き】 3.6「実施手続き」第 4 章「ODA 評価の実施」として独立 【政策体系・プログラムについて】 文中図「評価の枠組み・目標体系図（参考例）」を参考資料として追加 【第三者評価】 ODA 評価有識者会議に関する説明変更 「評価，その他の事項を実施し，ODA の質の向上のための提言」→「ODA の政策立案・効果工場のための提言」 評価有識者会議の事務局が，外務省から経済協力局開発計画課（評価班）へと具体化 （2 版：38；3 版：46） 合同評価を強調（3 版：31） 具体的作業スケジュールを明記（4 月，5 月……）（3 版：45） 【PDCA サイクル】 ODA 評価の機能図を PDCA サイクルの図に差し替え 「図 2 ODA 評価の位置づけ」（1 版：22） 「図 4 ODA 評価の機能」（2 版：41）総務省追加 「図 4 ODA 評価の機能（PDCA サイクル）」（3 版：34） 【プロジェクトレベル評価】 無償資金協力のプロジェクト・レベルについて事後評価を追加（3 版：39，41）レーティングの旨あり 外務省の評価形態図，プロジェクト・レベルの詳細化（3 版：37） 【用語・名称変更】 管理→マネジメント（2 版：40；3 版：33など） 図 5 第三者評価等の流れにて，「評価デザイン」→「評価の枠組み」 管理→マネジメント（2 版：40；3 版：33など） 「評価デザイン」→「評価の枠組み」（図 5 第三者評価等の流れ） 【細かい変化】 過去の評価案件を参考例として文中追加 小項目 a，b，c……→イ，ロ，ハ，誤字修正（3 版：26） 【削除】 「外務省および実施機関が連携して事前評価，中間評価，事後評価を実施している」 （2 版：31）
第 3 版 2006年 5 月	

	国別評価の中間評価スケジュール削除（2版：55；3版：49）
第4版（入手困難）2008年4月 第5版2009年2月	〈行政組織の変更を反映〉 【用語・名称変更】 「経済協力局」→「国際協力局」 JBICの表記箇所をJICAに統合（3版：35；5版：35，39） OECD評価関連用語の翻訳変更（e.g. 開発インターベンション→開発援助） 【無償資金協力事後評価のスケジュール変化】 「完了後3〜5年」（3版：35） →「事業完了4年後に」（5版：35） 【第三者評価】 第3版で消えた「評価主任の選定」復活（5版：45） 実施計画策定で，必要に応じ検討会開催する旨追加（5版：45） 【細かい変化】 表2「外務省の評価形態」が表から図に BOX1「評価の種類」対象別欄の記述変化 【削除】 評価セミナーについての記述（3版：23；5版：36）
第6版2011年4月	〈「あり方会議」を反映〉 【名称変更】 評価担当が外務省大臣官房ODA評価室に変更 経済協力評価→ODA評価 【第三者評価】 ODA評価有識者会議から競争入札によるコンサルタント評価チーム方式に変更，実施部の記述対応 【外交の視点からの評価】 試行的に導入 【レーティング】 試行的に導入 【インパクト評価】 手法欄に記述が追加 【削除】 自民党政権時川口大臣の改革表記削減 評価の歴史（5版：9-11） GAO，NPM，RBMについての記述

第 7 版 2012年 4 月	〈「外交の視点からの評価」を正式導入〉 【構成の変更】 「ODA 評価の目的と機能」→「外務省における ODA 評価の目的と機能」 「2.5 評価基準」を「3.2 評価の実施方法（評価手法）」に統合（6 版：26；7 版：22） 【第三者評価】 外務省と JICA 関係者を交えた検討会が必須化（7 版：20-21） 現地調査報告会のスケジュール指定10月〜12月（7 版：21） 【ODA 評価の実施】 外務省が ODA 評価実施計画を作成（7 版：19） 【外交の視点からの評価】 正式に導入（7 版：23） 【評価報告書】 ODA 評価連絡会議で関係府省の ODA 評価結果を「ODA 評価年次報告書」で毎年取りまとめる（7 版：10） 関係者配布，「毎年 4 月頃」と明記（7 版：39） 要約版の事例（ADB）の図を追加（7 版：40） 【用語変更】 「JICA の ODA 評価」→「JICA の事業評価」（7 版：10） 「JICA の実施する ODA 評価」→「事業評価（JICA）」（7 版：13） 【細かい変化】 目次，第 4 章抜け（7 版：目次） 重要箇所に下線部追加（7 版：20） 評価の実施体制の図で，外務省と JICA の範囲が重ならないよう変更（7 版：10）
第 8 版 2013年 5 月	〈レーティング推奨開始〉 【構成の変更】 「2.3 外務省による ODA 評価の目的と機能」→「2.3 目的と機能」 【レーティング】 レーティングの推奨を開始 【フィードバック】 「提言の宛先とされた機関においては提言への対応（フィードバック）が求められる」追加（8 版：15-16） 提言と教訓について図追加（8 版：35） 【削除】 評価報告書の関係者配布スケジュール削除（7 版：37；8 版：39）

第9版 2015年5月	〈大綱の変化を反映，全面的変更〉 【構成の変更】 2部構成（ガイドラインとハンドブック）に変更 序文　評価の重要性追加（開発協力大綱）（9版：1） 移動 評価の種類（8版：1-3；9版：22-24） 評価の目的（8版：3；9版：2） 評価の基準（8版：4；9版：5-6） 評価に用いる情報収集・分析の手法（8版：4-6；9版：39-41） ODA評価の背景（8版：7；9版：19-21） 「2.2 実施体制」→「1-4 評価の仕組み」（8版：9-13；9版：8） 「2.3 目的と機能　⑵機能」を「1-2 ⑵フィードバック機能（PDCAサイクル）の強化」として移動（8版：14；9版：3） 「第3章 ODA評価の実施」→「第2部 ハンドブック」（8版：19；9版：27） 拡充 フィードバックについて（8版：15-16；9版：14-17） 公表について（8版：16；9版：18） 【第三者評価】 ODA評価案件の選定（選定基準）を以下のように明記 国別評価：ODA実績の上位国で未実施，実施後5年経過国を優先とする 地域別評価：ODA規模の小さい国では検討 重点課題別，スキーム別，セクター別：ODA政策，国際協力重点方針，行政事業レビューの指摘を考慮すること（8版：19；9版：27） 「評価の実施計画案」→「評価の実施計画案（入札説明書）」（8版：19；9版：27） 「評価チーム」→「評価調査業務委託先（評価チーム）」（8版：19；9版：27） スキーム別評価，対象について「3年〜5年の実績を対象とすることが多い」追記（9版：28） 評価チームのジェンダーバランスを追記（8版：33；9版：27） 一般競争入札に「透明かつ開かれた調達手続きを取るため」と記述（8版：33；9版：27） 実施手順を細かく指示 「利害関係者からの意見聴取を行う際，評価活動に協力する利害関係者に直接的な不利益を与えてはならない」（8版：33；9版：38） アポイント取り付けを評価チームが行うことに変更（9版：38） 現地調査前に質問票を事前送付すること（9版：38） 外務省およびJICA関係者に評価報告書案（骨子）を提示すること（9版：38） 【評価報告書】 「外務省ホームページ掲載用に2ページ内にまとめた日本語概要版も作成」（9版：42）

図表や写真などを用いて，できる限りわかりやすい表現にすること（8版：33；9版：42）

「事実誤認などを避けるため」評価チームは報告書ドラフトに対する意見聴取する（8版：20；9版：42）

「特筆すべき見解の相違については両論併記により記載する場合もあり得る」（8版：33；9版：42）

【外交の視点からの評価】
スキーム別評価とセクター別評価でも実施（9版：34，36-37）
「外交政策との整合性」→「上位政策との整合性」（8版：30；9版：32）
「日本の比較優位性」を追加（8版：30；9版：32）

【レーティング】
原則導入（9版：44-45）

【インパクト評価】
「データ収集を工夫し，統計学や経済学の手法を用いて評価を行うことで，外部要因の影響を排除し，事業によってもたらされた変化をより正確に把握することが可能となる.」と追記（9版：41）
JICA のウェブサイトへのリンクを注に追加（9版：41）

【国際機関評価】
開発協力大綱，「国際機関を通じた開発協力の効果や評価については，国民への説明責任の確保に特に留意する.」と規定
MOPAN（The Multilateral Organisation Performance Assessment Network）に2014年加盟し，国際機関の評価（アセスメント）結果を ODA 評価に際して適宜参考とする旨を追加（9版：46）

【用語・名称変更】
グラント（grant）について：一般無償案件 → 無償資金協力プロジェクト
ローン（loan）について：円借款案件 → 有償資金協力プロジェクト
（8版：12；9版：10など）（なお，2012年から外貨返済型円借款，2015.11からドル建て借款方針）
「ODA 評価内部検討会議」→「ODA 評価フォローアップ会議」（8版：18；9版：25）
「分担金・国際機関の通常予算に対する拠出金」に「（ノン・イヤマーク拠出）」を追記（8版：26；9版：31）

【細かな変化】
アカデミックな文献表記が URL 表記に変更（8版：1；9版：2など）
「我が国の」→「日本の」（8版：7；9版：19など）
「DAC」→「OECD-DAC」（8版：7；9版：19など）
大綱に即して「評価の実施体制と評価対象」図の例変化（8版：10；9版：8）
「政策評価と ODA 評価の違い」図，評価対象にて「日本が実施する ODA」→「外務省が実施する ODA」と変更（8版：13；9版：13）

	参考文献の変更：MOPAN のホームページ追加，また JICA 事業評価と総務省行政評価のリンク順序が逆転（総務省が下），「アメリカ」が「米国」に変更（9版：84） 【削除】 議会によるアカウンタビリティ確保，行政活動の管理という評価の由来（初版：3；8版：3） 「外務省と援助実施機関である JICA は役割分担及び連携しつつ政策レベル，プログラム・レベル，プロジェクト・レベルにおける評価を実施している」（8版：8；9版：20） 2003年「NGO・外務省相互学習と共同評価」についての記述など NGO との合同評価の記述（8版：12；9版：43） フィードバックで「国際協力局としての対応策を策定している」旨（8版：18；9版：25） 評価実施のスケジュール（○月）を削除（8版：19-20；9版：27-28）
第10版 2016年6月	【構成の変更】 「1-4 評価の仕組み」→「1-4 外務省 ODA 評価の分類」（9版：8；10版：5） ガイドライン部分を注や参考に移動 分量の変化（カッコ内は参考資料抜き） 第9版24（19）頁 → 第10版16（8）頁 ガイドライン末尾参考へ移動 「政策評価法に基づく政策評価」（9版：10-12；10版：12-13） 「ODA 評価における外務省と JICA の役割」（9版：8；10版：11） 巻末参考資料集へ ① 「評価段階別分類」（9版：13；10版：55） ② 「評価と類似の概念」（9版：24；10版：56） 注へ移動 ① マクロ・レベルへのインパクト（9版：46；10版：25） ② 国際機関の評価，MOPAN（9版：46；10版：22注32） 【第三者評価】 評価チームは，日本評価学会（2012）『評価倫理ガイドライン』を参考にする旨が追加（10版：17） 【PDCA サイクル】 外務省 ODA 評価「ODA における PDCA サイクルの評価」の提言，結果の有効性についてなるべく定量的にするべき旨の追加（10版：25） 【外交の視点からの評価】 外交の視点からの評価，評価項目移動（9版：6-7；10版：4，28） 【細かな変化】 プロセスの適切性追記

「その際，政策の妥当性や結果の有効性が確保されるようなプロセスが取られていた
かを検証し，特に，政策目標及び重点分野の決定についての政策策定のプロセスを重
点的に分析することで，政策へのフィードバックに資する評価結果・提言を導くこと
が求められる」(10版：27)

第11版 2018年8月	【外交の視点からの評価】 検証項目の拡充，「『外交の視点からの評価』拡充に向けた試行結果」を反映．外交の視点からの評価の目的，検証方法，「国益」の内容についてハンドブックにて記述．(10版：28；11版：28-31) 　「これらを踏まえ，「国民への説明責任」を果たすために，評価対象となるODAが日本の国益にどのように貢献することが期待されるかその位置付けを確認し（外交的な重要性），当該ODAが日本の国益の実現にどのように貢献したか（外交的な波及効果）を明らかにするために，外交の視点からの評価を実施し，分量・内容とともに評価の拡充を試みている」(11版：5) 【PDCAサイクル】 2016年秋の行政事業レビューの指摘反映 無償資金協力の定量評価が不足，PDCAを反映すべきと会計検査院による指摘 【第三者評価】 「プロジェクトレベルの第三者評価（外務省が実施する無償資金協力個別案件）」およびプロジェクト評価手法を追加（11版：6，22-24，26-27） 【評価形態】 重点課題別評価とスキーム別評価を課題・スキーム別評価に統合．セクター別評価は実施せず，被援助国政府機関評価で代用．(10版：5-6；11版：6-7) 【レーティング】 表記を定性表記からアルファベット（A，B，C，D）に変更（11版：34，35）
第12版 2019年9月	【フィードバック】 2018年度ODA評価の成果を反映 【第三者評価】 評価チーム内の役割の明確化 評価実施計画策定方法についての記述
第13版 2020年6月	【評価の基準】 DAC新基準 *Better Criteria for Better Evaluation* を反映 整合性（Coherence）の追加を反映 【評価の目的】 「教訓を反映（フィードバック）することを通じ，将来の援助政策，プログラム，プロジェクトを改善すること」(12版：2) →「評価結果や教訓を反映（フィードバック）することを通じ，学習（learning）を確保すること」(13版：2)

	また，アカウンタビリティが上位に表記されるようになった．（13版：2）
第14版相当 2021年6月	【構成の変更】 『ODA 評価ガイドライン』と『ODA 評価ハンドブック』に分冊．91頁から9頁になった．12頁までをハンドブックに移動． 「ODA 評価の分類」等多数をハンドブックに移動（13版：5-7） 【フィードバック】 「教訓は，提言のように直接かつ具体的な提案ではないが，」（13版：8）→「具体的な提案に限定されることなく，」（14版：4） 「ODA 評価の機能と役割」(1)評価の独立性・中立性の確保ア評価担当部門の独立性における経緯と外部登用の記述を削除 「「ODA のあり方に関する検討 最終とりまとめ」（2010年6月）4では評価部門の政策部門からの分離に言及している．こうした流れを受けて，2011年4月，外務省は，ODA 評価室を国際協力局から大臣官房へと移管した．また，評価の専門性を高めるために2011年から同室の室長に公募による外部の専門家を登用している．」（13版：3；14版：1） 「(2)フィードバック機能（PDCA サイクル）の強化」を管理改善に言及する「(2)フィードバック機能（PDCA サイクル）」と説明責任に言及する「(3)評価結果の公表」に分割（13版：3；14版：2） 【評価の基準】 「DAC 新評価基準」について，翻訳を完成．「整合性」基準について，「内部的整合性」と「外部的整合性」の区別を記載，SDGs 目標と新評価基準の関係について記載（13版：10；14版：7-8）． 【細かな変化】 読点の種類変更：「，」→「、」 【削除】 「外交の視点からの評価」について，経緯を削除（13版：4-5；14版：3-4）（事例や手法をハンドブックに移動） 「3 評価基準」において，レーティングの記載を削除（13版：4；14版：3）（ハンドブックに移動）
第15版相当 2024年1月	【評価の基準】 「3．評価基準」後の改頁（15版：2） 注に「開発協力大綱」（2023年6月閣議決定）の位置づけを記載（15版：2） 「4．評価結果のフィードバックとフォローアップ」(1)提言と教訓のフィードバックの項目にて，ODA 政策から開発協力政策に変更）（15版：4） 【評価の手続き】 図2の表記について省内関係課・在外公館・実施機関での提言への対応策の検討をボックスに変更，①と②の指示番号もなくなる（15版：4）

【評価の目的】

【参考1】評価の重要性

参照先の開発協力大綱を2015年から2023年6月のものに変更.

参議院の決議についても,2023年6月19日付の参議院政府開発援助等及び沖縄・北方問題に関する特別委員会における「我が国の開発協力と開発協力大綱の在り方に関する決議」に変更.

【参考3】図3 ODA評価の実施主体と評価対象のデザインを修正(15版:7)

【削除】

PDCAサイクルについても記載は続くが,「選択と集中」の表現はなくなる(15版:5-6)

【参考4】政策評価法に基づく政策評価,について他府省による評価の言及を削除(14版:9;15版:8)

出典:外務省が公表する各版ODA評価ガイドラインをもとに筆者作成.

参 考 文 献

【邦文献】

赤塚雄三・猿渡耕二［1992］「プロジェクトの事後評価システムに関する考察——わが国の ODA 事後評価システムについて——」『会計検査研究』5．

秋吉貴雄・伊藤修一郎・北山俊哉編［2015］『公共政策学の基礎　新版』有斐閣．

足立忠夫［1976］「責任論と行政学」，辻清明編『行政学講座第 1 巻　行政の理論』東京大学出版会．

足立幸男［2003］「ディシプリンとしての公共政策学」，足立幸男・森脇俊雅編『公共政策学』ミネルヴァ書房．

阿部泰隆［1996］『行政法学の基本指針』弘文堂．

荒木光弥［1997a］『途上国援助——歴史の証言1970年代——』国際開発ジャーナル社．

―――――［1997b］『途上国援助——歴史の証言1980年代——』国際開発ジャーナル社．

―――――［2005］『途上国援助——歴史の証言1990年代——』国際開発ジャーナル社．

―――――［2012］『途上国援助——歴史の証言2000年代——』国際開発ジャーナル社．

―――――［2020］『国際協力の戦後史』（末廣昭・宮城大蔵・千野境子・高木佑輔編），東洋経済新報社．

―――――［2021］『途上国援助——歴史の証言2010年代——』国際開発ジャーナル社．

伊藤正次［2019］『他機関連携の行政学——事例研究によるアプローチ——』有斐閣．

井上哲次郎・有賀長雄［1884］『増補版哲学字彙』東洋館．

今村都南雄［1997］『行政学の基礎理論』三嶺書房．

―――――［2006］『行政学叢書 1　官庁セクショナリズム』東京大学出版会．

ウォルフレン，カレル・ヴァン［1994］『人間を幸福にしない日本というシステム』（篠原勝訳），毎日新聞社．

援助評価検討部会・評価研究作業委員会［2000］「『ODA 評価体制』の改善に関する報告書」援助評価検討部会・評価研究作業委員会．

大橋洋一［2013］『行政法 1　現代行政過程論　第 2 版』有斐閣．

大橋洋一編［2010］『政策実施』ミネルヴァ書房．

大森彌［1979］「政策」『年報政治学』30．

岡部史郎［1967］『行政管理』有斐閣．

外務省［2004］『2004年版政府開発援助（ODA）白書——日本の ODA 50年の成果と歩み——』国立印刷局．

―――――［2015］『2014年版政府開発援助（ODA）白書——日本の国際協力——』文化工房．

―――――［2018］『2017年版開発協力白書——日本の国際協力——』日経印刷．

外務省経済協力局開発計画課［2005］「ODA 評価ガイドライン第 2 版」外務省経済協力局

開発計画課.

外務省経済協力局評価室［2003］「ODA 評価ガイドライン」外務省経済協力局評価室.

外務省百年史編纂委員会編［1969a］『外務省の百年　上巻』原書房.

──── ［1969b］『外務省の百年　下巻』原書房.

加藤芳太郎［1985］「財務行政」，加藤一明・加藤芳太郎・佐藤竺・渡辺保男『行政学入門　第 2 版』有斐閣.

金井利之［2001］「オランダ予算制度の手続と枠組」『会計検査研究』23.

北川正恭［1998］「三重県における行政改革」『日本公共政策学会年報』1998，CD-ROM 形式.

北村喜宣［1997］『行政執行過程と自治体』日本評論社.

清原剛［2009］「政府開発援助評価にみる新公共管理の影響」『日本評価研究』9(3).

行政管理研究センター［1987］『日本の官房機能』行政管理研究センター.

行政管理研究センター調査研究部編［1993］『ODA の評価システム──理論と国際比較──』行政管理研究センター.

──── ［1994］『ODA の評価システム（II）──理論と国際比較──』行政管理研究センター.

国際協力機構編［2019］『国際協力機構史──1999-2018──』独立行政法人国際協力機構.

国際協力機構企画・調整部事業評価グループ編［2004］『プロジェクト評価の実践的手法── JICA 事業評価ガイドライン改訂版──』国際協力出版会.

国際協力銀行［2022］『国際協力銀行史』株式会社国際協力銀行.

国際協力銀行編［2003］『海外経済協力基金史』国際協力銀行.

国際協力事業団編［1999］『国際協力事業団25年史──人造り国造り心のふれあい──』国際協力事業団.

国際協力事業団企画・評価部評価監理室［2002］『実践的評価手法── JICA 事業評価ガイドライン──』国際協力出版会.

国際協力事業団評価検討委員会事務局（企画部企画課）［1983］「事業形態別の終了時評価のあり方（執務参考資料案）」国際協力事業団評価検討委員会事務局.

佐藤仁［2021］『開発協力のつくられ方──自立と依存の生態史──』東京大学出版会.

──── ［2024］「要請主義の謎──日本型援助手法の哲学──」『東洋文化』東京大学東洋文化研究所，104.

塩野宏［1984］「行政過程総説」，雄川一郎・塩野宏・園部逸夫編『現代行政法大系 2　行政過程』有斐閣.

──── ［1989］『行政過程とその統制』有斐閣.

城山英明［1997a］「『官房型』と『現場型』──日本官僚制における意思決定のダイナミズムと限界──」『創文』387.

──── ［1997b］『国際行政の構造』東京大学出版会.

──── ［2007］『国際援助行政』東京大学出版会.

─── ［2013］『国際行政論』有斐閣.

城山英明・坪内淳［1999］「外務省の政策形成過程」，城山英明・鈴木寛・細野助博編『中央省庁の政策形成過程──日本官僚制の解剖──』中央大学出版部.

新藤宗幸・阿部齊［2016］『現代日本政治入門』東京大学出版会.

総務庁行政監察局編［1988］『ODA（政府開発援助）の現状と課題──総務庁の第 1 次行政監察結果（無償資金協力・技術協力）──』大蔵省印刷局.

総務庁行政監察局編［1989］『ODA（政府開発援助）の現状と課題──総務庁の行政監察結果から──』大蔵省印刷局.

高橋克紀［2014］『政策実施論の再検討』六甲出版販売.

武智秀之［1996］『行政過程の制度分析──戦後日本における福祉政策の展開──』中央大学出版部.

竹本信介［2010］「外務省の行政責任論」『立命館法学』331.

─── ［2011］「戦後日本における外務官僚のキャリアパス──誰が幹部になるのか？──」『立命館法学』337.

通商産業省［1999］『政策立案・評価ガイドライン』配布資料.

辻清明［1966］『行政学概論　上巻』東京大学出版会.

辻清明編［1976］『行政学講座第 3 巻　行政の過程』東京大学出版会.

手島孝［1969］『現代行政国家論』勁草書房.

中村陽一［1965a］「行政過程における「市民参加」（一）──米国農務行政の一研究──」『國家學會雑誌』78（3・4）.

─── ［1965b］「行政過程における「市民参加」（二）──米国農務行政の一研究──」『國家學會雑誌』78（7・8）.

─── ［1965c］「行政過程における「市民参加」（三・完）──米国農務行政の一研究──」『國家學會雑誌』78（9・10）.

南島和久［2017］「行政管理と政策評価の交錯──プログラムの観念とその意義──」『公共政策研究』17.

─── ［2020］『政策評価の行政学──制度運用の理論と分析──』晃洋書房.

西尾勝［1974］「行政過程における対抗運動──住民運動についての一考察──」『年報政治学』25.

─── ［1990］『行政学の基礎概念』東京大学出版会.

─── ［2001］『行政学　新版』『新版　行政学』有斐閣.

西出順郎［2020］『政策評価はなぜ検証できないのか──政策評価制度の研究──』勁草書房.

西山慶司［2019］『公共サービスの外部化と「独立行政法人」制度』晃洋書房.

日本輸出入銀行編［1971］『二十年の歩み』日本輸出入銀行.

廣木重之［2007］「わが国 ODA 実施体制の変遷と時代の要請」『外務省調査日報』 2.

廣瀬克也［1989］『官僚と軍人──文民統制の限界──』岩波書店.

福田耕治［1992］『EC 行政構造と政策過程』成文堂.

─────［2003］『国際行政学──国際公益と国際公共政策──』有斐閣.

─────［2006］「EU におけるアカウンタビリティ── NPM による欧州ガバナンス改革とエージェンシーを事例として──」『早稲田政治経濟學雜誌』364.

─────［2012］『国際行政学──国際公益と国際公共政策［新版］──』有斐閣.

福田耕治・坂根徹［2020］『国際行政の新展開──国連・EU と SDGs のグローバル・ガバナンス──』法律文化社.

藤本真美［2008］「DAC における評価を巡る議論」, 湊直信・藤田伸子編『開発援助の評価とその課題』財団法人国際開発高等教育機構.

牧原出［2018］『崩れる政治を立て直す── 21世紀の日本行政改革論──』講談社.

増島建［1993］「DAC における評価システム」, 行政管理研究センター調査研究部編『ODA の評価システム──理論と国際比較──』行政管理研究センター.

益田直子［2016］「評価政策と評価文化の相互作用」『評価クォータリー』38.

真山達志［2016］「政策実施研究の進展と自治体行政」, 真山達志編『政策実施の理論と実像』ミネルヴァ書房.

三上真嗣［2020］「評価システムとガバナンス──日本の ODA における評価ポリシー──」『同志社政策科学院生論集』9.

─────［2021a］「ODA 評価ガイドラインの行政学的考察」『日本評価研究』21(1).

─────［2021b］「ODA 評価の行政過程」, 佐野旦・山谷清志監修, 山谷清志編『政策と行政』ミネルヴァ書房.

─────［2022a］「援助評価の国際行政── DAC 評価会合とガイダンス──」『同志社政策科学院生論集』11.

─────［2022b］「ODA 評価とアカウンタビリティの断片化── JICA・JBIC 統合の影響──」『公共政策研究』22.

─────［2023］「政策再編による評価の錯綜──科学技術外交と SATREPS を例に──」『評価クォータリー』64.

─────［2024］「政策評価論における機械学習手法の応用──潜在ディリクレ配分モデルを用いた行政事業レビューの組織間比較──」『同志社政策科学研究』25(2).

─────［2025］「政策評価の行政管理に関する展望──アカウンタビリティ・ジレンマの克服に向けて──」『同志社政策科学研究』26(2).

牟田博光［2001］「日本の ODA 評価の課題と今後の展開」『国際開発研究』10(2).

棟居徳子［2013］「人権の『政策アプローチ』と人権指標の活用」, 矢島里絵・田中明彦・石田道彦・高田清恵・鈴木静編『人権としての社会保障──人間の尊厳と住み続ける権利──』法律文化社.

村上裕一［2015］「『司令塔機能強化』のデジャ・ヴュ──我が国の科学技術政策推進体制の整備を例に──」『年報公共政策学』(北海道大学), 9.

─────［2016］『技術基準と官僚制──変容する規制空間の中で──』東京大学出版会.

村松岐夫［1974］「行政過程と政治参加——地方レベルに焦点をおきながら——」『年報政治学』25.

森田朗［1988］『許認可行政と官僚制』岩波書店.

——［1991］「『政策』と『組織』——行政体系分析のための基本概念の考察——」『行政体系の編成と管理に関する調査研究報告書』総務庁長官官房企画課.

——［1996］『現代の行政』放送大学教育振興会.

——［2000］『現代の行政　改訂版』放送大学教育振興会.

——［2007］『制度設計の行政学』慈学社出版.

——［2017］『新版　現代の行政　改訂版』第一法規.

——［2022］『新版　現代の行政　改訂版［第2版］』第一法規.

森脇俊雅［2010］『政策過程』ミネルヴァ書房.

山村恒年［1982-1986］「現代行政過程論の諸問題（1～14）」『自治研究』58(9)-62(11).

山本清［2013］『アカウンタビリティを考える——どうして「説明責任」になったのか——』NTT出版.

山谷清志［1994］「開発援助政策の行政過程——プロジェクトの管理と評価——」『季刊行政管理研究』67.

——［1997］『政策評価の理論とその展開——政府のアカウンタビリティ——』晃洋書房.

——［2005］「外務省大臣官房の政策管理機能」『年報行政研究』2005（40）.

——［2006］『政策評価の実践とその課題——アカウンタビリティのジレンマ——』萌書房.

——［2012］『政策評価』ミネルヴァ書房.

——［2020］「アカウンタビリティと評価——ふたたび『状況と反省』——」『会計検査研究』（62）.

——［2021］「政策と行政のアカウンタビリティ」, 山谷清志編『政策と行政』ミネルヴァ書房.

山谷清志・三上真嗣［2023］「比較政策論と行政学——開発行政学, 比較行政学, 国際行政学——」『同志社政策科学研究』25(1).

山谷清志監修, 源由理子・大島巌編［2020］『プログラム評価ハンドブック——社会課題解決に向けた評価方法の基礎・応用——』晃洋書房.

湯浅孝康［2022］「ポストコロナ時代の行政管理のメタ評価——公共サービスの改善に向けて——」『日本評価研究』22(1).

吉富重夫［1952］『行政学』有信堂.

蠟山政道［1923a］「行政の概念構成に於ける『技術』の意義に就て（一）」『國家學會雑誌』37(2).

——［1923b］「行政の概念構成に於ける『技術』の意義に就て（二・完）」『國家學會雑誌』37(3).

───── ［1928］『國際政治と國際行政』巖松堂書店.

───── ［1949］『英国地方行政の研究』國土社.

蠟山政道・辻清明・吉富重夫［1962］「日本における行政学の形成と将来──蠟山政道先生を囲んで──」『年報行政研究』1.

若林悠［2019］『日本気象行政史の研究──天気予報における官僚制と社会──』東京大学出版会.

【欧文献】

Allison, G. T. [1971] *Essence of Decision: Explaining the Cuban Missile Crisis*, Boston: Little Brown.

Bertalanffy, L. von. [1968] *General System Theory: Foundations, Development, Applications*, revised edition, New York: George Braziller, Inc.

Beurden, J. van. and Gewald, J. B. [2004] *From Output to Outcome ?: 25 Years of IOB Evaluations*, Amsterdam: Aksant Academic Publishers.

Bovens, M. [2005a] "Public Accountability," in Ferlie, E., Lynn Jr., L. E. and Pollitt, C. eds., *The Oxford Handbook of Public Management*, Oxford: Oxford University Press.

───── [2005b] "Publieke Verantwoording: Een Analysekader," in Bakker, W., en Yesilkagit, K. red., *Publieke Verantwoording: Regimes van Inzicht en Rekenschap bij de Uitvoering van Publieke Taken*, Amsterdam: Boom.

───── [2007] "Analysing and Assessing Accountability: A Conceptual Framework," *European Law Journal*, 13(4).

───── [2010] "Two Concepts of Accountability: Accountability as a Virtue and as a Mechanism," *West European Politics*, 33(5).

Bovens, M., en Schillemans, T. [2009] "Publieke Verantwoording: Begrippen, Formen en Beoordelingskaders," in Bovens, M., en Schillemans, T. red., *Handboek Publieke Verantwoording*, Den Haag: Lemma.

Bovens, M., en Schillemans, T. red. [2009] *Handboek Publieke Verantwoording*, Den Haag: Lemma.

Bovens, M. A. P., Derksen, W., en Witteveen, W. J. red. [1987] *Rechtsstaat en Sturing*, Serie 'Recht, Staat en Sturing', Zwolle: W. E. J. Tjeenk Willink.

Bovens, M., Schillemans, T. and Goodin, R. E. [2014] "Public Accountability," in Bovens, M., Goodin, R. E. and Schillemans, T. eds., *The Oxford Handbook of Public Accountability*, Oxford: Oxford University Press.

Catsambas, T. T. and Davidson E. J. [2024] *Evaluation Management: How to Commission and Conduct Evaluations that Matter*, London: Sage Publications.

Chelimsky, E. [2009] "Integrating Evaluation Units into the Political Environment of

Government: The Role of Evaluation Policy," *New Directions for Evaluation*, 2009.

Considine, M. and Afzal K. A. [2012] "Accountability in an Age of Markets and Networks," in Pierre, J. and Peters, B. G. eds., *The SAGE Handbook of Public Administration*, concise second edition, London: Sage Publications.

Day, P., and Klein, R. [1987] *Accountabilities: Five Public Services*, London: Tavistock Publications.

Deutsch, K. W. [1963] *The Nerves of Government: Models of Political Communication and Control*, New York: Free Press.

Dubnick, M. J. [2014] "Accountability as a Cultural Keyword," in Bovens, M., Goodin, R. E. and Schillemans, T. eds., *The Oxford Handbook of Public Accountability*, Oxford: Oxford University Press.

Frederickson, H. G. [1980] *New Public Administration*, University, Ala.: University of Alabama Press（中村陽一監訳『新しい行政学』中央大学出版部, 1987年）.

Fukuyama, F. [2011] *The Origins of Political Order: From Prehuman Times to the French Revolution*, New York: Farrar, Straus and Giroux.

―――― [2014] *Political Order and Political Decay: From the Industrial Revolution to the Globalization of Democracy*, New York: Farrar, Straus and Giroux.

Furubo, J. E., Rist, R. C. and Sandahl, R. eds. [2002] *International Atlas of Evaluation*, New Brunswick: Transaction Publishers.

Gilbert, C. E. [1959] "The Framework of Administrative Responsibility," *The Journal of Politics*, 21(3).

Grasso, P. G., Wasty, S. and Weaving, R. eds. [2003] *World Bank Operations Evaluation Department: The First 30 Years*, World Bank.

Gulick, L. [1937] "Notes on the Theory of Organization," in Gulick, L. and Urwick, L. eds., *Papers on the Science of Administration*, New York: Institute of Public Administration.

Halachmi, A. [2014] "Accountability Overloads," in Bovens, M. Goodin, R. E. and Schillemans, T. eds., *The Oxford Handbook of Public Accountability*, Oxford: Oxford University Press.

Hanberger, A. [2011] "The Real Functions of Evaluation and Response Systems," *Evaluation*, 17(4).

Heady, F. [1966] *Public Administration: A Comparative Perspective*, Englewood Cliffs, N. J.: Prentice-Hall（中村陽一訳『現代政治学4 政治体系と官僚制』福村出版, 1972年）.

Herbert, L. [1972] "The Environment in Governmental Accounting in the Seventies," *The GAO Review-Fall 1972*.

Højlund, S. [2014] "Evaluation Use in Evaluation Systems: The Case of the European

Commission," *Evaluation,* 20(4).

Jacob, S., Speer, S. and Furubo, J. E. [2015] "The Institutionalization of Evaluation Matters: Updating the International Atlas of Evaluation 10 Years Later," *Evaluation,* 21(1).

Koppell, J. [2005] "Pathologies of Accountability: ICANN and the Challenge of 'Multiple Accountabilities Disorder'," *Public Administration Review,* 65(1).

Leeuw, F. L. [2009] "Evaluation Policy in the Netherlands," *New Directions for Evaluation,* 2009.

Leeuw, F. L. and Furubo, J. E. [2008] "Evaluation Systems: What Are They and Why Study Them?" *Evaluation,* 14(2).

Lindblom, C. E. [1968] *The Policy-Making Process,* Englewood Cliffs: Prentice-Hall, Inc.

————— [1980] *The Policy-Making Process,* second edition, Englewood Cliffs: Prentice-Hall, Inc.

Lindblom, C. E. and Woodhouse, E. J. [1993] *The Policy-Making Process,* third edition, Englewood Cliffs: Prentice-Hall, Inc.

Lipsky, M. [1980] *Street-level Bureaucracy: Dilemmas of the Individual in Public Services,* New York: Russell Sage Foundation（田尾雅夫・北大路信郷訳『行政サービスのディレンマ──ストリート・レベルの官僚制』木鐸社，1986年）.

Liverani, A. and Lundgren, H. [2007] "Evaluation Systems in Development Aid Agencies: An Analysis of DAC Peer Reviews 1996-2004," *Evaluation,* 13(2).

March, J. G. and Simon, H. A. [1958] *Organizations,* New York: John Wiley & Sons, Inc.（土屋守章訳『オーガニゼーションズ』ダイヤモンド社，1977年）.

Martinaitis, Ž., Christenko, A. and Kraučiūnienė, L. [2018] "Evaluation Systems: How Do They Frame, Generate and Use Evidence?" *Evaluation,* 21(1).

Masujima, K. [2004] "'Good Governance' and the Development Assistance Committee: Ideas and Organizational Constraints," in Bøås, M. and McNeill, D. eds., *Global Institutions and Development: Framing the World ?,* New York: Routledge.

Mulgan, R. [2014] "Accountability Deficits," in Bovens, M. Goodin, R. E. and Schillemans, T. eds., *The Oxford Handbook of Public Accountability,* Oxford: Oxford University Press.

Newcomer, K. E., Hatry, H. P. and Wholey, J. S. [2015] "Planning and Designing Useful Evaluations" in Newcomer, K. E., Hatry, H. P. and Wholey, J. S. eds., *Handbook of Practical Program Evaluation,* fourth edition, Hoboken, New Jersey: John Wiley & Sons, Inc.

OECD [1986] *Methods and Procedures in Aid Evaluation,* Paris: OECD.

————— [2000] "Glossary of Evaluation and Results Based Management Terms: Terms and Definitions Submitted by Members," Working Party on Aid Evaluation

33rd Meeting, Background Document No. 1.

———— [2023] *Evaluation Systems in Development Co-operation 2023*, Paris: OECD.

Osborne, D. and Gaebler, T. [1992] *Reinventing Government: How the Entrepreneurial Spirit is Transforming the Public Sector*, Reading, Massachusetts: Addison-Wesley.

Overman, S. [2021] "Aligning Accountability Arrangements for Ambiguous Goals: The Case of Museums," *Public Management Review*, 23(8).

Palfrey, C., Thomas, P. and Phillips, C. [2012] *Evaluation for the Real World: The Impact of Evidence in Policy Making*, Bristol: The Policy Press.

Patton, M. Q. [1997] *Utilization-Focused Evaluation: The New Century Text*, third edition, London: Sage Publications.

Pollitt, C., and Hupe, P. [2011] "Talking About Government," *Public Management Review*, 13(5).

Pressman, J. L. and Wildavsky, A. [1973] *Implementation: How Great Expectations in Washington are Dashed in Oakland; Or, Why It's Amazing That Federal Programs Work at All, This Being a Saga of the Economic Development Administration as Told by Two Sympathetic Observers Who Seek to Build Morals on a Foundation of Ruined Hopes*, Berkeley: University of California Press.

Przeworski, A., Stokes, S. C. and Manin, B. eds. [1999] *Democracy, Accountability, and Representation*, Cambridge: Cambridge University Press.

Raimondo, E. [2018] "The Power and Dysfunctions of Evaluation Systems in International Organizations," *Evaluation*, 24(1).

Rossi, P. H., Lipsey, M. W. and Freeman, H. E. [2004] *Evaluation: A Systematic Approach*, 7th Edition. Beverly Hills: Sage Publications（大島巖・平岡公一・森俊夫・元永拓郎監訳『プログラム評価の理論と方法——システマティックな対人サービス・政策評価の実践ガイド——』日本評論社，2005年）.

Rossi, P. H., Lipsey, M. W. and Henry, G. T. [2019] *Evaluation: A Systematic Approach, Eighth, International Student edition*, Thousand Oaks: Sage Publications.

Rist, R. C. and Stame, N. [2006] *From Studies to Stream: Managing Evaluative System*, New Brunswick: Transaction Publishers.

Savage, S. J. [2008] "Public Administration," in Darity, W. A. ed., *International Encyclopedia of the Social Sciences*, second edition, 6, Detroit: Macmillan Reference USA.

Schick, A. [1971] "From Analysis to Evaluation," *The Annals of the American Academy of Political and Social Science*, 394(1).

Schillemans, T., Overman, S., Fawcett, P., Flinders, M., Fredriksson, M., Lægreid, P., Maggetti, M., Papadopoulos, Y., Rubecksen, K., Rykkja, L. H., Salomonsen, H. H., Smullen, A., Verhoest, K., and Wood, M. [2021] "Conflictual Accountability: Behavioral Responses to Conflictual Accountability of Agencies," *Administration & Soci-*

ety, 53(8).

Schoenefeld, J. and Jordan, A. [2017] "Governing Policy Evaluation? Towards a New Typology," *Evaluation,* 23(3).

Scriven, M. [1981] *Evaluation Thesaurus,* third edition, California: Edgepress.

─────── [1991] *Evaluation Thesaurus,* fourth edition, London: Sage Publications.

Sinclair, A. [1995] "The Chameleon of Accountability: Forms and Discourses," *Accounting, Organizations and Society,* 20(2-3).

Stevenson, A. and Lindberg, C. A. eds. [2010] *New Oxford American Dictionary,* Oxford: Oxford University Press.

The Oral History Team, AJE [2005] "The Oral History of Evaluation, Part 3: The Professional Evolution of Michael Scriven," *American Journal of Evaluation,* 26(3).

Waldo, D. [1968] "Public Administration," in Sills, D. L. ed., *International Encyclopedia of the Social Sciences,* 13, New York: Macmillan and Free Press.

Trochim, W. M. K. [2009] "Evaluation Policy and Evaluation Practice," in Trochim, W. M. K., Mark, M. M. and Cooksy, L. J. eds., *Evaluation Policy and Evaluation Practice. New Directions for Evaluation,* 123.

Wholey, J. S., Scanlon, J. W., Duffy, H. G., Fukumoto, J. S. and Vogt, L. M. [1970] *Federal Evaluation Policy: Analyzing the Effects of Public Programs,* Washington, D. C.: Urban Institute.

Vedung, E. [1997] *Public Policy and Program Evaluation,* New Brunswick: Transaction Publishers.

─────── [2010] "Four Waves of Evaluation Diffusion," *Evaluation,* 16(3).

索　引

〈アルファベット〉

COVID-19　　25
DAC 評価会合　　59, 68, 125, 128-132, 136, 137, 194, 196
E/N　　79, 110, 155
EvalNet　　130, 137, 138, 198
FOIP　　90, 172, 186
G/A　　79, 155
JBIC　　66, 79, 127, 138, 150-154, 156, 157, 163, 169, 196
JETRO　　79, 86, 95
JICA　　8, 9, 37, 59, 63, 66, 76, 79-81, 86, 102-105, 111, 112, 114, 117, 125, 127, 128, 131, 146-148, 150-154, 156, 157, 163, 169, 171, 175, 190, 196
JICA 評価部　　104, 154, 156, 157
M&E（モニタリング・評価）　　33, 62
NPM　　15, 19, 58, 112-114, 168
ODA（政府開発援助）　　7-9, 14, 17, 23, 24, 28, 36, 37, 50, 63, 68, 75-78, 80-82, 85, 88-93, 95-98, 102-107, 110, 112, 119, 126, 127, 145, 149-152, 161, 163, 164, 166, 167, 169, 171-174, 176-180, 182-184, 186, 190, 193-195, 225, 235
　　現地——タスクフォース　　78, 79
　　——大綱（政府開発援助大綱）　　92, 93, 98
　　——評価　　7-12, 18, 37, 53, 57, 59, 61-63, 65, 68, 75, 79, 80, 91, 92, 101-112, 115, 125-127, 129, 134, 147, 161-165, 167, 169-171, 175-181, 189, 191, 193-195
　　——評価ガイドライン　　65, 67, 68, 104, 106, 125, 153, 164, 178, 180, 192, 194
　　——評価システム　　104
　　——評価室　　8, 12, 15, 86, 92, 163, 169, 170, 178, 179, 189, 192, 194, 195
　　——評価ハンドブック　　67, 68, 178-180
　　——評価報告書　　104, 108
　　——予算　　76, 169
OECD　　33, 59, 60, 66, 68, 72, 73, 93, 126, 127, 132, 134, 138, 142, 169, 178, 185, 192, 198, 214
OECD-DAC　　17, 23, 33, 66, 76, 77, 105, 106, 126-130, 132, 134, 153, 164, 168, 178, 181, 190, 193, 194
　　——評価基準　　106, 107, 193
　　——評価の品質基準　　193
OECF　　102, 103, 149, 150, 152, 156
OSA　　90, 98, 180
OTCA　　148, 158
PDCA サイクル　　105, 114, 153, 175-177, 180, 191, 197
PDM　　80, 154, 155
POSDCORB　　58
PPBS　　58, 102, 168, 171
RBM　　33, 136, 192
R/D　　79-81, 155
SATREPS　　79, 80
SDGs　　78, 107, 128, 176, 177, 179, 193, 194
SOP　　12, 63
ToR　　106, 180

〈ア　行〉

アウトカム　　16, 21, 114, 155
アウトプット　　16, 21, 155
アカウンタビリティ　　5, 7-9, 12, 15, 22, 23, 27-40, 47, 51, 57, 61-63, 66, 69, 86, 91, 92, 99, 105-108, 114, 117, 120, 153, 154, 156, 157, 161, 163, 168, 178, 179, 181, 191, 195-197, 201
　　——のジレンマ　　34, 35, 115
　　——の断片化　　34, 35, 37, 154, 156, 195
　　——・メカニズム　　7, 29, 32, 38, 57, 62, 196, 197
足立忠夫　　29, 33
足立幸男　　20, 21
アプレイザル　　153
安倍晋三　　152
安倍内閣　　88, 89, 91, 92, 171, 172
アメリカ評価学会　　64, 69, 70

アリソン，G. T.（Allison, G. T.）　11, 12
一般会計　76, 149, 156
今村都南雄　22, 23, 49, 54
インパクト　21, 106, 131, 134, 137, 138, 156, 171, 175, 193, 196
インプット　21, 114, 155
ヴェドゥン，E.（Vedung, E.）　16, 58-60, 62
ウェーバー，M.（Weber, M.）　53
エビデンス　58, 62, 130, 171
円借款　66, 76, 84, 93, 96, 149, 151
援助評価検討部会　161, 165
岡田克也　163, 169, 193
岡部史郎　15
オーナーシップ　76, 93, 153
オファー型協力　81, 82

〈カ　行〉

海外移住支援　146, 148
海外経済協力会議　88, 163
会計検査　7, 114, 191
会計検査院　76, 116, 178
外交の視点からの評価　91, 99, 106-108, 136, 171-173, 176, 178-180, 190, 194
外国事務課　83
外国事務局　83
開発行政学　10, 12, 125
開発協力　8, 23, 24, 34, 36, 37, 50, 67, 72, 75-79, 81, 82, 86-89, 91-93, 104, 108, 110, 111, 120, 125, 126, 145, 149, 156, 171, 174, 176, 180, 186, 201
開発協力大綱　66, 75, 78, 81, 89-92, 94, 99, 106, 108, 171-174, 176, 180, 186, 190, 194
外務省経済協力局（経済協力局）　82, 84, 85, 87, 102, 103, 106, 145, 161-163, 165, 167-169
外務省政策評価　99, 106, 108, 111, 112
外務省戦時経済局　84
外務省大臣官房　8, 86, 92, 192
外務省大臣官房 ODA 評価室　7, 63, 82, 104, 106, 180, 181, 189, 190, 192
変えよう！変わろう！外務省　167
「変える会」　166, 167
課題・スキーム別評価　8, 104, 105, 177
加藤芳太郎　53

金井利之　40
川口順子　165, 171, 179
岸田文雄　89
技術協力　23, 76, 79-82, 95, 105, 123, 145, 146, 148, 151, 152, 154-156
技術協力スキーム　79
北村喜宣　45
機能局　11, 12, 37, 86, 87, 96, 163
ギューリック，L. H.（Gulick, L. H.）　58, 69
共管　102, 115, 150, 157
協議議事録　79, 155
行政過程　41-51
行政監察　72, 164, 191
行政管理論　7, 8, 19
行政事業レビュー　9, 24, 53, 92, 99, 115-118, 173, 177, 191
行政責任論　7, 8, 32
行政プロセス　41, 50-54, 57, 62, 63, 75-79, 81, 86, 154-156, 171, 175, 180, 181, 192, 195-197
行政法学　41, 43, 45-47, 50
業績測定　113, 197
グッド・ガバナンス　131
国別開発協力方針　78, 94, 95, 105, 108
国別（地域別）評価　68, 103-105, 107, 114, 169, 173, 175, 178
国別評価報告書　110
区分経理　150, 156
経協インフラ戦略会議　82, 88, 89, 97
経済協力局経済協力評価　161
経済協力局賠償　85
経済協力評価　103, 164
　──報告書　103
形成的評価　18
小泉内閣　151
公共政策　20, 47, 126
公共政策学　20, 21
合同評価　68, 69, 72, 90, 103, 105, 130-133, 136-139, 169, 196
効率性　37, 47, 91, 106, 110, 113, 134, 193
「国益」　78, 90, 98, 107, 108, 172, 178, 180
国際機関評価　92, 101, 174
国際機関評価室　86, 92
国際行政　126

国際行政学　10, 12, 125-127
国際協力局　82, 84, 86-88, 103, 110, 111, 145, 163, 169, 179
国際経済局　84
国家安全保障　98, 186
　　——会議　89, 90
　　——戦略　78, 88-90, 108, 120, 171, 172, 180, 190, 194
国家戦略会議　88
国家評価政策　10
コントロール　7, 8, 15, 32, 33, 51, 54, 87, 92, 114, 180, 189, 190, 201

〈サ　行〉

在外公館　11, 24, 63, 79, 86, 96, 97, 116, 186
財政投融資　76
　　——特別会計　156
ジェンダー　11, 131, 136, 176, 193
塩野宏　45
事業仕分け　92, 115, 116, 163, 169
事後評価　18, 102, 104, 108, 110, 111, 152-154, 157
事前評価　18, 53, 79, 80, 104, 108, 110, 111, 147, 153-155, 157
持続性　106, 131, 134, 193
シック，A.（Schick, A.）　69
借款契約　79, 155
重点課題別評価　173, 174, 177
準賠償　84, 145, 149
詳細計画策定調査　79, 80, 155
司令塔　88, 163
城山英明　87
新自由主義　58, 113
新藤宗幸　55
スキーム　8, 75, 76, 78, 89, 105, 145, 146, 153, 155, 161
　　——別評価　105, 173, 174, 177
スクリヴェン，M.（Scriven, M.）　15, 16, 25
整合性　106, 108, 136, 178, 179, 194
政策形成論　21
政策実施論　21, 46, 47, 49-51
政策評価制度　24-26
政策評価論　15, 19, 21, 47, 50, 87

政治主導　88, 91, 92, 172, 181
政府安全保障能力強化支援　90
政府開発援助独立行政法人　76
政務局　84
セクター別評価　105, 173, 177
戦時経済局　84
漸変主義　189, 192
総括的評価　18
総合外交政策局　86-88, 111, 161
統合評価　68, 69, 72, 130-132, 139, 193
組織活動プログラム　22, 23, 54, 58, 62, 154, 157, 191

〈タ　行〉

大臣官房考査・政策評価室　106, 110, 111
武智秀之　41
多元的・多重的アカウンタビリティ　35-37
地域局　11, 12, 24, 37, 63, 85-87
地球規模課題対応国際科学技術協力　79
通商局　84
辻清明　42
デマケーション　67, 68, 87, 92, 97
統合評価　68, 69, 72, 130-132, 139, 193
特殊法人　112, 148, 151, 153
　　——改革　150, 151
特別会計　76, 116, 151
独立行政法人　52, 76, 112-115, 150, 151, 153, 156, 190, 196
　　——評価　92, 99, 101, 109, 112, 114, 115

〈ナ　行〉

中村陽一　42
南島和久　17, 59
西尾勝　7, 14, 15, 20, 34, 42, 48, 54
日本輸出銀行　149
日本輸出入銀行　149
入札　63, 68, 69, 106, 170, 171, 180, 184, 189, 190, 193
野田内閣　88

〈ハ　行〉

賠償　84, 85, 145, 146, 149
橋本内閣　108

鳩山由紀夫内閣　169

評価ガイダンス　68, 69, 128, 132, 134, 136, 137, 171, 192-194

評価ガイドライン　65, 66, 103, 125, 128, 132, 153, 157, 164, 165, 167, 169, 170, 174, 175, 178, 189-191, 193-195

評価活動　8, 9, 15-18, 54, 55, 58, 60, 61, 63, 64, 90, 101, 104, 109, 130, 180, 181, 189, 196, 197

評価管理　7, 10, 12, 15, 18, 19, 53, 55, 57, 62, 117, 125, 128, 130, 145, 161, 176, 181, 189, 191-193, 195-197

評価計画　68, 69

評価指針　8, 67, 68

評価システム　57, 59-64, 103, 125-127, 154, 161, 165

評価政策　8, 66-68, 70, 197

評価手引き　67, 68

評価ハンドブック　66, 132, 191

評価報告書　50, 59, 60, 63, 69, 103, 104, 108, 110-112, 115, 128, 172, 175, 176

評価ポリシー　8, 57, 64-67, 70, 104, 125, 126, 128, 132, 153, 164, 181, 189, 191, 195-197

評価マニュアル　67, 125, 128, 164

標準作業手続　63

ファイナー，H.（Finer, H.）　5

フィードバック　61, 80, 91, 105, 109, 129, 153, 175, 178, 191, 193

福田耕治　126, 127

フッド，C.（Hood, C.）　59, 126

フリードリッヒ，C. J.（Friedrich, C. J.）　5

フレデリクソン，H. G.（Frederickson, H. G.）　13

プログラム評価　16, 17, 22, 23, 102, 168

プロジェクト・デザイン・マトリックス　80

プロジェクト・マネジメント　79, 154, 155

ボーフェンス，M.（Bovens, M.）　28, 29, 33, 35, 36, 38, 58

〈マ　行〉

美濃部達吉　43

民主主義　12, 27, 31, 34, 39, 120, 186, 187

民主党政権　88, 92, 115, 163, 169, 172

無償資金協力　23, 68, 76, 79, 81, 98, 104, 105, 110, 112, 117, 145, 146, 151, 152, 154, 155, 177, 180

村山内閣　150

モニタリング　17, 18, 34, 62, 79, 80, 153, 155, 180

森田朗　19, 24, 201

〈ヤ　行〉

山村恒年　45

山谷清志　87

有効性　16, 17, 19, 21, 37, 47, 49, 50, 106, 107, 110, 114, 129, 130, 134, 176, 193

有償資金協力　23, 75-77, 79, 81, 93, 105, 110, 121, 149, 151, 152, 154-157

輸銀　149, 150, 152, 156

吉富重夫　43

〈ラ・ワ行〉

リスト，R. C.（Rist, R. C.）　60

リプスキー，M.（Lipsky, M.）　46

リンドブロム，C. E.（Lindblom, C. E.）　48

ルーティン　12, 22, 23, 52, 54, 58, 61, 63, 137, 138, 179

レーウ，F. L.（Leeuw, F. L.）　60, 62, 64, 142, 183

レスポンシビリティ　5, 23, 32

レーティング　153, 171, 172, 176, 178, 179, 197

蠟山政道　43, 54, 126

ロジックモデル　10, 22

ワルドー，D.（Waldo, D.）　44

《著者紹介》

三 上 真 嗣（みかみ　まさつぐ）

1994年　埼玉県与野市（現さいたま市）生まれ

2023年　同志社大学大学院総合政策科学研究科博士後期課程修了，博士（政策科学）

現　在　長野県立大学グローバルマネジメント学部講師

主要業績

『政策と行政（これからの公共政策学2）』（共著，ミネルヴァ書房，2021年）

『地域を支えるエッセンシャル・ワーク——保健所・病院・清掃・子育てなどの現場から——』（共著，ぎょうせい，2021年）

「ODA 評価ガイドラインの行政学的考察」（『日本評価研究』21(1)，2021年）

「ODA 評価とアカウンタビリティの断片化—— JICA・JBIC 統合の影響——」（『公共政策研究』22，2022年）

ガバナンスと評価15

評価と行政管理の政策学
——外務省と開発協力行政——

2025年3月20日　初版第1刷発行　　＊定価はカバーに表示してあります

著　者　三　上　真　嗣 ©

発行者　萩　原　淳　平

印刷者　江　戸　孝　典

発行所　株式会社　晃　洋　書　房

〒615-0026　京都市右京区西院北矢掛町7番地

電話　075(312)0788番(代)

振替口座　01040-6-32280

装丁　クリエイティブ・コンセプト　　印刷・製本　共同印刷工業㈱

ISBN978-4-7710-3932-2

山谷 清志 著
日 本 の 政 策 評 価
A 5 判 234頁
定価3,080円(税込)

山谷 清志 監修／南島 和久 編著
科学技術政策とアカウンタビリティ
A 5 判 216頁
定価3,300円(税込)

山谷 清志・岩渕 公二 編著
協 働 型 評 価 と N P O
——「政策21」の軌跡——
A 5 判 204頁
定価2,750円(税込)

山谷 清志 監修／源 由理子・大島 巌 編著
プログラム評価ハンドブック
——社会課題解決に向けた評価方法の基礎・応用——
A 5 判 260頁
定価2,860円(税込)

張替 正敏・山谷 清志／南島 和久 編
J A X A の 研 究 開 発 と 評 価
——研究開発のアカウンタビリティ——
A 5 判 96頁
定価1,320円(税込)

南島 和久 著
政 策 評 価 の 行 政 学
——制度運用の理論と分析——
A 5 判 226頁
定価3,080円(税込)

西山 慶司 著
公共サービスの外部化と「独立行政法人」制度
A 5 判 228頁
定価3,520円(税込)

山谷 清秀 著
公共部門のガバナンスとオンブズマン
——行政とマネジメント——
A 5 判 256頁
定価3,080円(税込)

鏡 圭佑 著
行 政 改 革 と 行 政 責 任
A 5 判 198頁
定価3,080円(税込)

湯浅 孝康 著
政 策 と 行 政 の 管 理
——評価と責任——
A 5 判 194頁
定価2,970円(税込)

マーク・H. ムーア 著／松野 憲治 訳
パブリックマネジメント
——不確実な時代の公共戦略——
A 5 判 402頁
定価6,050円(税込)

デレク・ビレル, ポール・カーマイケル, デアドレ・ヒーナン 著／箕輪 允智 訳
英 国 の 地 方 分 権
——政治・権限・政策——
A 5 判 276頁
定価6,160円(税込)

━━━ 晃 洋 書 房 ━━━